湖北省社科基金项目

非自愿移民贫困风险规避研究

吕雪枫 著

FEIZIYUAN YIMIN PINKUN FENGXIAN GUIBI YANJIU

人民出版社

目　　录

序

    吕雪枫博士的新著《非自愿移民贫困风险规避研究》（以下简称《研究》）将于2015年12月由人民出版社出版发行。吕雪枫博士早在2008年攻读博士学位期间，就高度关注并致力于研究南水北调中线工程丹江口库区的非自愿移民及其贫困风险规避问题。此书展示了他多年来深入库区从事实地调查研究的心路历程，也凝结了他主持完成的同名湖北省社会科学基金项目最终成果的学术价值。该书的核心观点来源于实践，又能够在更高的理论层面上还原实践，凸显较高的理论水平和政策价值，是一部锐意创新的佳作。

    《研究》一书的分析视角独具匠心。作者循着提出问题——分析问题——解决问题的思路，采取了"剥笋敲钉"式的递进分析方法，从定性分析出发，经由定量分析，达到对"度"的把握。《研究》一书的核心内容分别是理论分析、实证分析和比较分析，呈现三足鼎立之势。在理论分析部分，作者对非自愿移民的贫困"风险缘由"、"风险脆弱性测度"和"风险规避行为特征和防范机制设计"等分析范畴进行剖析，其中，将非自愿移民贫困风险的形成归纳为三大资本（物质资本、人力资本和社会资本）的失灵和剥夺，探讨了贫困风险形成的内在机理。在实证分析部分，作者利用一手调研数据剖析了具体影响非自愿群体贫困风险损失的要素、不同类别群体特征的风险规避行为的差异性、政府层面非自愿移民政策满意度影响因素与群体特征关系,以及移民制度政策绩效评估框架等内容,旨在检验理论分析层面相关结果的正确程度。在比较分析部分,作者对"世界银行移民政策"、"亚洲开发银行移民政策"和"典型国家的移民政策"进行了梳理和提炼,得出若干颇具借鉴意义的启示。作者的上述研究已深刻触及了非自愿移民反贫困的制度结构、运行机制、政策组合等实质性问题,并且据此得出了若干研究结论。《研究》一书的对策建议部分主要包括三个模块:政府层面效率性制度与绩效评估机制设计、执行层面的控制与监督机制设计和移民群体层面风险规避。

《研究》一书的创新点有三:

第一,针对非自愿移民贫困风险的引致因素的定位有着更深入的探讨和更准确的提炼。既往同类研究主要是从物质和生存权的破坏两个层面论述群体风险产生的原因,《研究》一书则认为"三大资本"(物质、人力和社会)的失灵和被剥夺是"非自愿"移民群体贫困风险产生的主要因素。作者运用效用函数、最优决策等方法对每种资本失灵和被剥夺后的个体效用损失给出了严格理论论证,这也是既往同类研究很少涉猎之处。

第二,将金融市场的风险测度模型——"VaR"模型应用于非自愿移民群体"三大资本"失灵和被剥夺后的风险测度。作者深入分析论证了"三大资本"失灵和被剥夺之后,导致的个体效用损失、风险产生的阶段与所处水平及其影响因素,并且以"损益"指标评价风险程度和发生概率。这无疑为后续的政策建议提供了扎实的技术铺垫。

第三,将风险性评估及规避理论应用于非自愿移民的安置模式。既往同类研究大多是从风险产生原因、危害和预防措施等视角进行分析,而《研究》一书则将"风险评估"作为核心分析视角,即通过构建相关指标体系并运用数据来评估异质性"非自愿"移民群体在移民过程中或移民后贫困风险发生概率、风险损失程度及负效用。据此建议以风险态度的不同表现对群体进行类别划分,并采取不同安置模式和项目供给类型,从而使得不同类型个体或群体在移民前后保持较高的效用。

作者探究上述问题的研究方法,充分体现了规范分析与实证分析的结合,定性分析与定量分析的结合,力求使所研究问题的结论更加准确和精确。与此同时,理论创新与政策建议相结合,论点、论据、论证过程严密契合,有着严谨的逻辑力量和解释力。凡此种种,均使该书的理论分析不失空洞、对策分析不失根基。

南水北调中线工程已于2014年11月向北京试送水,丹江口库区非自愿移民的反贫困乃至增收致富仍处于动态发展过程中,新的现象,新的问题层出不穷,这些会引发新的思考,进行多种新的概括,然而,这些都是探索而不是定论。其间,视野容有宽窄,角度容有反正,观点容有差异——总之,都需要锲而不舍、锐意探索。《研究》一书的出版恰逢其时,既丰富了该领域的理论成果,又具有重要的政策价值。

吕雪枫博士近年来不畏繁难,带领课题组深入到丹江口库区进行广泛深入的实地调查研究,并翻阅了大量的历史文献,进行了卓有成效的创新性研究。我们期待着《研究》一书的出版能够引起更多理论工作者和实际工作者的思考和讨论,也期待着《研究》的作者更上层楼,继续追踪这一研究领域的发展动态,从而作出更多的学术贡献。

中南财经政法大学　赵　曼

二〇一五年六月二十八日

第一章 绪 论

第一节 研究背景

人类历史变迁就是一部移民的历史进化过程,同时也是人类人口分布的均衡过程,当然其中不乏非自愿移民。自15世纪的新大陆被发现以来,"世界人口在国际间的迁移潮流经历了五个阶段和三大浪潮"①。全球化浪潮推动下,远距离和大规模的国际迁移行为也开始出现,而国家内部由于经济发展不平衡性导致的大规模区域间迁移也逐渐形成。在此过程中,国家战略性建设和工程引发的移民现象逐渐成为稳定社会发展过程中的主流移民方式,此类移民被称为非自愿移民。鉴于此类群体规模的不断增长,很多国内外学者对此进行了专门研究,尤其是理论层面的研究,如同化理论、共和理论和文化多元理论等。在实证研究方面也从各个角度分析了非自愿移民的特殊产出,剖析了此类移民的风险状态与识别。在此大的引导性环境下,本书研究主要基于四个具体背景:

一、非自愿移民群体安置工作成为国家战略性建设的关键环节

战略性经济建设成为未来国家发展的关键举措,保障全民型福利

---

① 侯文若:《全球人口趋势》,世界知识出版社1988年版,第262—263页。

提升是国家使命型发展任务。如大型水库建设、大型的建设性农田规划和规模化的农业产业建设等都显示出国家未来的经济建设战略重点。此类战略性规划和建设的产物就是非自愿型移民群体,他们对经济建设做出了巨大贡献,但是在预期收益方面却显示出较大的脆弱性。在生存、生产和工作等方面都面临着巨大的风险,此类风险的环节或损失的降低仅仅通过个体或群体力量是不够的,国家作为最大的主体需要全方位了解群体现状和需求特征,针对性制定风险规避的安置模式,采取各种有效方式结合来化解非自愿移民群体的风险或降低风险引致的效用损失程度。

如何保障此类群体的正常生活和生产？如何为此类群体谋取福利？都是国家有关部门和社会各界关注的重点。本书在此目的导向下,以南水北调中线工程丹江口水库移民为重点对象,以实际调查样本为基础,对此类群体在移民后的种种风险进行调查研究,结合群体特征,构建针对性风险规避策略,为国家长远的经济建设和战略规划打下基础,亦能够保障国家主导的战略性规划实施历程更加顺利和高效。

二、非自愿移民群体的风险是社会风险的重要表现

人类发展进程中会因为各种风险存在和持续而变得步履维艰,尤其是经济建设过程中非自愿移民群体,他们由于自身条件、所处环境和政策享受程度等内容的弱势地位导致其面临的风险比其他群体更为繁杂和程度高。例如,本书中所指出的"三大"资本的失灵与缺失风险等都是非自愿移民群体的风险效用损失的主要要素,社会发展过程中对于风险的化解是一项重要的制度性举措,尤其是政府相关的制度安排更是要体现出社会风险化解的重要性。

社会公众的福利感知效用的体现和增加也间接体现于政府主体在社会风险化解层面的贡献。非自愿移民群体所面临的风险以及群体安置工作的不到位引致的各种负向产出亦是社会风险的重要表现形式。基于此视角,本书研究非自愿移民群体风险规避一是体现个体福利效

用增加的需求;二是体现社会风险化解的重要手段。

三、非自愿移民群体的合理安置是生态建设的迫切需求

可持续发展已经深入成为世界范围内各个国家发展的指导原则,即在经济发展过程中,国家要保障发展模式是"既要满足当代人的需求,又不对后代人满足其自身需求的能力构成危害的发展"。[①] 而此过程中经济发展过程的"开发性"移民成为国家发展主导方式,2006 年国务院颁布的《关于完善大中型水库移民后期扶持政策的意见》等又给进程中的大型水库移民提供了指导方针。种种实践表明,政策的有效性和科学性是保障此类移民工程后的群体不受到损失的关键性步骤。在不断实践过程中,我国的工程型非自愿移民的安置工作取得了较大的成效,但是也存在相关问题,据相关调查结果显示,大型工程型移民在可持续发展目标理念指导下产生了较多的新问题,例如安置规划建设的成本预期较低、环境的可持续性预估较高,结果致使移民迁入地的生态环境遭到较大的破坏。而此正是没有相关风险评估和规避政策造成的,本书正是可以用以指导政府安置的针对性策略,研究对何种群体采取何种策略,实施何种项目支撑来规避其风险性事件的发生等。

四、重点探究非自愿移民安置问题破解之道

国内外有关非自愿移民的相关研究主要集中在安置、补偿及反贫困等方面。Michael M.Cernea、Mathur、Pearce、Dolores、Koenig、施国庆、段跃芳、杨云彦、姚凯文、陈绍军等是此方面研究者的代表。相对来说,非自愿移民研究成果总量并不多。而且从移民理论与实践的衔接来看,理论研究对实践并没有起到很好的指导作用,非自愿移民贫困问题难以从根源上缓解。一方面是因为当前的研究本身存在缺陷,如理论创新及实证研究不够、移民研究体系化困难、重视收入贫困及后期扶持

①　联合国环境规划署:《关于可持续发展的声明》,1989 年。

等;另一方面,移民工作纷繁复杂,千头万绪,易引起各种新问题甚至突发事件,导致移民主管部门在把相关研究付诸实践时踟蹰不前。笔者试图在上述方面寻求突破。

2002 年年底国家开工建设的南水北调工程是世界上最大规模的调水工程,丹江口水库作为南水北调中线工程的水源地,移民数量多,仅丹江口水库就新增移民 30 万,其中农村移民占 90%,安置压力很大。2010 年 8 月 11 日,丹江口水库湖北库区所涉及的丹江口市、郧县、郧西县和武当山特区 6 万余人,需在 9 月 30 日前外迁到省内的 8 个市 20个县 178 个移民安置点①。当前,此一期移民已经迁移完毕,与上一期移民比较,本期移民在政策绩效及贫困风险等方面有否变化,是笔者试图解决的主题,如何在南水北调工程的移民迁移问题上不再重复三峡移民的一些纰漏? 这也是关注的内容。同时,鉴于我国水利水电开发潜力巨大,将来移民活动还将长期持续。而且非自愿移民研究在我国城市化建设中也具有推广作用。这更加强了笔者做本研究的决心。

第二节 研究的意义

一、理论意义

我国改革开放已经经历了 30 多个年头,国内各种形式的移民从无到有,从小规模到大规模,取得较为可观的成效。但是其中问题却层出不穷,相关学者的研究亦保持较快的增速。本书研究是基于众多学者的研究成果,并且在很大程度上继承和发展了相关的研究。具体在理论层面表现为三点:

(一)可以进一步拓展中国移民行为的规律性研究

以前述学者的贡献性研究为基础,从移民自身效用满足与提升为

---

① 《湖北日报》第 13 版,2010 年 9 月 2 日。

出发点,从风险规避视角来探索我国移民规律性,以此可以获得对未来发展趋势的正确有效估计。本书在理论层面分析方面使用了较多的风险效用剖析、估计和测度方法,是为了对我国特殊环境下的移民政策和行为作出较为理性的判断和预估。

在此过程中本书的理论分析正确认识了我国大量劳动力转移的历史性进程和必要性,尤其是对工程型移民前因后果进行大量理论层面剖析,为更好满足工程需求下的移民群体效用最大化提供指导性策略。因此在移民风险产生之前的政策制定研究以及移民后的风险损失等方面策略研究更是体现国家对战略性经济建设的全面考虑,本书的研究可以为移民前后的风险防范和损失弥补提供理论性指导。

(二)扩展了风险性预测、评估和规避理论的应用范围

风险本为金融市场研究重点,且对于各种投资手段和组合风险研究更是成为各大金融机构的重点工作。因此,在金融市场领域的风险识别、预测和损失估计等研究已经取得了丰硕成果。在我国的政策性移民过程中充斥与金融市场较为类似的现象即个体或群体面临的不确定性较强,若没有正确的政策性制度保障,个体或群体面临的风险损失较大,福利效用水平也会降低。为了明确此类风险发生的时间和程度,笔者将风险性预测、评估和规避理论应用到非自愿移民的过程研究和安置模式研究,以风险态度的不同表现对群体进行类别划分,建议政府层面以群体风险态度特征为基础,对不同风险态度的群体采取不同安置模式和保障策略,在各种环境的支撑下使得不同类型个体或群体在移民前后保持较高的同质性效用,满足其目前的效用要求,并且在未来发展层面制定相关激励策略,使得非自愿移民群体在对政策满意度提升基础上获得与预期保持一致的效用。

(三)应用理论分析基础上设计规避型移民风险的安置模式

在移民安置层面,我国大多数学者一直致力于相关性移民安置模式的研究,并且借此构建具有中国特色的移民理论应用体系。本书在风险规避理论梳理研究基础上,解决相关风险识别、估计和规避等难

点,最终在理论层面根据群体风险性特征设计出相关移民安置模式,以供相关的政策制定参考。

此点设计不仅丰富了目前我国的移民安置理论的研究内容,在方法上也给出相当多的技术性操作设计。此举正是我国目前移民理论体系缺乏的重点内容之一,是支撑我国目前移民学建设过程的一个要素。难点和重点解决还需要很长的路,过程中细节问题剖解是整个过程成功的基础性要素,本书预期在此过程中承担其中一个环节,从风险规避视角设计针对性、准确性和科学性的安置模式,以期保障民生质量的全面性,使得此类群体在未来可预期获得最大化效用。

二、实践意义

1.为有关移民机构提供决策参考。本书得出的结论,将有助于为移民机构提供决策参考和思考,提出的很多意见,将有利于指导移民机构开展工作,建立移民社会保障体制,使移民的风险减少,损失降到最低程度。

2.将指导水库非自愿移民如何规避风险。本书的研究,将有助于水库非自愿性移民搬迁和安置过程中,学会识别风险、规避风险,降低自己风险,走上富裕健康的生活道路。

第三节　本书思路与内容

一、本书思路

本书研究遵循提出问题——分析问题——解决问题的思路,对非自愿性移民的风险规避问题进行了研究。第一章提出问题,第二、三、四、五章分析问题,第六章解决问题。

二、本书主要内容

第一章为绪论,介绍本书研究的背景及意义,研究的主要内容,研究的方法等等。

第二章为文献综述与理论基础。本书从"移民理论""贫困与反贫困理论"和"风险生成与规避理论"作为本课题研究基础性理论。此篇幅主要是围绕此三大理论展开，并对理论研究相关空缺、重复和欠缺之处进行补充评述和相关讨论，为本题相关理论分析和实证研究框架构建打下了坚实的基础。

第三章为理论分析篇。本篇利用第二章文献综述的相关基础理论观点和模型对本课题研究对象的"风险缘由""风险脆弱性测度"和"规避行为特征和防范机制设计"三个内容进行理论层面剖析，最后，笔者认为政府应该从公共层面设计保障非自愿移民群体的风险损失最小化的项目等。

第四章为实证研究篇。为了检验理论分析层面相关结果的正确性，笔者在此篇利用一手调研数据来剖析具体影响非自愿群体风险损失的要素、不同类别群体特征风险规避行为差异性、政府层面非自愿移民政策满意度影响因素与群体特征关系和政府层面的移民制度政策绩效评估框架及影响因素等内容。进一步从实际角度为保障移民群体效用最大化实现提供依据。

第五章为经验启示与借鉴篇。在经济增长方式和社会发展层面，我国与发达国家之间存在较大差异，但对于非自愿移民的研究却滞后于国外。梳理国外发展政策经验非常有必要，从梳理过程发现要点和可借鉴之处更为有益。因此，笔者在此篇幅从三大类政策——"世界银行移民政策""亚洲开发银行移民政策"和"典型国家的移民政策"出发，提炼相关借鉴要点，为最后的政策建议体系构建提供参考。

第六章为结论和对策建议篇。此篇幅是整篇文章结尾，也是本课题研究逻辑的落脚点，起到总结、归纳和延伸的作用。结论主要从非自愿移民的风险起因、三大资本失灵状态下移民风险规避行为和移民安置模式创新三个模块进行阐述。对策建议则主要包括三个模块：政府层面效率性制度与绩效评估机制设计、执行层面控制与监督机制设计

和移民群体层面风险规避的政策举措。本书的研究思路如图 1-1
所示。

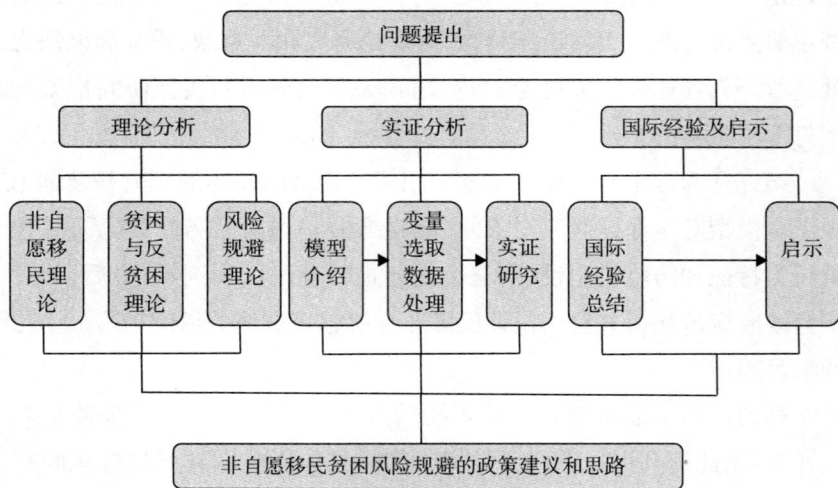

图 1-1 本书研究思路框架图

第四节 本书研究方法、创新与不足

一、本书的研究方法

在研究方法上,本书将以文献资料为先导,以移民经济学、统计学
和计量经济学理论为指导,运用规范分析和实证分析相结合、定性研究
和定量研究相结合、抽象分析和具体分析相结合的方法开展研究。具
体而言,本书研究运用的最主要的研究方法有:

第一,文献研究法。利用学校图书馆和电子期刊资料,对国内外的
相关资料进行研究。如移民理论、贫困问题、风险规避等问题,均阅读
大量的文献。使自己对以往研究有更加深刻的认识和了解。

第二,调查问卷和访谈法。本书为了研究水库移民的风险问题,特于2013年6月和2014年12月,到丹江口水库移民区进行问卷调查,并对水库移民和当地的移民局进行访谈,收集到第一手资料。

第三,统计分析法。本书运用大量统计方法对数据进行分析处理。

第四,计量分析法。在对风险进行测算、对影响因素进行分析时,运用大量的计量经济法进行实证分析,使得研究更加符合逻辑。

二、创新与不足

(一)创新之处

本书在研究过程中遇到较多的困难,理论层面缺乏和数据可得性等都给本书研究造成了极大阻碍,但是在大量资源和调查对象帮助下,本书还是取得了一定的成果,其中笔者试图进行某些内容、方法和过程方面创新,主要表现为以下几点:

第一,关于非自愿移民风险引致因素的阐述。以往的研究主要是从物质和生存权的破坏两个层面论述群体风险产生的原因。本书则认为"三大资本"(物质、人力和社会)的失灵和被剥夺是"非自愿"群体风险产生的主要因素。并且对每种资本失灵和被剥夺后对于个体效用损失给出了严格理论论证,其中使用工具性内容为效用函数、最优决策或目标的实现等。此处是笔者试图创新的关键点之一。

第二,将金融市场领域的投资风险测度方法应用到非自愿移民群体——"三大"资本失灵和被剥夺后的风险测度。并且翔实论证了"三大资本"失灵和被剥夺后个体效用损失后风险产生的阶段与所处水平的影响因素,以"损益"指标评价风险程度和发生概率。此处,笔者认为金融市场的风险测度模型("VaR"模型)的应用比较恰当,为本书理论分析增添较多深层次的思考,是笔者试图创新的内容之一。

第三,以往研究非自愿移民群体风险大多是从风险产生原因、危害和预防措施等视角开展,而本书除了上述几个视角的涉及之外,核心视角是"风险"评估,即了解异质性"非自愿"移民群体在移民过程中或移民后风险发生概率和程度。以"贫困"风险为视角,通过数据来评估非自愿移民群体"贫困"风险的程度和负效用结果,构建相关指标体系用以评估此类风险损失程度。此处阐述在"三大"资本失灵和被剥夺引致风险层面都有涉及。

第四,风险规避是理性个体面对风险的科学性决策行为。处于相对弱势的非自愿群体的风险规避行为,以及政府可提供的风险化解措施等方面的研究是以往研究的一个欠缺。本书从风险产生原因、损失程度和评估指标等内容进行阐述,以风险规避为主要内容,以群体三大类型风险态度(偏好、中性和厌恶)为基点翔实阐述了非自愿移民群体的风险规避行为,以及政府满足个体风险规避行为的项目供给类型等。

第五,本书落脚点虽为非自愿群体的风险规避行为及结果研究,但在"结论和对策建议"章节,笔者试图将实证研究结果、理论分析结果和实践经验三个因素进行有机结合,在结论性观点和政策建议的提炼过程中,融合更多理论阐述,让政策建议更多体现理论的指导作用。

(二)不足之处

本书在研究方面还存在一些不足:

第一,本书的主要切入点是"非自愿移民"的贫困风险,但由于资料可得性等原因,笔者所设计的问卷在"贫困风险"的概念界定、分析和现状透析层面的内容相对欠缺。在此资料和内容缺失的情况下,笔者仅能从相关理论框架下分析"非自愿移民"贫困风险产生的原因和传导机制,此处的分析可以弥补现状分析的深度和层次。笔者将在后续的学习和研究中,加大对问卷设计的科学性论证,重点突出现状问题引发的研究动机,以及在理论框架分析层面加大对现状问题原因的分析力度。

第二,关于理论模型的剖析,虽然笔者将风险、资本、政策评估和风险规避等逻辑分析思路应用其中。此类思路的应用给本书理论分析带来了更多的支撑依据,但笔者还是认为此支撑的力度尚不足,如风险规避机制设计等内容,笔者认为应用的力度尚不足。仅仅从问卷数据支撑下给出本书的重点内容之一——"风险规避路径"设计,理论支撑力度尚浅。

　　第三，与其他一些相关研究类似的是，本书的研究结论是基于笔者的一线调研，代表一定的时间、地点和空间，对于其他情况的考量，笔者未进行相关比较研究。当然，我国的"非自愿移民"具有较多的类似性，结论的应用空间不会因为数据的限制性而变窄，但未能进行多地区的比较研究是笔者的一个遗憾，后期的研究中笔者尽力弥补此点不足。

第二章　文献综述与理论基础

　　本书研究非自愿性移民的风险规避问题,为此,本章将从以下几个方面对以往的文献进行研究:一是非自愿移民理论;二是非自愿移民贫困与反贫困理论;三是非自愿移民风险规避理论。本章研究期许对以往研究有一个较为清晰的认识和了解,为本书如何进行创新提供理论依据。

第一节　非自愿移民理论研究概述

　　随着工程移民建设的不断开发,学者和一些机构对因工程建设,如大型水库建设而导致搬迁的非自愿性移民进行了大量研究,形成了非自愿性移民理论。主要研究有非自愿性移民经济理论、非自愿性移民的贫困与反贫困理论、非自愿性移民的安置问题研究、非自愿性移民的补偿问题研究、非自愿性移民的社会保障问题研究、非自愿性移民的风险及风险规避问题等等。本节将重点阐述移民经济理论、安置理论、补偿理论和社会保障理论,第二节将重点论述贫困与反贫困理论,第三节将是风险及风险规避理论。

一、非自愿性移民经济理论

　　1984 年,我国提出"开发性移民方针",强调把移民安置与库区经济发展结合起来，提高移民的自我发展能力。这一方针提出为我国水库移民指明了正确的方向和目标，是水库移民理论上一次质的飞跃。"第一次使移民迁建、安置成为一种经济行为"（王骏，2002年）。

不同学者对水库移民经济的认识和理解不一样，对水库移民经济研究也有所不同。

（一）非自愿性移民经济的含义

贾晔等（1995年）认为在水利资源开发利用过程中，开发实体与受淹区群众、资源区与受益区、移民与移居地民族、中央与地方等各种经济利益关系问题，都属于水库移民经济研究的范围。[1]

曾明德、戚攻（2002年）则认为，"应该把由国家（政府）主导的、有组织、大规模非自愿经济性移民现象、行为方式和动态过程整体上认知为'移民经济'，并以此作为一种特殊的经济现象、经济类型和经济运行系统加以研究"。

本书认为关注移民经济的核心其实是关注移民的生存和发展。从宏观上讲移民经济是整个移民区域经济的发展，主要指经济增长和经济结构的转型优化；从微观上讲是移民个体或移民家庭的发展，主要指移民的生产恢复与重建，也可以说是移民的经济适应，以及重建后经济的持续发展。

（二）水库移民经济研究的主题

1. 移民区域经济产业结构研究

水库移民经济产业结构是水库移民经济系统内各产业发展水平的匹配关系和产业间的技术经济联系。胡继明（2005年）通过对三峡库区的调查发现，产业结构优化调整存在一定障碍，如产业结构层次低、二元经济结构典型同构化。[2] 王世傅（2006年）认为水库移民区的产业结构存在明显的制约。目前水库移民区的产业结构呈现一产弱、二

① 贾晔、唐继锦：《建立水库移民经济学的构想》，《广西大学学报哲学社会科学版》1995年第4期。

② 胡继明：《关于三峡库区产业发展的几点思考》，《三峡发展》2005年第5期。

产缺、三产虚的特点。① 李炯光(2006年)认为工程建设资金和移民建设资金集中投向水库移民区,对建筑业有一点带动作用,但是,随着工程的结束,投资拉动降低,水库移民区产业发展将大幅回落,也将影响到库区的经济发展。② 邓培全(2003年)提出优化库区经济发展的思路,细化主导产业的选择、优势产业的培育、衰退产业的限制等具体途径,为移民经济发展指明方向。③

2.移民区域经济整体发展战略研究

根据库区的实际情况,学者们提出了若干经济发展战略。比较有代表性的是生态经济发展战略、循环经济发展战略和特色经济发展战略。罗怀良等(2004年)指出三峡库区应以生态农业、生态旅游为重点发展生态产业;加强生态产业链的培育,实现生态经济的良性循环。④ 王顺克(2004年)指出三峡库区是一个污染严重、生态脆弱的地区,应构建以生态农业、生态工业、生态城镇和绿色消费为支撑的库区循环经济体系。曾德国(2007年)指出三峡库区物产丰富,名优特产等产品闻名世界,应将这些特色产品与三峡的地理标志结合起来,树立库区的品牌形象,发展库区特色经济。⑤

3.移民经济开发模式研究

移民生产经济开发模式则是更为具体的发展路径,直接决定了移民收入的恢复和提高。许玉明(2007年)指出生产开发模式应侧重于农业的开发,指出农业经营模式主要有公司+农户、公司+基地+农户、

① 王世傅:《三峡库区产业发展与移民后期扶持研究》,《重庆大学学报:社会科学版》2006年第3期。
② 李炯光:《三峡库区产业结构发展现状分析》,《特区经济》2006年第10期。
③ 邓培全:《水库移民可持续发展模式》,黄河水利出版社2003年版,第114—115页。
④ 罗怀良、朱波、陈国阶:《重庆市三峡库区生态经济发展研究》,《国土与自然资源研究》2004年第1期。
⑤ 曾德国:《充分利用三峡地理标志,大力发展库区特色经济》,《集团经济研究》2007年第2期。

中介组织+公司+农户、订单农业等。① 户作亮、陈绍军、许佳君(2004年)认为移民生产经济开发模式还包括发展乡村工副业、服务业、劳务输出经济。如服务业主要涉及餐饮、小商店、运输、房屋出租、旅游等项目。②

4.移民经济发展水平评价研究

水库移民经济评价是用来评价移民搬迁后经济发展的质和量。

施国庆、袁汝华(1996年)建构了移民生产生活水平综合评价指标体系:包括自然资源、经济、生产条件与水平、生活条件和居住环境等几个方面。③ 李临杰(2003年)将移民生产生活指标体系整个系统分为:资源拥有水平、生产水平、居住水平、基础设施水平等七个指标。④ 焦爱萍(2006年)完善了李临杰建立的指标体系,使其更加的合理。⑤

二、非自愿性移民安置理论

(一)国外水库非自愿性移民安置模式理论

国外水库移民政策可分为两个阶段。20世纪80年代以前,各国大多按本国制定的政策进行移民安置,多采用单纯补偿、救济政策。20世纪80年代以后,世界银行于1980年制定了非自愿移民政策,提出开发性移民策略,鼓励移民重建生产生活基地。目前世界各国的移民安置政策可分为三类:一是美国模式。支付给移民一定数额的补偿费,其自己选择去向,安置政策重点放在房屋建设,该模式适合于发达国家。

---

① 许玉明:《三峡库区农业产业化发展战略与对策研究》,《重庆三峡学院学报》2007年第6期。

② 户作亮、陈绍军、许佳君等:《水库移民安置与管理》,宁夏人民出版社2004年版,第133—134页。

③ 施国庆、袁汝华:《水库移民生产生活水平分析与评价方法》,《水利学报》1996年第2期。

④ 李临杰:《移民生产生活水平监评指标体系构成研究》,《人民黄河》2003年第1期。

⑤ 焦爱萍:《水利工程移民生产生活水平监评指标体系研究》,《黄河水利职业技术学院学报》2006年第3期。

二是非洲模式。采用社区整体搬迁、集中安置方式,该模式适合于发展中国家。三是世行模式。强调"开发计划",强调应努力做好对搬迁居民提供帮助,为移民重建生产基地。

Chambers 和 Nelson 的模型都概括了自愿移民的经验以及土地安置项目管理的机构或组织的重要性。Scudder 和 Colson(1982 年)提出将安置模式分为四阶段:招募、过渡、发展和合作/移交,这个模型主要是按照阶段进行建模的,它关心移民的压力以及每一阶段他们具体的行为反应。

(二)国内非自愿性移民安置理论研究

提倡和支持开发性移民。1979 年以后,我国提倡和支持开发性移民,制定了一系列解决移民问题的方针政策和措施,出台了有关移民的法律法规,使移民工作逐步走向开发性依法移民的轨道。

我国非自愿性移民安置的四种模式:以土为本的就近后靠型大农业模式;小城镇化为主模式;建制外迁模式;混合安置模式。

国内实证研究包括:

1. 对水库移民安置规划进行研究

施国庆等著的《水库移民系统规划理论与应用》一书,将水库移民领域理论研究成果和实践经验总结相结合,提出水库移民系统规划的理论、方法及应用。[①]

邱正光等(2001 年)指出三峡库区的移民安置应坚持多渠道安置与鼓励移民外迁安置相结合的原则;坚持以土为本,以种植业安置为主的原则以及坚持因人制宜的安置原则。[②]

胡苏翔等(2010 年)对大庄水库移民安置规划方案进行了探析[③],

---

① 施国庆:《水库移民系统规划理论与应用》,河海大学出版社 1996 年版。
② 邱正光、伍黎芝、杜金平:《三峡库区农村移民安置模式探讨》,《人民长江》2001 年第 5 期。
③ 胡苏翔等:《大庄水库移民安置规划方案探析》,《中国农村水利水电》2010 年第 1 期。

宋为群、何丽琼(2010年)对丹江口水库河南库区农村移民安置实施规划进行了探讨,都提出规划要程序合法、技术合理、方案可行。

2. 对安置方式进行比较

高建国等(1988年)比较了移民后靠安置与外迁安置、土地安置与非土地安置的优劣。田劲松等(1999年)对大农业安置和非农化安置渠道、利弊及安置效果进行了比较,得出了无论哪一种安置模式,都要因地制宜。

施国庆等(2002年)对集中安置和分散安置,农业—农业安置,农业—工业安置以及农业—非农业安置模式进行分析和评价,指出相对集中、分散安置是沿海安置区接受和安置三峡农村外迁移民的总原则。

3. 对移民安置的参与性进行研究

陈绍军、施国庆(2003年)等阐述在移民安置活动中公众参与的必要性,希望赋予移民对其生产、生活安置和重建活动决策的权力。曹静晖(2010年)提出移民参与是提升非自愿移民安置绩效的关键要素。需要明确移民在非自愿移民安置中的角色,健全移民参与的法律规范和制度保障体系,以及完善非自愿移民安置中的移民参与机制。[①] 陈金明、李卫群(2010年)认为应充分尊重非自愿移民的合理意愿,因地制宜,权衡利弊,遵循多种安置模式并举和风险最小等原则,做好移民安置工作。

4. 对移民安置效果的评价

周娴(2004年)提出了移民安置效果评价的主要内容和指标,以及评价的六个步骤。杨文健等(2004年)分析移民安置绩效评估的必要性、依据和内容,对水库农村移民安置的绩效评估指标体系和评估方法作了有效探索。庄安尘(2005年)介绍了世界银行、国内监理、监测等部门在小浪底移民安置工作中使用的各种评价方法以及最终评价结

---

① 曹静晖:《非自愿移民安置中的移民参与》,《内蒙古社会科学(汉文版)》2010年第5期。

果。杨帆(2006年)对水库移民安置检测与评估方法进行了研究,建立了一套水库移民安置监测评估方法体系,并以小浪底水库移民监测评估为例进行了案例研究。贾永飞(2010年)将模糊物元评价方法运用到了水库移民安置区,提高了对移民安置区评判的准确度和可信度。

三、非自愿性移民补偿问题

水库移民作为工程建设受损者,不公平地承担了工程建设带来的经济和社会成本,理应进行补偿。移民的损失范围的合理界定和损失价值的合理评估是非自愿移民补偿的基础。而移民补偿制度是否科学合理,主要看移民补偿制度设计是否源于科学理论的指导,是源于移民利益的最大化还是工程建设成本最小化。

(一)国外移民补偿问题研究

国际上的一些学者对移民补偿问题进行了广泛探讨,为移民补偿理论体系构建提供了思路。美国学者 Downing(1996年)认为由于工程的兴建而给移民带来的所有有形和无形成本,都应计入移民成本,都应补偿①。英国环境经济学家 Pearce(1999年)认为移民补偿应包括对移民的财产损失及重置成本进行补偿的投资,移民在迁移过程中的损失,安置中所需的投资以及各种行政费用,都应计入移民成本,都应给予补偿②。世界银行移民专家 Cernea 认为发展中国家移民补偿机制存在着结构性缺陷,指出其局限性可能导致补偿不足或没有任何补偿。Cernea 指出,足额补偿是移民恢复和改善生活水平的基础,移民生活水平的恢复和改善要求除了对征用移民的土地按市场价进行补偿外,还应该投入额外的资金。Ravi Kanbu 指出开发项目给移民带来的损失是

---

① Downing, Theodore E. Mitigating Social Impoverishment When People Are Involuntarily Displaced. In C. McDowell, ed., Understanding Impoverishment. Oxford and Providence: Berghahn, 1996.

② Pearce, D. W., and R. K. Turner. Economics of Natuiral Resources and the Environment. Hemel Hempstead, U. K.: Harvester Wheatsheaf; Baltimore, Maryland: The Johns Hopkins University Press, 1990, 103-107.

各种各样的,必须对移民损失进行系统的全面的补偿,此外,还应建立移民社会保障系统。

(二)国内的移民补偿问题

我国非自愿性移民的补偿制度经历了三个阶段:第一阶段,土地征用办法阶段(1953—1981 年);第二阶段,土地征用条例阶段(1982—1985 年);第三阶段,土地管理法阶段(1986 年至今)。前两个阶段没有安置补助费,土地管理法颁布之后才有安置补助费且补偿费的标准逐步提高。

国内学者的研究主要集中在以下几个方面:

1.对移民补偿理论进行了探讨。段跃芳于 2005 年所著的《水库移民补偿理论与实证研究》一书有一定的代表性。认为非自愿移民经济行为受成本—收益理论的驱使,因此移民补偿标准的制定要满足成本效益原则,指出建立以移民参与为核心的补偿机制是改变移民与补偿政策制定者的国家之间信息不对称状况的必要制度安排。邓曦东、段跃芳(2008 年)基于利益相关者视角对中国非自愿移民的补偿制度的历史与现状进行分析,认为非自愿补偿制度存在很多缺陷,需要进行创新。

2.移民财产损失的评估理论与方法进行了探讨和分析,提出了土地的社会保障价值概念,并探讨了建立移民社会保障体系的可能性。施国庆等(2000 年)认为仅仅根据移民的财产损失给予移民以现金补偿是远远不够的,是不科学的,必须以改善和提高移民的生活水平作为确定对移民进行补偿的依据。刘慧芳(2000 年)[1]、李光禄等(2002 年)[2]认为现行土地淹没损失的评估和补偿方法,严重低估了土地的真实价值,导致土地补偿资金严重不足,必须研究更合理的土地损失评估方法。

---

[1]　刘慧芳:《论我国农地地价的构成与量化》,《中国土地科学》2000 年第 3 期。

[2]　李光禄、侣连涛:《土地征用补偿制度的完善》,《山东科技大学学报(社会科学版)》2002 年第 1 期。

3.对非自愿移民补偿方式、补偿指标体系进行了探讨。周少林等（1999 年）指出移民补偿方式可以分为经济性（实物）补偿和政策性补偿两种，认为经济性补偿是移民的基础，政策性补偿是移民发展的根本保证①。张朝峰等（2001 年）提出了建立面向可持续发展的水库移民补偿指标体系。这个指标体系由两部分组成：一是安置补偿费。安置补偿费用由政府提供；另一个是扶持补偿。扶持补偿费用全部由水库收益承担或由水库收益和下游居民及政府共同承担。②

四、非自愿性移民权益保障方面的研究

移民是一个非常脆弱的群体，搬迁后他们的生活方式、生产体系和各种体制均处于更新或重建阶段。他们特别需要解决搬迁后生活、就业、子女教育、医疗、养老等方面的种种困境，解除后顾之忧。因此，移民社会保障是国家、地方及社会对工程建设引起的非自愿移民，在经济和社会生活方面提供的帮助、照顾、保护和保证，以调节社会关系、促进社会公平和稳定的社会制度。享受社会保障是移民的基本权利。加强移民社会保障建设非常必要，具有十分重要的意义。

（一）国外非自愿性移民权益保障研究

国外对非自愿性移民权益保障的研究主要体现在理论与对策研究以及政策研究等方面。

理论与对策研究。Michael M.Cernea 长期从事非自愿移民领域的研究，提出了防范移民和社会风险 IRR 模型。依据 IRR 模型，提出了各种移民权益保障的对策。Fernandes（2000 年）认为移民搬迁是个人资产转变为公司资产的一种形式，是公司利润的源泉，因此移民理应分

---

① 周少林、李立：《关于水库移民的补偿方式的思考》，《人民长江》1999 年第 11 期。

② 张朝峰、曾建生：《水库移民安置与补偿分析》，《广西水利水电》2001 年第 1 期。

享各种项目带来的效益①。Hari Mohan Mathur(2002 年)提出重视传统生计重建方法：即现金补偿、基于土地为基础的补救措施、就业、自主就业等。②

政策研究。主要体现在一些机构，主要是世界大坝委员会（WCD）、世界银行（WB）与亚洲开发银行（ADB）等机构。如世界银行提出各种条款来加强移民的社会保障。如应该帮助非自愿移民改善生计，提升生活水准；对移民直接损失按重置成本及时全额赔偿；对移民的搬迁给予帮助；提供移民居住的房子、宅基地和同等条件的土地；为移民安置区提供必要的基础设施和公共设施等，这些条款对移民权益保护起到了重要的作用。

（二）国内对非自愿性移民权益保障的研究

国内对移民权益保障的研究，主要体现在以下几个方面：

1. 移民权益流失成因研究

陈绍军、叶彩霞（2003 年）认为在移民的过程中，移民利益受损、移民转移到城市没有保障、移民与非移民收入差距大、传统的农村社会保障功能削弱等，都是建立社会保障的必要性和原因。③ 杜伟等（2005年）指出在征地安置过程中存在滥用土地征用权、征地补偿安置标准过低、安置途径单一等严重问题，这导致权益流失。④ 刘辉等（2007年）认为移民政策法规体系不完善，移民安置规划不科学，移民工作管理不到位导致移民利益受损，这容易造成移民上访。孙爱芬、李丹

---

① Fernandes, W. 2000. From Marginilization to Sharing the Project Benefits. Risks and Reconstruction: Experiences of Resettlers and Refugees. in: Michael, C., McDowell, C. eds. Washington D.C.: World Bank: 203-225.

② Hari Mohan Mathur:《开发项目中的移民生计》，参见唐传利，施国庆（主编）：《移民与社会发展》，河海大学出版社 2002 年版，第 211 页。

③ 陈绍军、叶彩霞:《工程移民社会保障问题探讨》，《水电能源科学》2003 年第 4 期。

④ 杜伟、王波、沈炟:《征地过程中农民合法权益被侵害情况的实证考察》，《西南民族大学学报·人文社科版》2005 年第 5 期。

（2007年）认为现行移民法律法规不完善，移民自我心理脆弱，利益主体的多元化使移民处于弱势地位，导致移民合法利益得不到保障。孙中艮（2007年）认为工程征地的过程中信息不对称、内生交易费用的增加是导致移民利益受损的重要原因。①

2. 建立移民社会保障制度研究

陈阿江等（2001年）根据 T 水电站 S 库区的实际，确定40%的后期扶持基金为社会保障基金。提出了"帮弱、养老、助学、促生产"的移民社会保障的思路。陈绍军、陈阿江、周魁（2002年）②、阳义南、刘玉思、杨甜（2003年）③、陈绍军、叶彩霞（2003年）指出了移民建立社会保障的原则，并提出移民社会保障系统由移民社会保险子系统、救助子系统、福利子系统、优抚子系统以及移民其他社会保障子系统等五个子系统组成。

杨文健等（2004年）研究认为水库移民安置存在巨大风险，可借鉴大中城市的社会保障模式，引入市场机制，突出社区的作用，走水库移民的社区化保障之路。④

廖蔚（2005年）提出构建水库移民专项社会保障制度的具体想法：在管理体制方面，必须建立统一的机构集中管理。在资金方面，必须建立水库移民专项社会保障基金。要进一步完善水库移民专项社会保障制度的法律体系。加强水库移民地区社会养老保险、医疗保险、社会救济和其他移民社会保障项目建设。⑤

谢伟光、陈绍军（2005年）分析了移民社会保障基金的三种筹集模

---

① 孙中艮：《农村工程移民土地权益侵害成因探讨——一种基于内生交易费用的分析》，《消费导刊》2007年第1期。

② 陈绍军、陈阿江、周魁：《移民社会保障体系探讨》，《水利经济》2002年第3期。

③ 阳义南、刘玉思、杨甜：《移民社会保障制度初探》，《人口与经济》2003年第5期。

④ 杨文健、赵海涵、刘虹：《中国水库农村移民社会保障体系的构建》，《云南社会科学》2004年第6期。

⑤ 廖蔚：《建立水库移民专项社会保障制度的设想》，《中国财政》2005年第2期。

式,认为水库移民社会保障基金筹集模式宜采用部分积累的筹集模式,不仅可以提高移民应付突发事件的能力,还可以避免完全积累模式带来的负面效应。①

高忠文(2007年)以"卡尔多—希克斯标准"理论和社会保障适度理论为指导,提出建立三个层次、五大项目的水电工程移民基本社会保障模式。②

黎爱华、江小青、李萍(2007年)提出三峡移民社会保障的总体思路:逐步建立"经济补偿、社会保障、就业服务"三位一体的三峡移民社会保障机制,使三峡移民"老有所养,病有所医,贫有所济,劳有所业,增收有门"。③

3. 移民权益保障相关机制研究

袁松龄、常献立(2002年)结合小浪底移民的成功经验,认为搞好规划设计是保护移民合法权益的基础,引入社会监理监测机制是保护移民合法权益的手段,搞好公众参与和移民申诉是保护移民合法权益的途径,搞好生产开发是保护移民合法权益的根本。④

崔广平、周淑清(2008年)从法制的角度对移民的公平权、生存权、参与权和发展权等问题进行了研究,提出了构建保障移民权利体系和库区法律保障机制等建议。⑤

马德峰(2008年)提出了一整套的移民社会保障机制的思路:社会救助——困难户的社会保障,农户小额生产信贷——发展家庭生产,助

① 谢伟光、陈绍军:《水库移民社会保障基金筹集模式探讨》,《水利经济》2005年第4期。

② 高忠文:《水电工程农村移民基本社会保障模式研究》,《水利发电》2007年第7期。

③ 黎爱华、江小青、李萍:《建立三峡移民社会保障机制的探讨》,《人民长江》2007年第12期。

④ 袁松龄、常献立:《小浪底水库移民权益保护》,《河海大学学报(哲学社会科学版)》2002年第6期。

⑤ 崔广平、周淑清:《水库移民权利保障研究》,河南大学出版社2008年版。

学——推进移民子女九年制义务教育,养老——推进老年移民的"老有所养"。①

邓曦东、段跃芳(2008年)从利益相关者的视角,将移民的利益、开发商的利益和国家的利益有机结合起来,提出了建立移民补偿制度的利益相关者参与机制,创新移民无形损失补偿的评估机制,建立和谐的利益补偿机制,改革完善农地流转制度,建立移民发展基金,完善移民社会保障体系。

陈华东、施国庆、陈广华(2008年)通过对尼尔基水库坝区移民的调查,发现水库移民社会保障机制在建设过程中面临的障碍问题,提出了水库移民社会保障管理机构与经营机构分离,加强对社会保障基金的监督,移民社会保障的具体内容也应由相关主体在第三方监督下通过协商解决的对策意见。②

贾永飞(2009年)论述了南水北调工程被征地移民的建立社保政策依据以及必要性,针对实施被征地移民社会保障出现的问题提出了对策:完善南水北调工程被征地移民社会保障政策,坚持多方筹资,政府、集体、个人共同承担;坚持突出重点与搞好配套相结合,把保障被征地移民的基本生活,作为制度建设的核心。同时,要十分重视完善就业、土地征用管理等相关的配套政策措施。

第二节　贫困与反贫困理论研究概述

一、贫困与非自愿性移民贫困的相关研究

有史以来,贫困一直是人类社会面临的最大挑战。贫困不仅仅是

---

① 马德峰:《构建水库外迁农村移民社会保障机制研究——以江苏省大丰市三峡移民安置点为例》,《水利发展研究》2008年第7期。
② 陈华东、施国庆、陈广华:《水库移民社会保障制度研究》,《农业经济》2008年第7期。

一个国家社会动乱、国际战争爆发的根源,而且直接威胁世界各国的和谐稳定和可持续发展,更是对人类平等的生存发展权的剥夺和尊严的践踏。为此,各国政府和组织都在致力于消除贫困,各个方面的学者也在对贫困问题进行研究和探索。

（一）贫困的相关理论概述

1. 贫困的含义和分类

不同的学者对贫困的含义和分类不一样。汤森认为"所有居民中那些缺乏获得各种食物、参加社会活动和最起码的生活和社交条件的资源的个人、家庭和群体就是所谓贫困的。"[1]

英国的奥本海默认为:贫困指物质上的、社会上的和情感上的匮乏。它意味着在食物、保暖和衣着方面的开支要少于平均水平。国家统计局(1990 年)认为:贫困一般是指物质生活困难,即一个人或一个家庭的生活水平达不到一种社会可接受的最低标准。[2]

贫困分为绝对性贫困和相对性贫困,除了绝对和相对的二分法,还有三分法之说,代表人物当属汤森和莫泰基。1993 年汤森将贫困划分为三个层次,即维持生存、基本需求和相对遗缺。莫泰基也将贫困分为绝对性贫穷、基本型贫穷和相对贫穷。此外还有,精神贫困和物质贫困、狭义贫困和广义贫困,个体贫困和群体贫困等划分法。

2. 贫困学说

第一,收入贫困说

这一学说认为人们的收入低下不足以维持生活,就陷入了贫困。这是从经济学上来界定的,也是早期的思想。19 世纪的西勃海姆·朗特里认为:如果一个家庭的总收入不足以维持家庭人口最基本的生存活动要求,那么,这个家庭就基本上陷入了贫困之中。萨缪尔森认为:

---

[1]　汤森:《英国的贫困:关于家庭经济来源和生活标准的调查》,阿伦莱恩和培根图书公司 1999 年版,第 82 页。

[2]　国家统计局:《中国城镇居民贫困问题研究》课题组和《中国农村贫困标准》课题组研究报告,1990 年。

贫困是一种人们没有足够收入的状况……它低于所估计的维持生存的生活水平所需的费用。经济上的收入贫困是贫困理论中的重要概念和内涵，因为经济是人们生存的最基本的需要，收入问题是衡量人们生活的重要指标。因此，收入贫困说得到了许多国家和大多学者的认可。

第二，权利贫困说

这一观点最早是由"排斥剥夺说"演进而来的。在被剥夺概念的基础上，阿玛蒂亚·森在 20 世纪 80 年代后期提出了著名的权利贫困概念。认为贫困者之所以贫困，根本在于穷人应该享有的基本权利往往被系统性地剥夺，从而使他们陷入贫困的恶性循环。世界银行（2001 年）进一步指出"贫困不仅仅指收入低微和人力发展不足，它还包括人对外部冲击的脆弱性，包括缺少发言权、权利和被社会排斥在外。"

第三，能力贫困说

世界银行（1990 年）将贫困定义为"缺少达到最低生活水准的能力"，阿玛蒂亚·森在《作为自由的发展》中认为应该引入能力的参数来测度人们的生活质量，不应该用简单的收入来衡量，因为贫困的真正含义不是收入低下，能力不足才是导致贫困的根源。

3. 贫困成因理论

贫困的原因很多，国外主要从要素层面、制度层面加以研究的。马克思认为失业和贫困是资本主义制度的产物。一些经济学家认为，贫困产生的根本原因主要在于经济制度，特别是资本的缺失。如罗格纳·纳克斯的"贫困恶性循环"理论，冈纳·缪尔达尔的"循环积累因果关系"理论，纳尔逊的"低水平均衡陷阱"理论等。

舒尔茨（1960 年）经济发展主要取决于人的质量，而不是自然资源的丰瘠或资本存量的多寡，提出贫困的根源在于人力资本的质量。阿玛蒂亚·森后来认为贫穷主要是由于人的基本能力受到剥夺和机会的丧失而造成的。

目前，很多学者研究社会政策对贫困的影响。认为公共政策是影响贫困的重要因素。Dowler 和 Paul Mosley（2003 年）探讨了社会政策对南北半球贫困的影响。De Gregori 和 Rodgers（1995 年）分析了发展中国家贫困政策存在的主要问题。Mckinley（2001 年）分析了宏观经济政策对减少贫困的影响。Amarendra（1999 年）探讨了农村中的公共政策对农村贫困的影响。

4. 贫困的衡量标准

衡量贫困的标准很多,主要有:第一,恩格尔系数法。根据联合国粮农组织提出的标准,恩格尔系数大于 0.6 作为绝对贫困;第二,"市场菜篮子法"。这是一个生存型的最低生活保障线,根据一个地区最低日营养摄取量标准,选择食品的数量和种类;第三,马丁法。经济学家马丁认为贫困标准应该由食品贫困线和非食品贫困线共同构成;第四,国际贫困标准法。国际贫困标准法以一个国家或地区社会平均收入的 50% 作为这个国家或地区的贫困线,低于这一收入水平的人群即为贫困人群。

（二）非自愿性移民贫困的研究

由于一度受到"重工程、轻移民;重搬迁、轻安置"思想的影响,导致了非自愿性移民成为贫困人口群体。许多学者对我国应建水库而搬迁的非自愿移民贫困进行了研究,主要研究移民贫困的表现,导致贫困的因素,以及如何避免贫困产生等。

1. 非自愿移民贫困的表现

陆远权（2002 年）指出,移民搬迁的过渡期在经济、文化、心理上面临着贫穷,一是经济物质贫困;二是文化精神贫困,指移民在文化精神上表现出的困惑与不适应;三是心理上的不认同与不适应。[①]

张春美等（2007 年）对万安水库搬迁的移民进行调查发现,移民贫困表现在,搬迁补偿标准低,安置区人均耕地减少,移民素质低,资金严重不足,远不能满足移民生产发展需要。[②]

---

① 陆远权:《浅析三峡库区移民过渡期的贫困问题》,《人口与经济》2002 年第 1 期。
② 张春美、邵慧敏等:《万安水库农村移民收入影响因素分析及对策》,《人民长江》2007 年第 12 期。

范仲文(2007年)通过对东平湖库区移民进行调查后,认为其原因在于:土地资源不足与生产条件落后,扶贫管理"边缘化",贫困保障制度缺失等问题。①

刘筱红、陈琼(2008年)分析三峡库区移民中妇女的贫困问题,移民妇女体力和心理压力加大,妇女在家庭中的经济地位下降,农村移民加大了"男工女耕"的分工趋势。②

2. 导致非自愿移民贫困的原因

陈绍军、施国庆(2003年)认为导致非自愿移民原生贫困和次生贫困的原因主要有几个方面:移民安置规划上的缺陷;不合理的利益分配机制;社会歧视;移民心理素质较差,承受着很大的心理压力等。③

陆远权(2002年)分析了造成移民过渡期贫困的因素:经济因素、区域文化因素、人口因素。

周福初、龚正国、左月娥(2005年)对桃源县库区移民贫困问题进行调查后,发现库区移民贫困的主要因素有:生产资料少、生产条件差、扶持力度弱。④

黄莉、余文学(2007年)利用珊溪水库移民生活状况调查数据,研究发现造成移民贫困的各因素中,文化技能、环境适应性、经济基础与移民收入状况呈正相关;而年龄、思想惰性、受排挤程度与移民收入状况呈负相关关系。⑤

张春美等(2007年)移民科技文化素质对移民增收起关键作用。

---

① 范仲文:《东平湖库区移民贫困问题与低保制度建设探讨》,《人民黄河》2009年第7期。
② 刘筱红、陈琼:《公共政策视角下三峡库区农村移民妇女的贫困与反贫困研究——以湖北宜昌农村外迁移民村W村为例》,《湖北行政学院学报》2008年第1期。
③ 陈绍军、施国庆:《中国非自愿移民的贫困分析》,《甘肃社会科学》2003年第5期。
④ 周福初、龚正国、左月娥:《桃源县库区移民贫困问题的调查与思考》,《中国科技信息》2005年第22期。
⑤ 黄莉、余文学:《珊溪水库移民贫困影响因素的模型分析与应用》,《安徽农业科学》2007年第10期。

谢美娥(2009年)认为导致库区移民更加贫困的原因主要是移民规划存在重大缺陷,如利益损失补偿不到位、利益分享不合理、社会保障救助体系不健全等。

张庭凯、王冬利、张智慧(2008年)指出造成库区移民贫困的因素有:规划因素、经济因素、环境因素、区域文化因素、人口素质因素。①

盛济川、施国庆(2008年)从移民的实物资本、人力资本和社会资本三个方面对移民的贫困进行了分析,认为对于移民的货币补偿不足以弥补移民的福利损失是导致移民贫困的根本原因。②

田艳平、薛福根(2009年)运用对丹江口库区移民的数据调查发现:以耕地为代表的传统物质资本对库区居民的贫困仍然具有举足轻重的影响,耕地数量的缺乏和质量的低下极易造成库区居民的贫困。③

严登才、施国庆、周建(2011年)从个体主义范式、社会结构范式和可持续生计范式三个方面对水库移民贫困的研究进行了综述,其中个体主义主要包括个人的人力资本,社会结构范式主要是从社会政策和制度等来分析,可持续生计范式认为搬迁通过各种机制作用于生计资本,导致生计资本的现状和性质发生变化,从而诱发贫困。④

3. 脱贫的对策

陆远权(2002年)提出了加强移民脱贫的对策:防止"工程偏向",加强移民经费的管理和使用,把教育培训与脱贫结合起来,走"文化移民"的道路等。

谢美娥(2009年)认为规避移民贫困,需要制订多利益主体参与的

---

① 张庭凯、王冬利、张智慧:《水库移民的贫困问题及脱贫对策研究》,《黄河水利职业技术学院学报》2008年第4期。

② 盛济川、施国庆:《水库移民贫困原因的经济分析》,《农业经济问题》2008年第12期。

③ 田艳平、薛福根:《移民地区边缘化贫困研究——以丹江口库区为例》,《学习与实践》2009年第10期。

④ 严登才、施国庆、周建:《范式视角下水库移民贫困成因研究综述》,《水利发展研究》2011年第12期。

科学有效的移民规划;促进区域开发与扶贫就业协调发展;建立自然资源开发利益平等共享新格局法律体系;强化社会保障救助体系的建设。

陈绍军、施国庆(2003 年)提出减少移民贫困的战略:尊重移民的财产权利和参与权利,把扶贫纳入移民安置规划,实施多元化移民安置策略,实施移民贫困监测评估。

二、反贫困与非自愿性移民反贫困的相关研究

由于贫困的危害十分严重,因此,世界各国政府都在采取各种有效措施,减少和消除贫困。反贫困(Anti-Poverty)起源于缪尔达尔的著作《世界贫困的挑战—世界反贫困大纲》。从反贫困的过程来看,反贫困有三种表述:一是 Poverty reduction,减少贫困,重点在于减少贫困人口的数量;二是 Poverty alleviation,减缓贫困,强调的是在于减缓贫困的程度;三是 Poverty eradication,消除贫困,强调反贫困的最终目标在于消除贫困。

(一)反贫困的主要理论演进与发展

反贫困的主要理论演进与发展包括:第一,马尔萨斯"抑制人口增长"的反贫困理论,该理论认为减少人口的过快增长,可以减少贫困。第二,马克思主义的反贫困理论。马克思认为资本主义制度是贫困的根源,消灭剥削制度是反贫困的根本途径。第三,"收入再分配"理论。福利经济学代表认为对收入进行分配可以消除贫困,增加穷人的福利。第四,"涓滴效应"反贫困理论。这是指导发展中国家反贫困的重要理论。第五,"人力资本"反贫困理论。该理论认为贫困产生的主要原因是由于人力资本的严重短缺,认为应把人力资本投资视为反贫困的主要途径。第六,赋权理论。该理论认为贫困产生主要是因为缺乏各种权利,因此该理论认为应赋予贫穷人们参与政治、社会等各种权利。

(二)反贫困的政策实践

综合国外反贫困政策实践,共性发展方式主要有:公共基础设施建设、直接救济、小额信贷、人力资本投资、社会安全网、扩大参与和赋权。

公共基础设施建设。具有利贫的基础设施建设对经济增长、农业发展和减少贫困有很大帮助（Binswanger，1993①；Fan，1999②；Jacoby，2000③；Jalan，Ravallion，2002④；叶普万，2005），增加了贫困人群进入市场的机会（Binswanger，1993；Limao，1999⑤），促进了生产率提高和非农业的发展（Fan，1999；Escobal，2001；Fan，Rao，2002），以工代赈等扩展了就业机会和增加经济收入（朱玲，1994；张伟新，2001）。

小额信贷。为穷人提供可持续金融服务的小额信贷扶贫模式有助于促进贫困者人力资本的积累，长期来看有助于减少贫困（刘民权，俞建拖，2007）。

人力资本投资。高水平人力资本存量会提高农户能力和劳动生产率（Sen，1985⑥；World Bank，2001；Van De Walle，2002⑦），通过扩展穷人获得教育、医疗和卫生保健机会能增加人力资本并对减贫有直接影响，需要给予优先重视（段世江，石春玲，2004；刘民权，俞建拖，2007；Fan，Chan-kang，2005）。

社会安全网与赋权。社会安全网有助于防止贫困的代际传递（刘民权，俞建拖，2007），通过临时性消费平滑政策、现金转移支付、价格

---

① Binswanger，H.，Khandker，S.，and Rosenzweig，M.How infrastructure and nancial instinutions affect agricultural output and investment in India.Journal of Development Economics，1993，41（2）：337-366.

② Fan，S.，Hazell，P.and Thorat，S.（1999）Government spending，agricultural growth and poverty；An analysis of interlinkages in rural India.IFPPI Research Report No.110.Washington Dc：International Food Policy Research Institute.

③ Jacoby，H.G Access to marks and the benefits of rural roads，The Economic Journal，2000，110，713-737.

④ Jalan，J.，and Ravallion，M.（2002）Geographic poverty traps? A micro econometric model of consumption growth in rural China，Journal of Applied Econometrics.

⑤ Limao，N.and Venables，A.J.（1999）Infrastruture，geographical disadvantage and transport costs，World Bank Policy Research Working Paper 2257.

⑥ Sen，A.K Commodities and Capactities.Amsterdam：North Holland，1985.

⑦ Van De Walle，D.Choosing Rural Road Investments to Help Reduce Poverty，world Development，2002，20（4）：575-589.

或其他补贴、公共劳务等实现,赋权强调扩大贫困群体主动参与和表达的机会和权利,取消歧视共享成果,促进性别平等,帮助政府更好实现社会公平目标(Sen,1999;Karl,2000;王昌渠,2004;UNESC,2005①)通过参与式发展可以培养穷人的能力和创造性,有助于提高减贫项目有效性和实现可持续发展(Pretty,1995②;Karl,2000;Hjorth,2003③;Hoban,2005)。

(三)我国非自愿移民的反贫困对策

自1985年以后,中央和地方致力于缓解和消除水库移民贫困状况。第一,提高水库移民补偿标准。第二,实施水库移民后期扶持政策。后期扶持是以增加移民收入、改善移民基本生活为出发点。2004年以后,后期扶持方式调整为以现金直补为主、项目开发扶持为辅,两种方式并举。第三,扩大补偿范围。第四,创新安置方式。传统水库移民安置以大农业安置为主,其他安置方式为辅。目前,社会保障安置、入股分红安置等一些新的安置方式和安置理念不断被提出并应用于实践。

杨涛(2005年)提出了水库移民反贫困的对策:建立和完善水库移民政策法规体系,实施移民贫困监测评估手段,实施移民安置多元化,建立移民参与机制,大力推进科技扶贫,增强移民自身能力的建设④。

马越(1998年)揭示广西中、小型水库移民贫困状况,提出加快移民脱贫致富的思路和建议:认真落实移民政策,以复合型股份合作制的形式发展种养业,加强科技扶贫与实用技术的培训,引进各类能人到库

① UNESC Decentralization for poverty reduction, Policy dialogue of UNESC for Asia and the Pacific Committee on poverty reduction, Second session November 2005, Bangkok.

② Pretty, J.(1995) Regenerating Agriculture: Policies and Practice for Sustainbility and Self-Reliance. Earthscan, London; National Academy Press, Washington.

③ Hjorth, P. Knowledge development and mangement for urban poverty alleviation, Habitat International 2003,(27):381-392.

④ 杨涛:《中国水库移民反贫困的思考》,《前沿》2005年第8期。

区办经济实体。①

孙中艮、余芳梅(2009 年)指出,要全面了解贫困,要从能力贫困的视角去看待反贫困,完善水库移民社会保障制度、加大安置区移民基础教育和就业培训投资、消除水库移民信用市场排斥现象、增强安置区移民公众参与力度和构建畅通的水库移民抱怨申诉渠道,以从根本上缓解和消除水库移民贫困现象②。

苟厚平(2005 年)、韩振燕(2007 年)③、董力毅(2007 年)④、胡静、杨云彦(2009 年)⑤等提出,要重视移民的人力资本的开发,对他们进行投资,进行智力开发,实现脱贫致富,促进移民经济长足发展,保持社会稳定。

第三节 风险生成与规避理论研究概述

一、风险的含义

不同的学者对风险的理解和表述是不一样的。有学者认为风险是一种不能预期的结果,可能是好的结果,也可能是坏的结果。有学者认为风险是一种可能发生的损害,风险与损害的幅度有关,损害的幅度大,风险就大。也有学者认为风险是一种损失机会或损失的可能性。这意味着有损失机会就有风险存在。

① 马越:《广西中小型水库移民贫困现状与脱贫致富的思路》,《广西水利水电》1998 年第 2 期。
② 孙中艮、余芳梅:《贫困理论视角下水库移民反贫困路径的转变》,《贵州社会科学》2009 年第 2 期。
③ 韩振燕:《城市非自愿移民人力资本开发探析》,《科技管理研究》2007 年第 7 期。
④ 董力毅:"非自愿移民人力资本开发研究",河海大学硕士学位论文,2007 年。
⑤ 胡静、杨云彦:《大型工程非自愿移民与人力资本失灵——基于南水北调中线工程的实证分析》,《经济评论》2009 年第 4 期。

对风险的定义,邹辉文、陈德棉(2002 年)做了一些归纳:(1)将事件本身存在不确定性视为风险;(2)将未来结果的变动可能性视为风险;(3)将各种可能出现的结果中的不利结果视为风险;(4)将不利结果出现的可能性及不利程度视为风险;(5)将各种可能结果之间的差异本身视为风险;(6)以客观实际结果为参照,将主观预期结果与客观实际结果的距离视为风险;(7)以主观预期结果为参照,将未来结果与主观预期结果的差距视为风险。

不管如何定义风险,本书认为风险研究主要包含:风险的种类及危害;如何度量或测量风险;如何规避风险等。

二、非自愿移民风险模型

(一)IRR 模型

世界银行移民专家 Michael M.Cernea 提出了贫困、风险与重建模型(Impoverishment Risks and Reconstruction Model,即 IRR 模型),指出非自愿移民在安置中存在的八种风险:失去土地、失业、失去家园、边缘化、食物没有保障、发病率和死亡率的增长、失去享有公共财产和服务的权利、社会解体。[①]

(二)T.Downing 风险模型

T.Downing 认为移民面临的风险分别是:土地丧失、失业、失去家园、边缘化风险、健康风险、正常教育活动的中断、无法享受社会公共服务、食品安全性下降、无法获得基本的财产、社会隔离感以及失去公民权利和人权。T.Downing 的移民模型比 Michael M.Cernea 的八大风险增加了两种风险:一是公民权利及人权的丧失;二是教育活动的中断和无法享受基本的社会公共服务。在 T.Downing 模型中,不仅要求补偿和重建,还需要保证居民的收入来源,保障生活和社会体系能得到恢

---

① Michael M.Cernea, Risk, Safegudars, and Reconstruction:A Model for Population-Displacement and Resettlement,The World Bank,2000,14-43.

复,下一代能生活得更好。①

(三)因果树风险模型

因果树分析是一种演绎推理分析方法,就是把可能发生的事故与导致它发生的层层原因之间的逻辑关系用因果树的树形图进行定性和定量的分析。

周恒勇、梁福庆、郑根保(2002 年)运用因果树,将水库移民风险分为后靠安置风险和外迁安置风险。后靠农村移民安置风险主要存在移民的生活、经济和环保风险。生活风险包括住房风险、生活用水风险、疾病风险。经济风险包括养老保险风险、生产风险。环保风险包括人为风险和自然风险。外迁安置风险主要包括补偿、生活和生产风险。生活风险主要包括住房风险、基础设施风险、疾病风险、文化风险。生产风险主要包括耕作种植风险、二、三产业风险。②

邹晓娟、梁媛媛(2009 年)运用因果树对江西的移民贫困风险进行了分类。认为江西移民贫困风险主要包括搬迁风险、生产风险、生活风险和社会边缘化风险。搬迁风险主要包括补偿风险、普查风险和法规风险。生活风险主要包括费用负担风险、住房风险、资源风险和疾病风险四类。移民生产风险主要包括农业生产风险和非农化生产风险。社会边缘化风险主要表现在构建社会人际关系网的能力差、社会资源分配权弱化、文化习俗的不适应、在安置地的发言权弱化。

(四)系统论视角移民风险模型

陈绍军、郑宇辉(2002 年)运用系统论对移民风险进行了分析,在系统论视角中,移民风险主要有经济风险、政治风险、社会风险和环境风险等四种类型。经济风险主要包括失去土地、丧失财产、失业、食物没有保障、收入低等。政治风险主要包括来源于移民政策的变动、原有

---

① T.Downing:《风险——责任在发展性移民中的分布》,《移民与社会发展国际研讨会论文集》,河海大学出版社 2002 年版,第 210—212 页。

② 周恒勇、梁福庆、郑根保:《三峡农村移民安置中的社会风险因果树分析》,《移民与社会发展国际研讨会论文集》,河海大学出版社 2002 年版,第 249—254 页。

移民政策法规造成的后遗症等,主要体现在移民的集体上访等活动。社会风险主要包括移民社会的不适应、心理的不适应、社会关系网的解体、社区服务的不完善、文化的冲突等。环境风险主要指库区的生态环境遭到破坏,造成严重的水土流失、资源消耗,使库区环境日益恶化。①

三、风险评估的方法

关于移民的风险评估方法,主要有两种:

一是德尔菲法定性评估。列出移民的基本风险指标及子指标,聘请专家打分,将专家意见统计集中,作为确定风险因素的重要依据。

二是层次分析法定量评估。由专家对每一层次各指标的打分进行统计集中得到指标风险度,作出相对重要性的判断,然后通过引入适合的标度用数值表示出来,写成判断矩阵。

四、有关非自愿移民风险规避的文献研究

(一)分析非自愿移民风险的类型

游滨、刘敢新、彭建国(2001 年)对三峡库区移民风险进行了研究。认为移民风险包括移民社会风险(贫困风险、安全风险、政策风险、体制风险、法律法规风险);移民经济风险(移民资金投资和管理风险、移民经济发展风险、不可抗力因素引起的经济风险);移民人口风险(人口压力风险、人口结构风险、人口素质风险);移民资源风险(水资源风险、土地资源风险、森林资源风险、矿产资源风险);移民环境风险(常规风险、事故风险、潜在风险)。并以此,提出了各种规避风险的对策。②

张阳、曾建生(2007 年)认为工程移民面临三种风险:物质损失风

---

① 陈绍军、郑宇辉:《水库移民的特点及风险分析》,《移民与社会发展国际研讨会论文集》,河海大学出版社 2002 年版,第 246—247 页。

② 游滨、刘敢新、彭建国:《三峡库区移民风险研究》,《重庆大学学报(社会科学版)》2001 年第 3 期。

险、工作风险、环境风险。提出控制风险的对策意见：鼓励移民参与、制定科学的补偿标准、帮助社会网络重建、提供公共资源。[1]

周银珍、耿涛、梁福庆（2007 年）认为水库移民的经济风险可以分为：投资不足的经济风险，移民经济收入降低的风险，移民生产安置不稳定风险，受淹工矿企业搬迁的经济风险等四种。[2]

（二）水库非自愿移民的风险测评

孙作林（2006 年）以珊溪水库移民工程为例，运用德尔菲法定性评估珊溪水库移民安置风险；运用模糊综合评判来量化水库移民安置风险程度。通过计算得出，珊溪水利枢纽工程的移民安置风险程度较小，无须采取特殊措施加以控制。[3]

李丹、白月竹（2007 年）以凉山州水库移民为例，对水库移民安置的社会风险进行了识别与评价，认为凉山州水库移民面临着失去土地、失业、边缘化、缺乏食品、健康等生活保障、社会关系网破坏、社区服务不健全、失去享有公共财产服务的权利和宗教文化冲突等社会风险，综合评价得出凉山州水库移民风险属于中等偏高风险。[4]

（三）风险规避的对策

施国庆、苏青、袁松岭（2000 年）依据 Michael M. Cernea 提出的八种移民风险，对小浪底水库移民风险进行了分析，并提出了其规避政策。[5] 丧失土地风险的规避政策为：开发性移民方针，大农业安置方式为主，以土地换土地。失业风险的规避政策为：以农业安置为主，尽可

---

① 张阳、曾建生：《工程移民管理中的贫困风险控制》，《统计与对策》2007 年第 8 期。

② 周银珍、耿涛、梁福庆：《水库移民经济风险及其防范和规避对策研究》，《人民长江》2007 年第 2 期。

③ 孙作林：《水库移民风险评估——以珊溪水库移民工程为例》，《水利科技与经济》2006 年第 1 期。

④ 李丹、白月竹：《水库移民安置的社会风险识别与评价——以凉山州水库移民为例》，《中国农村水利水电》2007 年第 6 期。

⑤ 施国庆、苏青、袁松岭：《小浪底水库移民风险及其规避》，《学海》2001 年第 2 期。

能避免工业安置移民就业。无家可归风险的规避政策为:对移民房屋按照重置价格进行补偿,由移民自己进行重建。移民广泛参与和协商,援助特困户。边缘化风险的规避政策为:优惠政策,安置政策与移民生产开发和后期扶持政策;对生产开发进行专门规划;组织机构保障,制定并落实移民培训计划。疾病风险的规避政策为:重视环境保护和居民点卫生管理,加强管理,注意卫生安全。食品缺乏风险及其规避为:保证移民有足够的生产口粮的土地,后期生产扶持。采取措施增加粮食产量,实行困难补助和生活救济。失去享有公共资源的机会风险的规避政策为:移民权利平等政策,库区恢复和库区开发政策。社会联系的破坏风险规避政策为:就近安置和集中安置的政策,移民充分参与和协商;选择文化、习俗相近的安置区,积极重建移民社会关系网络。

钟水映(2001年)分析了西部大开发中工程性移民的风险,并提出了规避风险的对策建议:建立工程受益区域和单位向受影响区域及人口进行利益补偿机制;建立和健全移民安置的监测机制,落实移民安置的具体政策和标准;按照市场原则,制定移民安置赔偿标准;通过与受影响人口协商的方式,确定移民安置模式。①

郑立勇、高明云(2003年)提出了移民规避风险的途径:创造新的生产基地,发展多种生产技能。移民重建成的核心任务是使移民再次有土地耕种,有工作获得收入而赖以生存。重建家园,提供更好的居住条件。建立健全卫生机构,确保移民健康。减少工程对移民健康的负面影响,有效的长期策略是建立健全卫生机构,并对移民长期的健康进行维护和监测。建立移民参与机制,保护移民利益。在制订移民政策、移民规划、移民安置和管理上要加强制度创新,让移民积极主动地参与进来,以降低工程移民所带来的损失。②

周银珍、耿涛、梁福庆(2007年)对水库移民经济风险的防范和规

---

① 钟水映:《西部大开发中工程性移民的风险与对策》,《中国软科学》2000年第1期。

② 郑立勇、高明云:《水利工程移民风险及对策》,《治淮》2003年第12期。

避提出了建议：科学合理预算投资，确保移民搬迁安置顺利进行；贯彻开发性移民方针，尽快提高移民收入；采取各种措施帮助移民，促进移民稳定安置；以市场为引导，科学决策工矿企业迁建工作。[①]

曹钰（2008 年）分析了工程移民边缘化风险类型，并提出了对策建议：完善安置措施，提高补偿标准；设置移民培训计划，增强适应环境的能力；充分做好安置地原居民的相关工作。[②]

郑瑞强、施国庆（2010 年）提出了西部水电移民动态协同风险管理模式，管理模式包括风险管理利益相关主体角度、风险管理机制构成要素、运行过程、管理目标四大类。其中风险管理利益相关主体角度，包括政府、移民、业主、第三方等；机制构成要素包括理念创新、目标定位、制度建设、组织设计、资源供给以及技术改进等；运行过程包括风险预警、全面风险识别、全面风险分析、有效风险处理以及风险处理后检查与评价等；风险管理目标包括水电移民系统风险管理整体目标、各利益相关主体单一目标等。[③]

张纯成（2010 年）在总结三门峡工程经验教训的基础上，提出了三门峡大坝工程现实风险的规避对策。第一，继续降低潼关高程，使其降到既能使黄河中游支流顺畅入黄又能使三门峡大坝工程发挥作用的高度。第二，牢固树立社会主义生态文明理念，保护豫西半干旱区独特的库区型气候环境。第三，加强三门峡市的经济建设。第四，优化豫西黄河治理人工自然系统，使其达到防洪防凌的最佳状态。第五，合理解决移民的生活困难，给予适当的经济补偿。[④]

---

①　周银珍、耿涛、梁福庆：《水库移民经济风险及其防范和规避对策研究》，《人民长江》2007 年第 2 期。

②　曹钰：《移民边缘化风险及其对策研究——以失地农民为例》，《经济论坛》2008 年第 20 期。

③　郑瑞强、施国庆：《西部水电移民动态协同风险管理模式设计》，《重庆大学学报（社会科学版）》2010 年第 4 期。

④　张纯成：《黄河三门峡大坝工程现实风险规避刍议》，《工程研究——跨学科视野中的工程》2010 年第 2 期。

第四节　简要述评

综上所述,国内外研究非自愿性移民的风险规避问题,有以下几个显著特点:

1.成果显著,意义重大。随着大量的水库移民工程的兴建,国际上和我国的学者和一些机构对此进行了大量的研究,成果显著,意义重大。研究的成果对移民机构具有很重要的参考作用和指导意义,使移民机构对移民搬迁的政策、移民安置的理念、补偿和保障措施的实施都有很大的进展。

2.研究视角丰富。研究者从经济学、管理学、社会学、心理学、人口资源环境等不同学科来对非自愿移民的各种情况进行了研究。视角丰富,如研究非自愿移民的经济水平、生活水平、贫困与反贫困问题、安置问题、补偿问题、风险等,再如从社会学角度研究非自愿移民的社会适应性问题、环境适应性问题、利益冲突问题。研究非自愿性移民的人力资本开发与能力提升等等。

3.研究系统还需要进一步完善。移民理论虽然很多,但是这些理论还不是很系统,不是很完善。比如在移民补偿理论方面,对移民物质的损失的评估存在较多缺陷,对移民补偿标准和体系的研究还不健全。如安置问题,研究移民安置问题在物质方面考虑较多,移民能力和可持续发展方面考虑较少。在安置过程中是否考虑到移民的社会和心理过程等,这些方面的研究还不够深入;在移民权益保障方面,只重视移民的物质保障,移民的参与机制、检测和评价机制等方面研究还较少。在贫困方面,对移民的贫困的认识还需要进一步深化,比如移民在能力方面的贫困,在权利方面的贫困,在移民的培训、能力提升等方面的研究还不够深入,多是在移民生活、物质等方面进行了很肤浅的分析和介绍。对于移民风险的研究,如何建立一整套的移民风险监控、规避机制还有待深入研究。

4.在研究方法上,定性研究较多。在定量方面,大多是对某一水库移民地区进行调查问卷,进行简单的统计分析,而真正从计量模型进行实证的研究还比较欠缺,还需要进一步的探讨。

因而,本书将采取定性和定量相结合的方法把重点放在研究移民的风险规避问题上,使研究更规范、更深入。

第三章　非自愿移民贫困风险规避的理论分析

非自愿移民在移民后相当长的一段时间内承受着各种不同程度可能的风险，例如强烈的地域差异不适应风险、社会关系网破裂的风险等。通过搜集和整理相关文献，笔者发现目前国内外在非自愿移民方面的风险规避研究相对较少，大多数的研究集中在风险的识别、风险种类的界定和政策措施等。如何将可能的贫困风险遏制在萌芽阶段，如何通过机制设计来规避可能的贫困风险以及如何设计路径来减少风险带来的损失等方面的研究却较少。在本章节，笔者将在第二章理论综述的基础上对非自愿移民贫困风险规避进行详尽的理论分析。

第一节　非自愿移民群体的政策及其实施现状评析

笔者在前期的学习、工作和研究过程中已经逐渐意识到我国的大型工程建设的加速会产生更大规模的"非自愿移民"群体，由于制度设计缺陷和政策落实不到位，此类群体的"怨言"和"困境"会急剧增加，面对此严峻的形势，笔者进行此书的撰写与研究。此过程中，笔者一线调查过程也是增加写作动力的要素，因此在进行理论框架分析之前，进行我国"非自愿移民"群体的政策分析非常有必要,在现状分析之后,将会对现状产生原因进行剖析,即第二节的阐述。现状部分主要分为三个模块:历史回顾、政策评价和制度改善分析。

一、我国非自愿移民的实践历史回顾

(一)我国古代的非自愿移民历史进程

从我国悠久的历史发展进程层面分析,非自愿移民是我国深厚的文明得以完整保存的重要支撑。从历史层面分析,移民就是特指非自愿移民,主要是指"纯行政强制"性非自愿性移民,此举对我国文明的产生与延续起到了重大作用。根据复旦大学教授的研究与考证,中华民族的始祖黄帝部落的活动范围东至黄海、西至宁夏南部、北至河北和陕西北部,南至洞庭。当时部落人口很少,在这么大范围活动,移民便是部落群体的生存方式。至于夏、商、周文明的诞生与发展,也是与群体性非自愿移民联系在一起的。夏朝统治了大约 500 年,曾六易其都。商朝也是八迁其都最后定于亳。周朝也是从"戎狄间"向关中内迁后发展起来的移民。盘庚迁殷,是目前较早的有文字记载的非自愿群体性移民并促进了远古文明发展的文献。盘庚迁殷,受到了部落成员包括贵族的反对。盘庚把这些贵族召集起来训话,叫他们闭上嘴,对移民不要说三道四。盘庚甚至采取了割鼻子的办法压服反对移民的人。盘庚迁殷后,大兴土木,兴建都城,以后农业种植和青铜文明才逐步发展起来。周人部落在迁岐山之前,其文明水平与当时最落后的"戎狄"部落差不多。公元前 12 世纪在古公父的率领下,迁到岐山一带,才丢掉戎狄之俗,营筑城郭屋室,邑别而居,作五官有司,从此人口增加,文明程度迅速提高,为取商而代之奠定了基业。古代四川地区的发展史,证明了群体性非自愿移民对于文明的发展与保存的重要作用。战国时期,秦惠王采纳司马错的建议伐蜀,并向四川进行移民开发。秦昭王时随着都江堰工程的完成,四川地区的文明水平迅速提高。西汉时期,以成都平原为中心的四川地区,其经济水平成为与关中平原、南阳盆地并列的发达地区,人口每平方公里接近或超过了 100 人,当时全国每平方公里人口密度是 10—70 人不等。后来,历经战乱,四川地区文明一次次受到破坏。每一次动乱结束后,统治者都要组织向四川地区进行群体性非自愿移民,这些移民,对于恢复和发展四川地区的文明起了重要作用。

(二)我国当代非自愿移民实践表征

在我国,非自愿移民的原因主要有以下几种:兴建水利水电工程、修建长距离交通工程或运输管线、新建港口与城镇、建设城市基础与公共服务设施、开采矿产、设立自然或文化保护区、实施扶贫战略等,其中以兴建水利水电工程引起的移民为最多。

新中国成立以来,我国政府为趋利避害、造福人民,在兴建水利水电工程方面投入了大量资金。这些工程的兴建,在改善各地防洪、发电、灌溉、航运等方面都发挥了巨大的社会效益和经济效益。但与此同时,也带来了大量的移民问题。从这些移民安置的情况看,大约有三分之一的移民得到较好的安置,三分之一的移民安置得较为一般,而另外三分之一的移民则安置得较差,遗留的问题较多。随着长江三峡工程的建设和高速公路通车里程的不断拓展,移民的数量和规模有增无减。当然,这一时期,我国已开始逐步尝试利用外资进行建设,其中,利用世行贷款从事工程建设占了相当的比重。世行项目的移民安置工作在世行移民安置政策的指导下,有了较大幅度的改观,但国内自行投资兴建的工程的移民安置情况仍很不平衡。从移民的总体安置情况看,一些工程的移民安置较为理想,但也有少数工程移民安置得比较差,出现了一系列的社会遗留问题(如湖北丹江口水库)。因此,从新中国成立以来最具代表性的移民工程——水利水电工程移民安置情况看,由于受当时计划体制的"左"倾思想的影响,指导思想上出现了较大的偏差,加上我国物质基础薄弱、商品经济不发达、政策法规不健全等,我国的移民安置工作从总体上说不够理想,一些工程甚至出现了较为严重的后遗症,给社会的稳定带来了不利影响。

在我国当代非自愿移民众多的工作实践中,大多的政策或措施都会涉及如何补偿"非自愿移民"群体的经济损失,如何安置其生活,如何改善其移民后的生活状态。上述涉及的内容可以概括为对非自愿移民群体的人力资本、物质资本和社会资本的一种尝试性补偿,因此笔者认为我国当代的非自愿移民政策在实施过程中由于对于对象的特征考虑得欠缺,导致了群体的相关风险的发生,其中贫困风险是表现最为明显的一类,例如非自愿移民群体生活水平的降低,无法应对个体或家庭成员的疾病风险,又或者移民后群体搜寻工作或进行相关生产的可能性和效率降低,直接导致个体和家庭收入的急剧下降,继而产生贫困风险。至于产生内在机理会在后面章节进行详细阐述。

二、我国非自愿移民的政策性评价

改革开放以来,我国加快了利用外资的步伐,一批基础设施也逐步尝试利用世行贷款进行建设。因此,在执行世行安置政策方面也开始有了一些具体的实践。在实践世行移民安置政策的同时,为规范国内的移民安置工作,我国明显加快了有关工程移民方面的立法步伐,先后颁布了《世界银行贷款项目管理暂行规定》《大中型水利水电工程建设征地补偿和移民安置条例》《长江三峡工程建设移民条例》《关于加强水库移民工作的若干意见》等行政法规、部门规章和政策意见。这些规范性文件,集中体现了我国移民安置的政策精神。归纳起来,这些政策评价要点主要有以下几方面:

第一,在移民方针上,国家提倡和支持"开发性移民",并且采取前期补偿、补助与后期生产扶持的办法。

第二,在征地补偿与移民安置的原则方面,强调三项原则:一是正确处理国家、集体、个人三者之间的关系,要求移民和移民安置区服从国家整体利益的安排;二是实行移民安置与库区建设、资源开发、水土保持、经济发展相结合的原则,逐步使移民生活达到或者超过原有水平;三是在安置方式上,坚持因地制宜、全面规划、合理利用库区资源、以就近后靠安置为主,没有后靠安置条件的,采取开发荒地滩涂、调剂土地、外迁等形式安置。

第三,在移民安置规划方面,将移民安置规划作为工程审批和施工的先决条件,要求建设单位应在工程建设的前期,会同当地人民政府编制移民安置规划,没有移民安置规划的,不得审批工程设计文件、办理征地手续,不得施工;移民安置规划经批准后应当严格执行,不得随意调整或修改。

第四,在土地补偿费和安置补助费的使用上,强调必须用于恢复和发展生产、安排多余劳动力的就业和无法就业人员的生活补助。其中,三峡工程移民资金应当用于农村移民安置补偿、城镇迁建补偿、工矿企业迁建补偿、基础设施项目建设、环境保护以及依照规定与移民有关的其他项目,任何单位和个人不得私分、截留和挪作他用。

第五,对多余劳动力的安置,强调由当地政府通过发展农副产业生产和兴办乡村企业等途径进行安置。

第六,在对水利工程移民的扶持上,设立库区建设基金或移民后期扶持基金,用于大中型水利水电工程库区维护和扶持移民发展生产;工程竣工后,对移民的生活用电按核实电量予以保证,对移民的农业特定项目的用电,予以电价优惠;在三峡工程建设中,将缴纳留给地方的税款和缴纳的耕地占用税,分别用于支持三峡库区建设、生态环境保护和农村移民安置;国家安排支农、扶贫资金和交通、文教、卫生等经费时,对移民安置区予以适当照顾等。

将上述规定与世界银行执行的移民政策进行比较,可以看出,我国的移民安置政策已经十分接近于世行执行的移民安置政策,一些具体规定甚至已完全与世行的规定相接轨,而在"开发性移民方针"以及与此配套的一些规定方面,则突出体现了我国的特色。在移民政策的具体实践中,福建省水口水电站作为我国首例利用世行贷款建设的项目,是我国在执行世行移民安置政策方面开始的第一次成功的实践。这些情况表明,目前,我国的移民安置工作至少在以下三方面取得了实质性的进展：一是我国已经有了移民安置工作可资遵循的法规、规章和政策措施；二是这些政策措施已在政策目标和操作程序方面基本实现了与国际组织——世行的接轨；三是我国已经有了这些政策措施的成功实践。但是应该看到，我国安置政策方面的实质性进展，更多的只停留在政策的静态层面上，而在实践或动态层面上的进展，则多数集中在由世行贷款资助的工程项目上，而一些由我国各级政府自行投资、自行负责移民安置的项目，安置的效果则不容乐观。国务院批转国家计委《关于加强水库移民工作的若干意见》中指出："从各地反映的情况看，当前水库移民工作还很不平衡，不少地方仍面临着许多严峻问题。"从客观上看，一些问题的出现的确与我国的具体国情有关，如我国移民规模大，目前已成为世界上工程移民最多的国家，这使移民安置的任务十分繁重；大部分地区的移民生活相当贫困，移民的文化素质又普遍低下，这使开发性移民方针的落实、移民就业能力和生活水平的提高受到了很大限制；我国的物质基础较为薄弱，经济发展水平较低，内地及边远地区的经济发展程度尤其落后，这既给移民损失的补偿带来压力，也使移民生产安置的渠道和方式受到了极大限制；人口的自然增长与耕地的逐步减少形成了巨大的剪刀差，这使人地之间的矛盾进一步加剧；生态环境的日趋恶化，又进一步限制了安置区的环境容置，使环境压力进一步增大。这一切客观实际，确实加大了我国移民安置工作的艰巨性。

三、我国非自愿移民的政策改善性分析

由于我国主客观条件的制约，要从根本上改变移民安置工作，还要付出很大的努力。实际上，包括我国制定的体现国家移民安置政策的有关法规、规章，也只是适用于某一类别工程的单项规定，并非适用于所有涉及移民的工程。因此，有必要在借鉴世行安置政策的基础上，进一步完善政策法规，转变思想观念，改进工作思路，调整工作方法。

第一，应当提高对移民工作重要性的认识，综合考虑工程的社会效益和经济效益。移民工作的成败，不仅事关工程建设的顺利进行，而且

"关系到党和国家的政策能否得到贯彻落实,关系到党在人民群众中的威信,关系到广大移民的生产、生活和社会的安定问题"。因此,各级政府必须转变思想观念,同重视重点工程一样重视移民安置工作。必须吸取历史教训,克服"重工程、轻移民"的错误倾向,真正从发挥工程综合效益角度抓好移民安置工作。各级领导都应当支持移民工作,在工程建设与移民工作两方面,切实做到两手抓、两手都要硬。

在移民问题上,影响工程社会效益的因素主要有以下三方面:一是关于安置后移民的生活质量。在许多项目中,受工程影响的人口通常原来就十分贫困,他们多数居住在自然条件恶劣、基础设施贫乏、公共服务设施不全的地方,而许多水利工程的选址往往就选在这些地方。加之,这些地方通常又是少数民族或游牧居民的聚居地。这一切无疑加剧了他们征迁的风险。对此,如果移民措施不当,移民会受到不平等的待遇,并且会受苦受穷。而贫困的进一步加剧不仅本身就是影响工程社会效益的一个因素,而且还会因此导致当地居民的抵触情绪,增加了社会的不稳定性。第二个因素是,出现了移民与安置区原居民之间的冲突。在许多安置事例中,赔偿通常只针对受损失的移民,而不针对接纳移民的安置区及其居民。忽视对后者这种潜在损失的赔偿,往往是造成安置区居民抵触或两者发生冲突的重要原因。第三个因素就是环境的破坏问题。在我国的移民安置中,"就近后靠安置"是一项常用的安置措施。但是,如果安置机构不认真调查安置区的环境容量,无视人口密度增加给环境带来的压力,不仅会恶化移民的生存条件,还会给环境带来严重的破坏,从而影响工程社会效益的全面发挥。这就是我国提出"开发性移民"方针的出发点之一。由此可见,上述三方面问题,都是工程社会效益中必须认真对待的问题。这就提示我们,在工程建设中,必须把移民安置目标作为主体工程目标的组成部分,不能片面追求经济效益,忽视工程的社会效益,否则,将会给社会留下严重的后遗症。

第二,应当真正落实"开发性移民"方针,把移民安置与资源开发、生态保护、经济发展紧密结合起来,促进移民生活水平的真正提高。"开发性移民",是在借鉴世行等国际组织移民政策,吸取以往经验教训,并针对我国目前的客观实际提出的用以指导我国工程移民工作的根本指导方针。这一方针具有很强的现实针对性,充分体现了我国移民工作的特色,在以往的移民工作中,移民工作通常被看作一项单纯的搬迁工作而将之独立于整个工程之外单独进行,没有把它与工程本身建设、与国家的扶贫战略、开发战略结合起来通盘考虑。实践证明,这种做法难以取得积极的效果。实际上,就发展中国家而言,基础设施建设的目的,就是为了发展本国经济,提高人民的生活水平。因此,从社会发展目标考察,一个国家即使是否从事工程建设,将自然条件相对恶劣地区的人口迁至自然条件相对好的地方,本身就是一项常见的扶贫措施。因此,将移民工程与国家的扶贫战略和开发战略相结合,不仅具有必要性,而且具有很强的现实可能性和经济合理性。这对正在实施扶贫攻坚战略和西部大开发战略的我国来说显得尤其重要。这就要求我们改变以往那种"就移民而移民"的简单的移民工作思路,代之以将移民工作与库区建设、区域开放、资源开发、经济发展等各方面紧密结合的立体式、复合式、开发式的移民工作新思路,从而促进移民工作与各项发展战略走上良性互动的发展轨道。实行"开发性移民"方针,还应当改变以往移民工作中存在的"重生活补偿、轻恢复重建"的错误倾向,不仅要对移民进行前期的补偿,还应当在移民搬迁后期的生产恢复过程中予以切实的扶持。这就要求我们改变以往"以现金一补了事"的做法,而必须真正以提高移民生活水平为根本出发点,统筹使用移民资金,在保护生态环境的前提下,通过合理开发当地资源、发展优势产业等途径,安排移民的生产出路。在生产安置过程中,要尽量从工程建设和库区建设本身中挖掘就业潜力,寻求安置途径。与此同时,还要在教育、科技、人才、资金、物资等方面,对移民和安置区予以扶持。只有这样,移民生活水平的提高才有可能得到切实的保障。

第三,应当强化移民安置规划的实施监督,这是督促移民安置规划全面实施,保证移民安置总目标实现的重要手段。世行十分强调移民安置的实施监督。世行所要求的监督机构主要有两个:一个是项目安置机构内设的监督机构,此为内部监督机构;另一个是世行委托(通常通过项目业主进行委托)贷款所在国或第三国的非官方委托、中介服务机构为监督机构,此为外部独立监督机构。两个机构监督的内容主要有两项:一是对安置机构执行移民安置规划的情况施以不间断的监督;二是对移民安置前后的生活水平进行测定,看其是否达到使移民生活水平提高或至少得以恢复的总目标,以此来反证移民工作的质量。按照要求,内外部监督机构均应定期或不定期将监督情况向世行提交报告,世行通过审阅监督报告,了解移民安置规划的执行情况,以便发现问题,纠正偏差。如果发现规划实施严重偏离了世行政策的轨道,项目贷款就有可能被中止,严重者,甚至被取消。因此,从监督机构工作效果看,监督工作实施上被当作实施移民安置规划的强化程序和实施中的纠偏程序。而监督机构在督促项目安置办严格实施移民安置规划,反映移民意愿,了解安置情况,保证世行安置目标的实现等方面,确实发挥了积极作用。比较而言,我国国内这方面的工作严重滞后。因此,要做好移民安置工作,首先应当编制好移民安置规划,在这一基础上,有必要委托监督机构对规划的实施情况进行严格的监督。只有这样,才能保证规划的实施不偏离原有的轨道,从而保证安置目标的实现。目前,我国国内的一些科研院所及中介机构,已经在不少世行贷款的项目中充当着独立监督机构的角色,他们已经在实践世行移民政策的过程中积累了丰富的经验,完全可以承担起国内移民工程的监督监测任务。实际上,监督机构除了在监督规划的实施方面发挥积极作用外,还可以在政策咨询、信息反馈、人才培养、工作培训等方面发挥积极作用。这对项目安置机构,尤其是初次从事移民安置工作的机构来说具有很大的帮助作用。

第二节　非自愿移民贫困风险的形成
——资本失灵和剥夺

学者关于非自愿移民贫困风险的形成原因的说法不一,主要可以归为两大类,第一类是原有体系破坏引起物质缺乏,第二类是生存权缺失引致能力损失。上述两类原因是从物质或者财富角度分析非自愿移民在移民后处于贫困状态的原因。笔者认为非自愿移民贫困风险形成的本质因素是个体资本的失灵和剥夺,资本失灵表现为资本引起的生存状态改善作用消失,而资本剥夺表现为移民过程中个体各种资本的损失和被剥夺状态引致贫困效应。

一、物质资本失灵和剥夺引致贫困风险

自经济学以"稀缺性"作为研究起点和落脚点以来,资本含义、形式和效用及相关研究取得了丰硕成果。物质资本是最传统的生产投入要素,是一切经济获得的起源性动力要素。下面将从经济学角度分析居民在移民之前的效用最大化情况和移民后的效用损失状况。从分析过程可以看出物质资本的失灵和剥夺很大程度上引致了居民的贫困风险。

(一)物质资本生成及存量的效用模型

假定在移民区居民投入并生成一种产品(农产品为主),以此获得收入并维持生活,则其生命周期中福利效用最大化函数为:

$$\text{Max}\,U = V = \int_{t=0}^{\infty} \exp(-et)u(c_t)\,\mathrm{d}t \tag{3-1}$$

其中 e 表示时间偏好率,且是外生和常量;c 表示生成和消费产品 y 数量;u 表示一个类似、二阶可微和严格凹函数。那么在移民前居民的一个单位的劳动时间可以分为非技能型劳动时间和闲暇时间,则:

$$n_t + s_t = 1 \tag{3-2}$$

其中 n 表示非技能型劳动供给时间,即农业生产的时间;s 表示除劳动外所有的闲暇时间。

假定农民在闲暇时间里可以相互交流,主要涉及农业生产现状、技术改进和经验等,在此过程中居民的生产技术等人力资本(主要是指生产技术)会得到一定的提高,记为:

$$\dot{e}_t = h(s_t) e_t , h' > 0, h'' < 0 \tag{3-3}$$

假定 e_0 已知,e 表示闲暇时间积累的人力资本的比重情况。式(3-3)的特征就是积累的人力资本是随着闲暇时间增长而增长且是凹函数。假定 $h'(0) = \infty$ 且 $h(0) = 0$,表明了闲暇时间人力资本积累需要投入的时间是严格递增的。

那么在居民从事农业生产时投入两种要素:非技能的劳动力要素(n)和经验(e)。生产技术假定为:

$$y_1 = f(n_t, e_t, E_t) \tag{3-4}$$

其中 E 表示平均的生产经验的积累,且具有外生性。从均衡的角度出发,对于所有时间点的 t ,$e_t = E_t$ 。假设函数 f 在 n 和 e 上是严格凹且递增,并且具有规模效应,即 $ef_e + Ef_E = f$ 。

居民在移民前的生产与消费基本处于均衡状态,则:

$$c_t = f(n_t, e_t, E_t) \tag{3-5}$$

那么居民在移民前的农业生产的效用函数(3-1)在(3-2)、(3-3)和(3-5)的约束下获得物质资本带来的最优化选择为:

$$u'(c_t) f_n(n_t, e_t, E_t) = \lambda_t e_t h'(s_t) \tag{3-6}$$

$$\dot{\lambda}_t = \left[\rho - h(s_t) - \frac{e_t f_e(n_t, e_t, E_t) \, h'(s_t)}{f_n(n_t, e_t, E_t)} \right] \lambda_t \tag{3-7}$$

$$\lim_{t \to \infty} \exp(-\rho t) \lambda_t e_t = 0 \tag{3-8}$$

从上述移民前居民创造的物质及其存量的效用最大化模型中,可知效用最大化过程中劳动供给和生产经验是最大的要素,而当移民后原本的生活环境发生重大的变化,原本积累的生产经验已经无法发挥功效,而且劳动供给的时间和效用也相应变化(移民后一般不会从事农业生产),因此上述模型可以作为物质资本获得及存量的效用模型。

原本积累的农业生产习惯和作业时间已经无法发挥效用,处于失灵状态。而且在移民过程中不断被一些制约性制度或者政策剥夺相关物质资本(例如原本积累的生产工具或者生产团队等),继而导致贫困风险发生概率增加。

(二)物质资本失灵和剥夺引致的贫困风险测度

贫困风险的发生即移民前居民的生产和生活收益因为移民可能发生一定的损失。在此条件下,贫困风险测量应以收益损失的可能性和程度作为衡量风险发生的指标。从一定角度来看,这种收益是居民的投资收益,即居民投入生产时间、物质资料和生产经验,因此可以将此风险测度称为"投资风险测度"。

国际上通用关于投资性风险测度的模型主要有:传统的风险测度模型、VaR 风险测度模型和风险一致性测度三种。本书主要应用 VaR 风险测度模型对移民前居民的物质资本失灵和被剥夺产生贫困风险进行计量测度。

VaR 主要是指"个体行为处于风险中的价值",在面对市场的不确定的情况下,个体的投资行为组合最大可能损失。因此 VaR 主要是计算正常情况下的收益与一定置性区间内的收益之间差值,即:

$$VaR = E(w) - w' \tag{3-9}$$

其中 $E(w)$ 表示个体投资行为的预期收益价值,w 表示在事件结束期的个体行为程度(本书中主要是移民之前的最后时期的农业生产储备量按市场价格的折现值)。$w = w_0(1 + r)$,w_0 表示在从事农业生产之前的投入要素价值,r 表示投资的价值贡献率;$w' = w_0(1 + r')$,r' 为一定置性区间 c 下的最低收益率(本书中主要是指市场风险引致农民产出的贬值等),则:

$$VaR = w_0(E(r) - r') \tag{3-10}$$

那么移民行为发生后,原居民由于物质资本失灵和被剥夺的收益损失由两种损失程度构成:简单损益和对数损益。

第一,简单损益

移民群体的由于移民行为产生的简单损益主要是指农业产出价格的相对变动而产生的损失,若属于一个时期内则为单期简单损益;若发生在多期,称为多期简单损益。

$$R_t = \frac{P_t - P_{t-1}}{P_{t-1}} = \frac{P_t}{P_{t-1}} - 1 \tag{3-11}$$

$$R_t(k) = \frac{P_t}{P_{t-1}} - 1 \tag{3-12}$$

式(3-11)和式(3-12)分别表示单期和多期简单损益,根据本书研究对象的特殊性,我们主要选取单期损失,因为对于个体而言,移民行为就是在一期内发生,损失亦是在一期内发生,即为单期简单损益。

但单期简单损益与多期简单损益之间存在内部一致性,二者之间关系是:

$$P_k = P_0(1 + R_1)(1 + R_2) \wedge (1 + R_k) \tag{3-13}$$

$$\frac{P_k}{P_0} = \frac{P_0 + P_k - P_0}{P_0} = 1 + \frac{P_k - P_0}{P_0} = 1 + R(k) = (1 + R_1)(1 + R_2) \wedge$$
$$(1 + R_k) \tag{3-14}$$

$$1 + R(k) = \prod_{j=1}^{k}(1 + R_j) \tag{3-15}$$

第二,对数损益

为了对简单损益进行客观性标准化分析,对其求自然对数,则单期简单损益的对数损益的表达式为:

$$r_t = \text{Ln}(1 + R_t) = \text{Ln}\frac{P_t}{P_{t-1}} = \text{Ln}P_t - \text{Ln}P_{t-1} = P_t - P_{t-1} \tag{3-16}$$

结合式(3-13)、式(3-14)和式(3-15),多期简单损益的对数损益为:

$$r_t(k) = \text{Ln}(1 + R_t(k)) = \text{Ln}(1 + R_t)(1 + R_{t-1}) \wedge (1 + R_{t-k+1})$$
$$= r_t + r_{t-1} + \wedge + r_{t-k+1} \tag{3-17}$$

由于对数损益具有良好的可加性,这为了进一步分析损益的动态特征,测度移民后个体风险损失的程度变化情况。

第三,环境不确定下损益波动模型

学者们研究损益的波动模型主要用于描述和预测投资损益的变动及程度。在移民后个体生产、生活和社会关系等不确定情况下,本书将以此模型描述和预测移民过程中发生的损益状况是继续恶化,还是会得到改善。

一般情况下使用频率最高的波动模型是混合正态分布模型。模型的描述情况如下:对于随机向量$(x_1,\wedge,x_T)$,存在n个不同均值(μ_k)和方差(σ_k^2)的正太分布群。那么二元混合的分布模型为:

$$r_t = (1-\delta_t)\, n_t + \delta_t \beta_t$$
$$n_t \sim N(0,\delta_n^2)\ ,\ \beta_t \sim N(0,\delta_\beta^2) \qquad (3-18)$$
$$\delta_t = \begin{cases} 1,(withP) \\ 0,(with1-P) \end{cases}$$

对于构建移民后个体损益变动的二元分布模型之后,一般采用极大似然估计的方法对其中各项参数进行估计:

$$p(x_1,\wedge,x_T/\theta) = \prod_{t=1}^{T} p(x_t/\theta) \qquad (3-19)$$

其中,$\theta = (\mu_1,\wedge,\mu_n,\sigma_1,\wedge,\sigma_n,p_1,\wedge,p_n)'$,$p(x_t/\theta) =$

$$\frac{1}{\sqrt{2\pi}}\left\{\sum_{t=1}^{n}\frac{p_k}{\sigma_k}\exp\left[\frac{-(x_t-\mu_t)^2}{2\sigma_k^2}\right]\right\}。$$

(三)物质资本失灵和剥夺引致贫困风险评估

第一,风险评估模型确定

基于理论模型的构建,政府组织的移民搬迁措施需要进行一定程度的评估,内容包括对象满意度、主体转移成本支出、收入要素、机会情况、环境条件等。笔者在大量的实地调研之后获得极具参考价值的一手数据,经过相关数据处理,利用多元统计分析法对非自愿移民在物质资本失灵和剥夺后的风险进行评估。

对调研获得的数据进行标记,原始数据记为$X = (x_\mu)_{n\times p}$,其中n,p

分别表示样本和样本量的个数,对一手数据进行标准化处理消除变量的量纲影响。在此基础上对 X 进行相关矩阵的处理,求出相关矩阵 R 的特征向量和特征值 $\lambda_1,\cdots,\lambda_p$,且各特征值都大于 0。按照特征根大于 1 的原则进行主成分选择,使得 $F = A'X$,其中 F 为主因子矩阵。

为此构建因子分析模型,F 和 A 都可以分解为两个部分:

$$\left.\begin{array}{l} A = [\underset{p\times m}{A_1} \quad \underset{p\times(p-m)}{A_2}] \ ,且\ m < p \\ A = [\underset{p\times m}{F_1} \quad \underset{p\times(p-m)}{F_2}] \ ,且\ m < p \\ X = AF = A_1F_1 + A_2F_2 = A_1F_1 + \varepsilon \end{array}\right\} \tag{3-20}$$

其中 A_1 表示矩阵的主因子,经过标准化和方差最大化旋转之后得到因子载荷矩阵 A。在此之后,各个样本在不同主因子式上得分表达式为 $F_j = \sum_{j=1}^{m} d_j f_y$,其中 f_y 是指评估指标 i 在第 j 个因子上的得分,d_j 表示主成分分析中因子 j 的贡献率。在各个因子得分的基础上,以各个因子的 d_j 占整个因子总贡献率的比率作为计算权术,最后得出因子得分函数:

$$F = \alpha_1 F_1 + \alpha_2 F_2 + \cdots + \alpha_m F_m \tag{3-21}$$

第二,基于数据的移民贫困风险评估

在国家移民政策实施过程中,移民个体因为物质资本失灵或者被剥夺而产生贫困风险。为了对此风险进行科学评估,本书设定物质资本失灵和被剥夺的评估要素指标分为:长期积累的农业资源损失(X_1)、农业生产设备失灵(X_2)、农业生产资料投入损失(X_3)、农业生产的机会产出损失(X_4)、移民后对移民前积累的物质资本的消费(物质资本积累量减少面临突发事件而致贫的风险增加)(X_5)、关系分解后可获得资金资本量(发生风险事情时借贷的资本渠道受到极大限制)的减少(X_6)、家庭成员务工收入降低风险的概率增加(X_7)和农业生产技术条件变化带来的产出下降的风险的概率增加(X_8)。

那么八个风险评估指标相关系数矩阵见表 3-1。

表 3-1　评估指标的相关系数矩阵

	X_1	X_2	X_3	X_4	X_5	X_6	X_7	X_8
X_1	1.000	0.487	0.403	0.457	0.938	0.885	0.698	0.417
X_2	0.487	1.000	0.667	0.543	0.862	0.492	0.367	0.870
X_3	0.403	0.667	1.000	0.994	0.922	0.476	0.516	0.996
X_4	0.457	0.543	0.994	1.000	0.508	0.570	0.364	0.998
X_5	0.938	0.862	0.922	0.508	1.000	0.878	0.784	0.483
X_6	0.885	0.492	0.476	0.570	0.878	1.000	0.754	0.539
X_7	0.698	0.367	0.516	0.364	0.784	0.754	1.000	0.344
X_8	0.417	0.870	0.996	0.998	0.483	0.539	0.344	1.000

数据来源：本书的调查数据库

　　根据相关系数矩阵的数据，采用因子分析方法，提取各个指标的信息量，从表 3-2 中可知具体信息量的值。

表 3-2　各评估指标因子分析提取的信息量

指标	最初信息量	提取后的信息量
X_1	1.000	0.912
X_2	1.000	0.786
X_3	1.000	0.988
X_4	1.000	0.998
X_5	1.000	0.867
X_6	1.000	0.956
X_7	1.000	0.894
X_8	1.000	0.748

数据来源：本书的调查数据库

　　提取两个相关因子后，特征值和方差可以表示为：

表 3-3 特征值与累积贡献率

因子	特征值	累积贡献率
F_1	6.235	70.552%
F_2	2.948	89.391%

表 3-4 旋转后的因子载荷矩阵

指标	F_1	F_2
X_1	0.432	0.945
X_2	0.874	0.283
X_3	0.863	0.261
X_4	0.790	0.293
X_5	0.375	0.941
X_6	0.354	0.877
X_7	0.148	0.857
X_8	0.974	0.232

根据表 3-4 可以得出 F_1 的函数关系式,即指标系数表达:

$$F_1 = 0.432X_1 + 0.874X_2 + 0.863X_3 + 0.790X_4 + 0.375X_5 + 0.354X_6 + 0.148X_7 + 0.974X_8$$

$$F_2 = 0.945X_1 + 0.283X_2 + 0.261X_3 + 0.293X_4 + 0.941X_5 + 0.877X_6 + 0.857X_7 + 0.232X_8$$

F_1 表示直接成本损失性风险因子,是变量 X_2、X_3 和 F_8 三个指标的综合,集中体现了个体在移民搬迁后的直接成本的损失的风险性要素。

F_2 表示间接成本(包括机会成本)损失性风险因子,是变量 X_1、X_4、X_5、X_6 和 X_7 五个指标的综合,集中体现在移民过程中个体间接成本损失的风险性影响要素。

二、人力资本失灵和剥夺引致贫困风险

与物质资本类似,人力资本亦是重要的收益增长性要素,人类经济发展的历程已经显示人力资本是强大的经济发展内驱动力。因此笔者将会分析在政策性移民过程中由于客观条件变化导致的个体人力资本失灵和被剥夺带来的贫困风险,并且对其进行一定测度和效用评估。

(一)人力资本存量及增量的效用模型

考虑在一个经济区域(指移民迁出地)内,移民个体的固有的生产技术能力 a 具有异质性。移民个体在移民之前的固有生产能力具有产出效用,不同个体产出效用不同,但可以用概率方法表示,即 $I = [\underline{a}, \bar{a}]$,假设个体移民前的产出效用的密度函数 f 是连续可微的,且在定义域 I 上是严格正的。

个体移民后可以从事非技能型工作,并提供 a 单位劳动力,或者他们得到相关培训,更新其能力提供技能型工作,产出函数为 f ,函数连续可微且 $f' > 1$ 和 $g(a) > a$ 。享受移民后技能培训的移民个体可以提供 $g(a)$ 单位劳动力,同时必须支付一定固定成本 C 。在竞争型劳动力市场中,移民个体从事工作获得的工资率与区域内的技术进步率 A 之间存在一定的线性关系。非技能型移民个体在一个低于投入一定的人力资本将获得产出效用为 aAw ,而进行一定培训后的产出效用为 $g(a)Aw - C$ 。

上述为个体在一定区域环境内投入的人力资本或者进行一定培训后的人力资本增量给其带来的产出效用并非相同,为了进一步进行深入研究,给出下面阐述:

命题1:假定函数 φ 是可微且在 x 内是递增的,即 $\varphi'(x) > 0$。因此区域内的技术进步或者培训成本的下降将会增加移民个体的技能型工作的搜寻。

为了论证上述命题的正确性,界定培训与否的工资率变动的情况,笔者给每个观察群体制定一个工资指标,为了研究便利性,将收入的中

值作为工资率指标。

假定 $a_l(a_h)$ 表示移民个体能力小于 a_0 时的条件能力产出的中值,那么以 a_0 为例,$a_l = F^{-1}(F(a_0)/2)$ 和 $a_h = F^{-1}((1 + F(a_0))/2)$ 。移民个体收入能力与工资之间是严格单调的,那么非技能型移民的中值收入 $w_l(a_0)$ 和技能型移民的中值收入 $w_h(a_0)$ 可以表示为:

$$w_l(a_0) = F^{-1}\left(\frac{F(a_0)}{2}\right) A \tag{3-22}$$

$$w_h(a_0) = g\left[F^{-1}\left(\frac{1 + F(a_0)}{2}\right)\right] A \tag{3-23}$$

定义域 x 的下降对个体人力资本投资存量有很大影响,降低 a_0 的值,因此大多数非技能型移民在移民后都愿意接受政府提供培训机会,使得自身的可雇佣性能力提升。这种变化对技能型和非技能型个体的工资率与生产率之间条件变动产生一定程度影响,分别用技术进步率作为调整权重即为 w_h/A 和 w_l/A 。

在定义域工资率的微分符号取决于两个要素:函数 g 的斜率和密度函数 f 的斜率。x 的变动引起工资率变动,导致移民个体产出效用变动,这一变化可表示为:

$$\frac{\mathrm{d}w}{\mathrm{d}x} = \left[\frac{g'(a_h)}{g(a_h)}\frac{f(a_0)}{f(a_h)} - \frac{1}{a_l}\frac{f(a_0)}{f(a_l)}\right]\frac{g(a_h)}{2a_l}\varphi'(x) \tag{3-24}$$

公式(3-24)中 $g'(a_h)/g(a_h)$ 和 $1/a_l$ 分别表示在权重 $f(a_0)/f(a_h)$ 和 $f(a_0)/f(a_l)$ 下的 $g(a_h)$ 和 a_l 的增长率。

综上所述,个体的人力资本存量和增量都可以给其在未来劳动力市场中获得的工资率带来增长。而移民个体在前后时间段的人力资本存量与增量的变化是具有一定异质性,移民对前期的人力资本积累造成一定程度的损失(主要是指生产经验的无效和失灵),加上移民后当地政府的培训工作的滞后,导致移民群体大量人力资本存量的损失和增量幅度小等后果,继而给其后期的生活带来较大的风险,有些群体可能因此损失 w_h/A 和 w_l/A 。

（二）人力资本存量失灵和剥夺的风险测度

对于个体移民者而言，人力资本存量相对于物质资本的存量较少，因为移民地区一般为偏远库区，移民个体的教育经历和水平有限，技能培训的机会亦少。但这并不表示人力资本存量失灵和被剥夺对其不会产生风险，反而在未来生活和生产过程中人力资本的失灵和被剥夺引致的贫困风险概率更大且损失的程度更深，具体的风险测度笔者将在下面内容进行严格论证。

1. 人力资本存量失灵和剥夺的风险测度模型

本书构建风险测度模型主要依据 Mincer（1975）提出的人力资本收益模型，以收益损失引致风险作为研究目的。收入风险测度模型为：

$$Lny = \beta_0 + \beta_1 \cdot s + \beta_2 \cdot x + \beta_3 \cdot x^2 + \mu \tag{3-25}$$

其中 y、s 和 x 分别表示移民后的家庭总收入、教育收益和生产经验技术收益。β_1、β_2 和 β_3 分别表示三个收入要素估计系数。

在调研过程中我们通过设置移民前后的个体的主观感受与客观现实的变量来测度人力资本失灵和被剥夺的引致风险情况。自变量设置主要如下：

自变量主要是：移民前后教育程度变化，一是自身的受教育程度（Edu_{self}）和移民后子女受教育情况（Edu_{back}）、受教育年限（Edu_{age}）、个体年龄（Age）（连续年龄变量和年龄组变量同时进行）、技能培训机会（$Train$）、性别（$Gender$）、生产技术性问题解决方式（$Problem_{slove}$）。

依据式（3-25）的人力资本的收益模型收入估计值设置因变量为移民前的家庭月收入（$y_{forward}$）和移民后的家庭收入（y_{back}）。

据以上论述构建四个多元回归模型：

Model 1：

$$y_{forward} = a_1 Edu_{self} + a_2 Edu_{age} + a_3 Age + a_4 Train + a_5 Gender + a_6 Problem_{slove} + \mu$$

Model 2：

$$y_{back} = b_1 Edu_{back} + b_2 Edu_{age} + b_3 Age_{all} + b_4 Train + b_5 Gender +$$

$b_6 Problem_{slove} + \varphi$

Model 3：

$$y_{back} = c_1 Edu_{back} + c_2 Edu_{age} + c_3 Age_{20-40} + c_4 Train + c_5 Gender + c_6 Problem_{slove} + \delta$$

Model 4：

$$y_{back} = d_1 Edu_{back} + d_2 Edu_{age} + d_3 Age_{41-60} + d_4 Train + d_5 Gender + d_6 Problem_{slove} + \xi$$

2. 基于调研数据的风险测度回归

基于湖北省库区移民的调查数据,利用 Spss19.0 进行相关的分析得:

表 3-5　回归分析结果

因变量 自变量	移民前的 月收入	移民后的月收入		
	Model 1	Model 2 （all 年龄）	Model 3 （20—40 岁）	Model 4 （41—60 岁）
性别	0.167***	0.146***	0.183***	0.086***
受教育年限	0.782***	0.672***	0.541***	
文化程度组别 对照组:小学及以下 　　　　初中 　　　　高中与中专 　　　　大专 　　　　本科			0.010 -0.282 -0.252 -0.006	-0.029 0.015 -0.068 -0.129
年龄 不分组别	0.089*	0.073**		
培训机会	0.573***	0.794***	0.894***	0.563***
生产技术问题解决方式	0.784**	0.692**	0.591**	0.605**
F 值 确定系数 R^2 调整后的 R^2	13.712*** 0.114 0.109	35.21*** 0.213 0.207	10.16*** 0.283 0.254	8.24*** 0.447 0.392

（注:*** p<0.001　** p<0.01　* p<0.05）

数据来源:本书的调查数据库

据表 3-5 可以得出三个方面的分析：

第一，性别在移民前后的收入降低风险影响方面显著性较低

调查发现，移民群体多是居住在经济欠发达地区，家庭的主要劳动力都是从事劳务工作，从事农业生产亦是长辈级。那么，从事农业生产群体（具有农业生产经验）和务工群体（受教育和工作经验）在移民前后的收入变动与性别之间存在一定关联性，传统层面的男性收入能力高于女性，但是程度较低。这种情况侧面反映了性别之分在移民个体由于人力资本投资而导致收入降低风险的概率较小，但仍然存在风险，即男性因为人力资本失灵和被剥夺的引致贫困风险较大，而女性相对较小。

第二，"受教育年限"与引致贫困风险之间关联性强

调查中发现移民群体受教育水平普遍较低，但同时也有较高学历群体，因为笔者在本书中构建新变量"受教育年限"来测度风险程度，因为受教育年限越多，移民前的人力资本型收入会较大，移民后出现收入降低风险增大，反之风险较小。在移民之后的不同年龄组"受教育年限"的影响程度也具有异质性，"20—40 岁"年龄组的群体受教育水平相对较高，移民后的人力资本型收入会变动较大，主要表现为人力资本产出减少、人力资本增值空间较小和人力资本的存量贬值等风险。究其原因主要是这一年龄组的群体普遍接受较高水平的教育，且大多数从事务工活动，积累较多的经验，一旦生活和生产的环境发生变化，人力资本的失灵表现更为明显（生产技术和经验失效等）。

第三，"技能培训"在移民后的收入效用大于移民前的收入效用，引致风险概率较低

人力资本增量的第二种重要方式是培训，培训是提升移民群体收入能力的关键，事实上在库区移民群体中得到当地政府资助的培训项目较少，很少有人通过政府层面的技术培训获得较高工资的工作。反而在移民后当地政府为了着力解决移民的就业问题，会提供"再就业"培训之类的项目。访谈中很多移民反映政府这项措施是非常及时和有

效的,因此这一指标在移民后的收入风险方面表现不是很明显,就是移民后"培训"后的收入增加幅度还是起到相当大的作用。从风险控制角度出发,移民后个体或者群体的"技能培训"缺失的引致风险概率较低。

同时从回归结果分析,不同年龄组的个体对于"培训机会"产生的效用还是有不同反应的,"20—40岁"群体的移民的"培训技能"产出效用较高且风险概率更小,其他群体效用相对较低。

(三)人力资本存量失灵和剥夺的风险评估设计

与物质资本类似,个体移民的人力资本存量及增量在移民后的风险系数及风险程度都有必要进行相关评估。评估主要分为:模型确定、数据支撑与风险系数及系数排序三个环节。

1. 人力资本失灵及被剥夺效用损失评估模型

我国现有的移民群体形成大多来自政策性因素,即以非自愿移民为主,因此评估模型借鉴 Benabou(2000年)的政治经济学层面的人力资本效用理论模型,即移民的人力资本损失效用为其社会福利享受带来影响。

假定连续性的符号 $i \in [0,1]$ 表示个体移民家庭代际情况。年长者使用其人力资本积累 k_t^i 从事农业生产并获得产出 l_t^i,并且在一定约束条件下获得收入,即生产率水平为 z_t^i,那么效用损失的评估模型为:

$$y_t^i = z_t^i \left(k_t^i\right)^{\gamma} \left(l_t^i\right)^{\delta} \tag{3-26}$$

结合移民个体的个人消费及生活需求之后,人力资本产出效用会有一点限制,这种限制性因素还会受到区域的技术进步系数影响,因此给出下面的区域技术积累情况作为家庭子女人力资本投入局限性条件:

$$k_{t+1}^i = k\xi_{t+1}^i \left(k_t^i\right)^{\alpha} \left(e_t^i\right)^{\beta} \tag{3-27}$$

其中 ξ_{t+1}^i 表示个体随机的生产性能力,e_t^i 表示个体及其子女的教育投资状况,由于移民个体借贷市场和保险市场的缺乏,人力资本失灵或被剥夺的风险 z_t^i 和 ξ_{t+1}^i 不可能被外生性因素分散。

结合公式(3-26)和(3-27)得出约束条件下移民个体人力资本失灵的效用损失风险评估模型:

$$y_t^i = z_t^i \left(k\xi_t^i \left(k_{t-1}^i \right)^\alpha \left(e_t^i \right)^\beta \right)^\gamma \left(l_t^i \right)^\delta \tag{3-28}$$

2. 基于交易成本的人力资本损失风险评估

科斯在其"*The problem of social cost*"一文中重点强调了在没有制度安排下个体 A 或者 B 的交易行为都会对 B 或者 A 产生外部性影响,在移民过程中由于前期人力资本存量的失灵和增量的缺少导致群体在新环境内的交易行为的行动成本增大,因此移民后群体人力资本投资热情大减(与实际符合度高),但为了未来生产和生活交易成本降低,群体会对下一代子女的教育更为关注。因此交易成本在移民前后的人力资本失灵和积累过程中有较大程度的体现,具体分析路径如下:

第一,移民后个体社会福利效用最大化函数

$$V = \int_{t=0}^{\infty} \exp(-\rho t) \, u(c_t) \, \mathrm{d}t \tag{3-29}$$

其中 ρ 表示个体移民对人力资本投资(包括子女的教育安排)的时间偏好率,c 表示个体在交易时的消费产品的成本,个体在移民后从事的生产性活动时间分为非技能型劳动时间和培训时间,即:

$$n_t + s_t = 1 \tag{3-30}$$

那么个体移民后的培训时间用以提高自身的人力资本存量和增量,即可以在收入性工作交易时减少阻力和降低风险,那么人力资本积累程度可以表示为:

$$\dot{e} = h(s_t) \, e_t \,, \; h' > 0 \,, \; h'' < 0 \tag{3-31}$$

第二,基于交易成本为零框架下的分析

在上述分析之后,假定在一个区域内(移民区域),个体以固定生产技术获得生产经验和获得人力资本产出,在政策帮助下假定交易成本为零,理论上在未来预期内的人力资本收益在每个时间点都是可以获得的,那么可得:

$$c_t = f(n_t, e_t, E_t) \tag{3-32}$$

那么在公式(3-29)、公式(3-30)和公式(3-31)的约束条件下,个体在移民后交易费用最小化时生产与消费关系为:

$$u'(c_t) f_n(n_t, e_t, E_t) = \lambda_t e_t h'(s_t) \tag{3-33}$$

$$\dot{\lambda}_t = \left[\rho - h(s_t) - \frac{e_t f_e(n_t, e_t, E_t) h'(s_t)}{f_e(n_t, e_t, E_t)} \right] \lambda_t \tag{3-34}$$

$$\lim_{t \to \infty} \exp(-\rho t) \lambda_t e_t = 0 \tag{3-35}$$

其中 λ 表示移民人力资本存量和增量在交易框架下的预期值。以上述公式(3-33)、公式(3-34)和公式(3-35)作为参考依据,可以清晰得出交易框架下移民个体的人力资本存量与增量的失效引致评估风险程度。

第三,基于交易成本不为零框架下的分析

移民个体在移民后的生产和生产下交易成本并非为零,因此这种分析框架下,个体人力资本存量和增量失灵的效用产出分析为:

$$f(n, e, E) = n^\alpha e^{1-\alpha} E^\alpha, \ 0 < \alpha < 1 \tag{3-36}$$

并且假定人力资本存量和增量的技术进步系数为:

$$h(s) = s^\beta, \ 0 < \beta < 1 \tag{3-37}$$

在交易成本不为零的情况下,移民后的个体享受的技能培训后不一定会进行一定规模的创业或者就业,访谈过程中很多移民表示政府的培训项目与实际要求不相符,若强制性以此为就业条件,会增加家庭的支出成本。这一层面分析主要是交易成本增加基础上的人力资本失效风险增大。

至于相对于交易成本为零的风险增加程度可以表示为:

$$\frac{\dot{n}}{n} = \frac{1}{\Delta^0} \left[\rho - (1-n)^\beta - \frac{(1-\alpha)}{\alpha} \beta n (1-n)^{\beta-1} \right] \tag{3-38}$$

其中 Δ^0 表示交易成本不同时风险增加值,$\Delta^0 \equiv \left[\alpha - 1 + (\beta - 1) \left(\frac{n}{n-1} \right) \right]$。

三、社会资本失灵和剥夺引致贫困风险

社会资本如同人力资本一样都是对个体有帮助的一系列资源的集合。社会资本的资源主要来源于个体工作和生活的网络关系,例如工作同事、下属和上级。对于移民而言,社会资本资源主要体现在亲戚、同村居民、工作伙伴和雇主等方面的网络关系。社会资本的关系对于个体尤其重要,是因为这种关系可以帮助个体成长和规划,以及可以为其提供必要的物质帮助(Coleman,1986)。

(一)社会资本关系产出效用模型

与人力资本类似的是,社会资本需要个体进行投资,投资形式为工作参与和生产合作等。笔者构建社会资本的关系效用程度测度模型:

$$\max_{I_0,I_1,\cdots,I_T} \sum_{t=0}^{T} \beta^t [S_t R(\hat{S}_t) - wC(I_t)]$$
$$s.t.\ S_{t+1} = \delta\varphi S_t + I_t,\ \forall\, t \tag{3-39}$$

其中 $R(\hat{S})$ 是移民个体单位社会资本效用函数且可微,$SR(\hat{S})$ 表示移民后个体在劳动力市场和非劳动力市场收益,而 $S_{t+1} = \delta S_t + I_t$ 表示移民后进入劳动力市场积累充分社会资本的预算限制。

在移民后,个体原有社会资本积累发挥的效用受到较大限制,为了在移民后将移民前的社会资本效用发挥到最大,笔者将效用模型对移民前后的投资进行一阶求导得:

$$wC'(I_t) = \frac{1 - (\beta\delta\varphi)^{T-t+1}}{1 - \beta\delta\varphi} R(S) \tag{3-40}$$

社会资本与物质和人力资本相同的是个体之间存在较大异质性,因此借助移民前积累的社会资本在劳动力市场上获得的工资率是不同的。为了证实移民社会资本积累的稳定性,必须对其市场工资率 w 进行求导,得:

$$\frac{\partial S}{\partial w} = -\frac{C'[(1-\delta)S]}{(1-\delta)wC''[(1-\delta)S]} \tag{3-41}$$

　　为了进行一致性研究,本书将不同地区的移民归类同样途径获得并使用社会资本,即 $S = S$,那么即有:

$$\frac{\partial \hat{S}}{\partial w} = - \frac{C'[(1 - \delta) S]}{(1 - \delta) wC''[(1 - \delta) S] - R'(\hat{S})/(1 - \beta\delta\varphi)} = \frac{1}{1 - \partial S/\partial \hat{S}} \frac{\partial S}{\partial w}$$

$$(3-42)$$

　　综上所述,社会资本关系效用模型侧重五大要素:移民前的投资情况、移民后的使用情况、移民后从事市场工作的工资率、时间偏好率(前后是否继续投资等)和移民个体财富积累程度。

(二)社会资本失灵和被剥夺的效用损失特性

　　Ibarra(1993 年)进行了类似的研究,指出社会资本评测必须考虑两种关系特征:群体关系类似特质和关系强度。本书以此作为移民群体的社会资本失灵或被剥夺的效用测度指标。

　　第一,群体关系特质

　　问卷设计的人口统计变量是为对研究对象进行社会组别的划分,可以以一定维度对所有样本进行划分,例如民族、性别、阶层、组织层级和教育水平等。先前的实证研究已经一致表示个体的行为往往很大程度上依赖于群体行为特征。以任何一个特征对群体进行划分之后,一个群体中个体行为与这一群体行为特征保持一致,很难与其他群体具有很强类似性(Berscheid,1985;Levine 和 Moreland,1990;Lott,1965)且这种类似性行为特征具有一定规模类似的产出效用,表现在移民群体上可能是强的正产出效用,或者是坏的负效用(Glamen,1996;Ibarra,1991;Kram 和 Isabella,1985;O'Reilly,1989;Smith,1994;Tsui 和 Farh,1996)。

　　在政策性移民过程中,很多个体行为都是依据群体行为而进行的,尤其是社会资本失灵和被剥夺之后引发的情绪性反生产行为更是可能引起群体性事件。在个体与群体行为一致化的过程也夹杂着"初期不一致行为"向"后期一致行为"转换的情况。从社会资本积累过程层面分析,保持一致性行为的群体在移民后的社会资本失灵引致的效用损失更大,且引致贫困风险概率较大。

第二,群体关系强度

群体关系强度是社会资本形成和效用产生的重要基础,一般由时间、情感投资和互惠主义组成,是形成移民群体力的关键(Granovetter,1973)。这一概念的提出主要是为了分析群体关系强度对群体产出的影响,强与弱的关联性对个体和群体的产出有非常明显的影响。

群体关系强度大小由群体中个体社会背景等要素相似程度决定,拥有类似背景或者条件的个体更易于加强群体关系。作为特殊群体的移民群体中个体之间存在一定程度分化,例如政策接受者和政策不接受者等。他们之间由于存在观念、个体背景的差异,造成移民后同村人员之间利益分配不均,以及不同的社会资本失灵程度。

(三)社会资本失灵和被剥夺的要素特质与评估

1.移民个体生命周期变动与社会资本积聚

前面论述已经证实了移民的社会资本积累来源于移民前,在移民后被剥夺或者分散,对其后期生命周期的收益产生重大影响。因此,社会资本积累、失灵与分散直接影响个体的整个生命周期中的收益流,反过来影响移民个体下一代的社会资本积累渠道和聚集量。

社会资本研究的学者首先关注的一个关键点是,随着个体年龄的增长其所能获得社会资本关系圈的范围是如何变动的。Putnam(2000年)研究发现个体生命周期中所能获得社会资本关系范围变动大致成倒 U 型。

通过调查数据的整理与分析,将移民个体出生时间作为横轴维度,将不同年龄个体进行组别划分,继而形成一定趋势的生命周期(用不同个体年龄来替代同一个体的生命周期)。用"遇到风险时求助对象的个数"来表示个体的社会资本关系圈的范围,大致表现如图 3-1 所示。

为了进一步研究移民个体社会资本关系圈变动影响因素,笔者以年龄组、性别、收入、出生年月和教育水平作为自变量,以风险时可求助

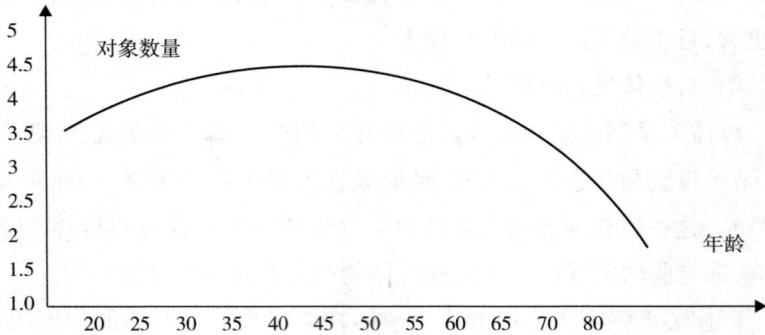

图 3-1 移民个体生命周期中的社会资本关系圈范围变动趋势

对象数量作为因变量构建多元回归统计模型。为了检验不同自变量对年龄组的影响,本书采用逐步回归法构建五个模型,使用 Spss19.0 统计软件进行分析。

回归 Model 1 主要用于测度线性队列效用(Liner Cohort Effects),Model 2 主要用于评测线性年份效用(Liner Year Effects)。Model 3—6 主要用于将教育水平设置为控制变量进行分析,此举减少了"年龄"变量效用的大小,但并没有从根本上改变效用性质。"教育水平"变量的进入显著提升了 R^2 统计量的值,没有加入"教育水平"的 R^2 值为 0.08,加入之后为 0.17,增幅为 0.09,超出原有一倍,足见"教育水平"变量的加入凸显社会资本关系圈范围与年龄组之间相关度。移民个体通过教育获得或增加社会资本是重要的拓展关系圈方式,与实际较符合。

表 3-6 可求助对象数量对人口统计变量和职业特质的 ols 回归

	可求助对象的总数(Total number of Memberships)					
	Model 1	Model 2	Model 3	Model 4	Model 5	Model 6
Constant	16.033 (3.653)	30.374 (4.705)	31.538 (3.487)	29.011 (3.717)	31.052 (3.561)	32.177 (3.582)

续表

	可求助对象的总数(Total number of Memberships)					
	Model 1	Model 2	Model 3	Model 4	Model 5	Model 6
Age18—29	0.316 (0.094)	−0.076 (0.039)	0.270 (0.089)	0.213 (0.094)	0.259 (0.091)	0.272 (0.091)
Age30—39	0.485 (0.078)	0.181 (0.040)	0.349 (0.074)	0.296 (0.079)	0.345 (0.076)	0.357 (0.076)
Age40—49	0.512 (0.065)	0.289 (0.043)	0.386 (0.061)	0.361 (0.065)	0.387 (0.062)	0.399 (0.063)
Age50—59	0.331 (0.053)	0.190 (0.045)	0.270 (0.050)	0.282 (0.053)	0.266 (0.051)	0.270 (0.051)
Gender	−0.238 (0.027)	−0.233 (0.027)	−0.234 (0.026)	−0.232 (0.027)	−0.236 (0.026)	−0.235 (0.026)
LnIncome	0.616 (0.029)	0.631 (0.029)	0.300 (0.029)	0.291 (0.030)	0.293 (0.029)	0.293 (0.029)
Income Miss-ing(收入损失)	0.894 (0.088)	0.932 (0.088)	0.455 (0.084)	0.425 (0.089)	0.436 (0.086)	0.428 (0.086)
Birth Year (出生年份)	−0.008 (0.002)		−0.017 (0.002)	−0.016 (0.002)	−0.017 (0.002)	−0.018 (0.002)
Year of Survey (生存年数)		−0.015 (0.002)				
Education (教育水平)			0.212 (0.005)	0.215 (0.005)	0.211 (0.005)	0.212 (0.005)
每阶段社会资本(以可求助对象数量替代)					0.052 (0.018)	−0.032 (0.050)
R^2	0.08	0.08	0.17	0.17	0.17	0.17
样本量						

(注:括弧里的值为 P 值)

数据来源:本书的调查数据库

2. 移民个体流动性与社会资本积聚

社会资本存量及积聚会因为个体的劳动力流动而分散,在相关研究中个体流动性与社会资本投资程度之间是负相关性的。为了证实这一结论,本书以预期流动性作为估计变量,用于预测移民个体在移民之后社会资本投资状况(主要用是否向原居民求助、求助次数、是否进行相关社会获得等项目体现)。但问卷设计之初并未设置直接预测相关变量,因为使用"年龄""婚姻状况"和"家庭成员状况"等变量来构建新的"流动性"变量。

此变量用以指示移民个体在迁出后的第一年是否进行过劳动力流动,然后以年龄、家庭成员状况和婚姻状况作为自变量进行分析,最终预期出社会资本存量及积聚情况与移民个体劳动力流动之间的关系。具体通过图 3-2 表示,主要展示了个体可救助对象数量与预期劳动力流动性之间的关联性。

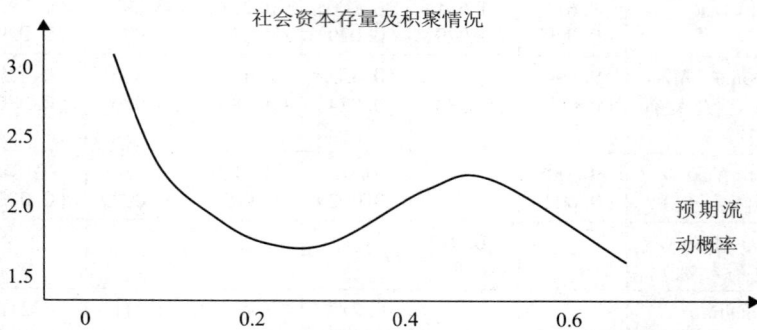

图 3-2　预期流动概率与社会资本积聚

从图 3-2 可知,个体移民在移民后的社会资本存量及积聚情况与其后期的劳动力流动概率之间关系呈波动性。主要是由于个体年龄的增长及其子女成长过程中带来的社会资本的波动性。具体有三个特征:一是社会资本存量及积聚情况越好,移民群体流动概率越低;二是当其处于中年时,由于社会资本产出效用较低,他们会进行较多劳动力流动;三是当其子女成长后的社会资本存量越发增多且产生效用更大时,移民个体劳动力流动概率会急剧下降。

3. 个体技能型收益与社会资本积聚

经济计量模型同时预测了个体社会资本高收益将会减少其他资本

的高投资率。而我们并不能直接观察到个体社会资本存量和积聚不同性带来个体收益的异质性，但仍然可以从个体移民后职业收益信息和职业社会关系圈范围获得此关联性。

为了检测移民个体社会资本与其获得工作收益之间的关系，本次调研中设置一个问题："您认为移民后从事什么特征的工作，您的工作风险会降低？"并且在移民后工作搜寻过程中获得更多合同作为社会资本存量及积聚优秀指标，个体在移民前获得社会资本收益越高，他们移民后的损失风险就越大。此时，调查中发现很多移民表示前期的社会资本收益会激励其进行更多社会资本积聚，而移民后政府的技能培训可以给个体带来较多的经济收益。此层面社会资本损失引致贫困风险的概率会降低，且社会资本关系范围亦会受到收益效果和程度的影响。

再者个体进行社会资本积聚时的成本也是影响其社会资本积聚行为因素，低搜寻与积聚成本会加大移民个体的关系型工作搜寻，例如与当地居民合作种植、积极参与政府实施的农业生产项目和通过相关渠道使其家庭成员获得更好就业机会等。

第三节　非自愿移民生计脆弱性、风险与评估

非自愿移民在政策移民过程中始终处于一种生态变迁状况，包括生活环境生态、工作环境生态、家庭环境生态和心理环境生态的变化。由于原始资源缺乏或者生态居住生活工作环境的质量差，群体在移民过程中易产生生计脆弱性引致贫困风险，即可以以脆弱性为分析视角对非自愿移民的移民风险进行测量。本节将会关注非自愿移民生计脆弱性界定与分析，生态变迁与贫困风险，以及以脆弱性来评估移民生态变迁的效用等。

一、理论框架下非自愿移民的生计脆弱性

此部分作为开节的内容主要是为了让大家清晰了解理论分析框架

下移民个体生计脆弱性如何界定,及详细剖析脆弱性引发的贫困风险、积聚风险和异质性风险测度。

(一)移民生计脆弱性效用界定

经济视角的风险主要是指外界环境变化下,个体成本支出效用未得到满足或者发生较大损失等,以此为界定框架,效用视角下移民生计脆弱性可以界定如下:

假定移民家庭成员数量是有限的,用 $i = 1,2\cdots,n$ 表示,$\omega \in \Omega$ 表示移民家庭所处的社会阶层。那么第 i 个家庭的消费支出产出函数为 $c^i(\omega)$,在此条件定义家庭的效用函数为严格递增且弱凹性函数,表示为 $U^i: R \to \Re$,以将消费产出线性化。给定家庭消费效用函数基础上,本书将移民家庭的生计脆弱性定义为:

$$V^i = U^i(z) - EU^i(c^i) \tag{3-43}$$

其中 z 表示风险溢价(或称为确定性等价),表示若第 i 家庭的确定性消费支出大于或等于此值,表示此家庭生计不具有脆弱性。但笔者在此强调下,此值与区域性"贫困线"之间有较大差异性。

一般情况下,群体的个体的异质性 z 的选择确定方法就是测度相关脆弱性指标。在一个特定移民区域内,每个家庭有一个确定预期资本消费范围。由于各个家庭之间不存在流动性,所以各个移民家庭之间就不存在"相对贫困"。即没有不确定性,即没有风险。那么从这个角度分析,移民家庭的生计脆弱性为 0,概括为 z 就可以界定为移民家庭单位资本消费支出。

由于上述界定支出函数是递增且凹性,那么移民家庭的脆弱性程度主要取决于消费程度,随着消费变动发生变化。为了了解移民生计脆弱性与贫困风险关联性,本书进行以下内容理论分析,贫困风险下移民生计脆弱性为:

$$V^i = [U^i(z) - U^i(Ec^i)] + [U^i(Ec^i) - U^i(c^i)] \tag{3-44}$$

其中公式(3-44)中第一个括号部分为贫困测度指标,不包括随机变量,可以简单分辨凹性函数评估"贫困"与"预期消费"之间不同性。

函数 U^i 的凹度主要表示 Ec^i 接近贫困线,移民家庭每增加一个单位的预期消费支出就会降低减少贫困的投资值。选择适合的 $\{U^i\}$ 值显示出此贫困测量方法可以满足所有公理性需求(Foster et al,1984)。

公式(3-44)中第二个括号主要用来测量第 i 移民家庭面临的风险,即以顺序法测量移民家庭预期消费支出与实际支出之间差值(Rothschild 和 Stiglitz,1970)。进一步拆分之后,可以将其脆弱性拆分为积聚风险和异质性风险。$E(c^i/\overline{X})$ 表示在已知积聚变量 X 条件下消费量 c^i 的预期价值,那么可以得出移民家庭的生计脆弱性三个组成部分为:

$$V^i = [\, U^i(z) - U^i(Ec^i)\,]\ (\text{贫困风险})$$

$$+ \{U^i(Ec^i) - EU^i[\,E(c^i/\overline{X})\,]\,\}\ (\text{积聚风险})$$

$$+ \{EU^i[\,E(c^i/\overline{X})\,] - EU^i(c^i)\,\}\ (\text{异质性风险})$$

三个部分组成以效用函数形式表示用于脆弱性间接性测定,最小化移民家庭的生计脆弱性即在积聚资源有限条件下,最大化移民家庭社会福利函数 $\max\limits_{\{c^i(\omega)\}} \sum\limits_{i=1}^{n} EU^i(c^i)$ 的效用。

（二）移民生计脆弱性估计模型

在界定完移民家庭生计脆弱之后,很多学者已经利用相关数据进行脆弱性相关测度,但前提就是设计合理的估计模型。估计模型主要包括家庭消费效用函数、成本支出和预期成本支出要素,基于此,笔者构建移民生计脆弱性估计模型:

设定效用函数 $\{U^i\}$,然后对其进行微分处理得出条件期望值即 $E(U^i)$,效用函数的简答形式为 $U^i(c) = (c^{1-\gamma})/(1-\gamma)$ （$\gamma > 0$）。当 γ 上升时,效用函数 U^i 会因为风险系数增加和流动性降低而发生敏感性增加。本书将成本要素 c 标准化,即所有移民家庭的平均消费在移民前后都保持一致且为 1。

通过上述对于估计效用函数的界定,我们可以通过移民前后的变动来估计移民前后脆弱性引致风险程度。因此定义第 t 期,第 i 个移民家庭的消费支出为 c_t^i,异质性风险为 X_t^i,积聚变量的向量为 $\bar{X}_t$。根据上述要素设定得出一个位置估计变量:$E(c_t^i / \bar{X}_t, X_t^i) = \alpha^i + \eta_t + X_t^{i'}\beta$,且 $\theta = (\alpha^i, \eta_t, \beta')$。

事实上,消费支出在估计过程中会出现误差,使用效用模型进行估计脆弱性可能产生估计误差即异质性风险存在。为了避免此问题,本书将异质性风险进行分解,一种是由观察个体 k 值即移民家庭特征引起的风险 $X_t^i = (x_{1t}^i, \cdots, x_{kt}^i)'$,另一种是既不能由家庭特征引起,又不是由于积聚变量引致的随着未观察对象的变动而变动的消费风险值。设定 $\bar{c}_t^i = c_t^i + \epsilon_t^i$,$\{\epsilon_t^i\}$ 表示贫困风险的误差值且在移民家庭预期中视为 0,即 $E(\epsilon_t^i / X_t^i, \bar{X}_t) = E(\epsilon_t^i c_t^i) = 0$。因此将上式的移民家庭的生计脆弱性表达式进行修正:

$$V^i = [U^i(Ec) - U^i(Ec_t^i)] \quad (\text{贫困风险})$$

$$+ \{U^i(Ec_t^i) - EU^i[E(c_t^i / \bar{X}_t)]\} \quad (\text{积聚风险})$$

$$+ \{EU^i[E(c_t^i / \bar{X}_t)] - EU^i[E(c_t^i / \bar{X}_t, X_t^i)]\} \quad (\text{异质性风险})$$

$$(3-45)$$

$$+ \{EU^i[E(c_t^i / \bar{X}_t, X_t^i)] - EU^i(c_t^i)\} \quad (\text{未知风险和测量误差})$$

假定移民环境是稳定的,可以用第 i 个移民家庭的非条件预期消费去估计脆弱性,即 $Ec_t^i = (1/T) \sum_{t=1}^{T} c_t^i$。结合现实情况,本书希望选取 θ 作为用二乘法估计最优 c_t^i 值。在所有支出消费中,测量误差也不会排斥 θ 的估计,但仍然对总风险估计有一定排斥效用。但在给定消费支出测量误差集合 $\{\epsilon_t^i\}$ 条件下,仍然可知测量误差仅仅只影响未知风险,即 $E(c_t^i / \bar{X}_t, X_t^i) = E(c_t^i / \bar{X}_t, X_t^i)$。

据上述分析之后,本书给出了移民家庭生计脆弱性估计模型:

$$\bar{c}_t^i = \alpha^i + \eta_t + X_t^i\beta + v_t^i \quad (3-46)$$

其中条件信息($\bar{X}_t, X_t^i$)是为了了解数据知识特征和辨别家庭特征的，v_t^i表示分配程度，由消费测量误差和预期误差之和组成。移民家庭消费固定效用α^i被限制总和为0。

（三）不完全保险下的移民群体脆弱性与持续收入波动

从我国移民政策涉及地区分析，自然条件差、经济投资环境弱和保险机制缺乏等引致市场保险机制的不完善，继而移民群体在移民前都不会进入和享受完整政策性保险。由于生计脆弱性引致收入风险只能通过其他途径分散，例如从亲戚和邻居借贷一定数额资金等。由于缺少最优的保险投资决策，移民群体往往选择次优决策，即在保护现有收入基础上进行一定生产性决策行为，例如移民后从事一些事务性劳工工作来规避脆弱性引致收入风险。

假定特定移民家庭有两期工作决策，第一期时，从事生产性决策行为，那么其脆弱性风险与预期工作收益之间保持平衡。第一期工作的实际收入为Y_1，同时产生一定消费量。在第二期时，收入是确定的且为Y_2。在我国的大多数地区，农业生产是不具规模性的，不具有保险，移民地区亦然。移民家庭第一期生产决策行为可以通过基本的成本效用分析法来确定。移民家庭在移民前可以通过使用资源的β（$0 < \beta < 1$）比例来进行生产，可以得到的收益是s，这种决策行为虽具风险性但更具收益性。移民个体在第一期工作时有两种状态：状态$1H$的风险性决策的收益为h；状态$1L$的风险性决策的收益为l。每种状态发生的概率为0.5且$(h + l)/2 > s > 0$。因此可知，移民家庭第一期工作收入有两种范围：最高收益为$Y_1 = Y_{1H} = \beta s + (1 - \beta) h$；最低值为$Y_1 = Y_{1L} = \beta s + (1 - \beta) l$。

假定移民家庭第一期工作收入为低值，那么对于特定个体生计脆弱性可以用第一期内的消费效用最大化来表示：

$$\text{Max}[U(C_{1L}) + U(C_{2L})] \tag{3-47}$$

$S.T. \ Assest_2 = (Y_{1L} - C_{1L})(1 + r) + Y_2$，$r$为即期利率；$(1 +$

$r)U'(C_{2L}) = U'(C_{1L})$,静借贷额为 b_L^* 。那么移民个体在整个生命周期中效用函数为 $U_L(\cdot)$,生命周期中高收入阶段的效用函数为 $U_H(\cdot)$ 。

公式（3-47）的估计主要基于两点前提要素：一是移民个体在移民前后都能够借到款项和进行相关存款；二是没有成本预算和进入限制。在低收入群体中，假定家庭只能借到收入 Y_2 一定比例的款项，主要由于贫困家庭缺少丰厚的抵押品。当 $\alpha Y_2 < b_L^*$ 时，贫困移民群体的借贷限制更为严重。由于借贷限制导致的移民群体的福利效用损失可以用下列函数来表示：

$$\delta(Y_{1L}; \alpha, Y_2) = U_L(\cdot) - [\, U(Y_{1L} + \alpha Y_2) + U(Y_2 - \alpha Y_2 [\, 1 + r]) \,]$$
$$> 0 \qquad\qquad (3-48)$$

$$s.t.\ U'(C_{1L}) > U'(C_{2L})(1 + r)$$

依据包络定理，移民家庭第一期工作收入的增加减少了其第二期借贷限制，继而 $\delta'_{Y1} \le 0$ 。类似可以通过 *Lagrange* 函数估计方法测度借贷限制因素。

那么移民家庭如何通过观察其收入变动持续性来测度其生计脆弱性程度呢？主要是通过在一定借贷限制下，调整资源使用比例 β 来测度其生命周期的预期效用最大化实现：

$$\max_{\beta} 0.5 U_H(\cdot) + 0.5 [\, U_L(\cdot) - \delta(Y_{1L}; \alpha, Y_2) \,] \qquad (3-49)$$

效用最大化函数的最优解需要通过一阶求导实现，则为：

$U'_H(\cdot) / [\, U'_L(\cdot) - \delta'_{1L}(\cdot) \,] = -(s - l) / (s - h)$ 同时移民家庭的风险系数减少却降低了第一期工作的预期收益，这在收入波动较大时有效保证消费的正常程度（用 $\delta'(\cdot)$ 表示）。而借贷限制条件增大了 $\delta'(\cdot)$ 的值，非参数估计比其他估计值要大：工作预期收益会被风险中自我保护占用一部分。

二、非自愿移民脆弱性风险的比较静态效用评估

理论分析框架下移民生计脆弱性可能带来移民家庭收入波动持续

性变化,那么不同移民家庭的效用函数是否具有同质变动性呢? 回答这个问题需要对移民群体的 Neumann-Morgenstern 效用函数进行比较静态效用评估,以及对移民的脆弱性风险的倾向性效用进行评估。

(一)Neumann-Morgenstern 效用函数评估

第一,效用函数评估模型界定

假定移民家庭的决策者的行为效用函数为 Neumann-Morgenstern 效用函数 u ,且函数递增和具有凹性。简而言之,本书假定效用函数 u 可以派生三个一阶函数且都呈连续性。这里引入一个概念"非平等性"风险,是指非正预期的风险。移民群体风险脆弱性主要用于分析"非平等性"风险 $\bar{y}$ 对于财富的影响效用,因此定义间接效用函数 v :

$$v(w) = Eu(w + \bar{y}) \tag{3-50}$$

式(3-50)用以分析"非平等性"风险 $\bar{y}$ 对于福利效用的影响且移民群体最优风险接受值与效用函数偏好从 u 到 v 的效用的变化等同的。个体 u 与 v 之间存在一定关联性且对"非平等性"风险 $\bar{y}$ 福利损失进行测度。完全风险厌恶的移民在不同效用函数下的产出效用分别定义为: $R(w) = -v''(w)/v'(w)$ (间接效用函数 v)和 $r(w) = -u''(w)/u'(w)$ (原始效用函数 u)。

若"非平等性"风险使得风险厌恶型移民个体行为更具厌恶风险时,移民群体的 Neumann-Morgenstern 效用函数 u 具有风险脆弱性。

$$E\bar{y} \leqslant 0 \Rightarrow -\frac{Eu''(w + \bar{y})}{Eu'(w + \bar{y})} \geqslant -\frac{u''(w)}{u'(w)} \tag{3-51}$$

上式显示出在移民群体风险脆弱性下 v 比 u 更具凹性,即对于所有 w 而言,都会 $R(w) \geqslant r(w)$ 。移民群体的风险脆弱性一般会由"不平等性"风险构成,同时其他独立的风险会相应减少。为了清晰各种风险之间关系,在移民个体随机财富水平 $\bar{w}$ 下,定义确定的风险 $\bar{x}$ 的等式:

$$Eu(\bar{w} + C(\bar{x}, \bar{w})) = Eu(\bar{w} + \bar{x}) \tag{3-52}$$

其中 C 是指移民个体 u 消除风险 $\bar{x}$ 的支付价格成本。基于式 (3-52)，在限定财富水平 w 和 $w + \bar{y}$ 下，移民过程中非平等风险 $\bar{x}$ 与预期工资 w 之间关联性可以表示为：$\pi(\bar{x}, w) = E\bar{x} - C(\bar{x}, w)$ 和 $\Pi(\bar{x}, w) = E\bar{x} - C(\bar{x}, w + \bar{y}) = \pi(\bar{x}, w + \bar{y})$。

移民风险脆弱性研究主要是基于增加移民前后的效用均衡的目的，增加移民收入效用满足感。判断移民家庭风险是否具有脆弱性的标准是：在风险厌恶群体中，对于所有水平预期底线工资 w 和非均等性的 $\bar{y}$，都会有式(3-53)成立：

$$R(w) = -Eu''(w + \bar{y}) / Eu'(w + \bar{y}) > r(w) = -u''(w) / u'(w)$$

$$(3-53)$$

第二，风险脆弱性效用函数均衡性条件

在上述个体移民的效用模型界定过程中涉及的条件性假设有很多替代性假设条件，而且具有等同性。下面给出移民前后移民群体的风险脆弱性等同性条件论证过程。均衡性条件为：

（ⅰ）u 表示风险脆弱性；

（ⅱ）某一非平等性底线风险值 $\bar{y}$ 降低每个确定性同质独立风险 $\bar{x}$ 的值：对于所有 w、$\bar{x}$ 和 $\bar{y}$ 而言，$C(\bar{x}, w + \bar{y}) \leqslant C(\bar{x}, w)$；

（ⅲ）一个不适宜风险 $\bar{x}$ 并不能通过一个独立的非平等性风险 $\bar{y}$ 来说明；

（ⅳ）非平等性底线风险值的引入降低了其他任何独立性风险的最优投资的绝对值。

对于上述移民群体的风险脆弱性的均衡性条件要进行严格的论证，（ⅰ）、（ⅱ）和（ⅳ）都是 Pratt（1964 年）研究直接结果。风险脆弱性的第二个属性在所有可行 w 情况下，可以写成：

$$\Pi(\bar{x}, w) \geqslant \pi(\bar{x}, w)$$

$$(3-54)$$

其中 $\Pi(\overset{-}{x},w)$ 和 $\pi(\overset{-}{x},w)$ 分别是效用函数 v 和 u 在财富水平 w 下的风险 $\overset{-}{x}$ 的底线值。Pratt 的理论研究在第三个条件下对所有的 w 和 $\overset{-}{x}$ 上述的不等式都是成立的,而其后续的研究理论仅仅证实第四属性的不等式,不等式(ⅲ)和(ⅰ)亦是相等的。根据式(3-50)界定的非平等性风险值 $\overset{-}{y}$ 和 v 值,风险脆弱性程度为:

$$Ev(w+\overset{-}{x}) \leqslant v(w) \text{ 和 } Eu(w+\overset{-}{x}) \leqslant v(w)$$

风险脆弱性是移民个体工作行为绩效的最弱限制条件直觉上在不平等底线风险值证实了(ⅱ)、(ⅲ)和(ⅳ)属性的比较静态评估的效用。在移民过程中移民个体的脆弱性风险较为普遍,Lucas(1978)证实了风险脆弱性对个体增加流程性和工作行为绩效是有必要和充分的(Weil,1992)。

两个风险底线值测度部分解释了决定风险 u 是否具有脆弱性的问题,例如风险脆弱性 $R(w) = -Eu''(w+\overset{-}{y})/Eu'(w+\overset{-}{y}) > r(w) = -u''(w)/u'(w)$,则个体移民 u 的风险厌恶程度高于 v 的风险厌恶程度。

（二）移民底线风险的倾向性效用评估

在此,本书将评估在一个较小的底线风险值下,移民个体其他独立性风险的效用评估,并以此作为风险脆弱性发生的条件。假定底线风险值 $\overset{-}{x}$ 足够小,那么可以通过近似法进行估计,以 Arrow-Pratt 近似法为框架:

$$\pi(\overset{-}{x},w) \cong 0.5\delta_x^2 r(w) \text{ , } \Pi(\overset{-}{x},w) \cong 0.5\delta_x^2 R(w) \tag{3-55}$$

所以对于较小的 x 值,风险溢价值的增加主要是由于底线风险值受到绝对风险厌恶群体的规避效用影响,即:

$$\frac{\Delta\pi}{\pi} \equiv \frac{\Pi(\overset{-}{x},w) - \pi(\overset{-}{x},w)}{\pi(\overset{-}{x},w)} \cong \frac{R(w) - r(w)}{r(w)} \equiv \frac{\Delta r}{r} \tag{3-56}$$

由于移民过程中的任何形式的非平等性风险都是个体初期财富效

用水平和均值零风险值构成。上式底线风险已经对移民群体财富水平带来负效用($\bar{y} = -\delta$ 的概率是 1)和均值为零的风险($\bar{y} = \tilde{\in}$ 且 $E\tilde{\in} \equiv 0$)。

那么低底线风险溢价值可以通过对初期的底线财富值求极限得出:

$$\frac{\Delta r}{r} \Big/_{\bar{y} = -\sigma} \cong -\delta \frac{r'(w)}{r(w)} = \delta(p(w) - r(w)) \qquad (3-57)$$

其中 $p(w) = -u'''(w)/u''(w)$ 是 Kimball(1990)提出的绝对生产的系数。此状态下,底线风险值的设定降低了风险厌恶移民群体的工作行为概率即 $r' < 0$ 与 $p < r$ 等同。为了清晰界定移民是否具有识别风险溢价的能力和程度,本书将给出风险溢价条件下小的均值底线风险的评估模型:

$$\frac{\Delta r}{r} \Big/_{\bar{y} = \tilde{\in}} = [r(w)]^{-1} \left[\frac{-Eu''(w + \tilde{\in})}{Eu'(w + \tilde{\in})} - r(w) \right] \cong [r(w)]^{-1}$$

$$\left[\frac{-E[u''(w) + \tilde{\in} u'''(w) + 0.5 \tilde{\in}^2 u'''(w)]}{E[u'(w) + \tilde{\in} u''(w) + 0.5 \tilde{\in}^2 u'''(w)]} - r(w) \right]$$

$$= \frac{1 + 0.5\sigma_{\in}^2 p(w) t(w)}{1 + 0.5\sigma_{\in}^2 p(w) r(w)} - 1$$

$$= \frac{0.5\sigma_{\in}^2 p(w)(t(w) - r(w))}{1 + 0.5\sigma_{\in}^2 r(w) p(w)}$$

其中 $t(w) = \frac{-u''''(w)}{u'''(w)}$ 表示脆弱性绝对倾向性值的系数。上述表述之后最终获得低且公平的底线风险值:

$$\frac{\Delta r}{r} \Big/_{\bar{y} = \tilde{\in}} \cong 0.5\sigma_{\in}^2 p(w)(t(w) - r(w)) \qquad (3-58)$$

那么在底线值倾向性较强时,在一定的风险厌恶 r 系数下,式(3-58)等于:

$$\frac{\Delta r}{r}\Big/_{\tilde{y}-\tilde{\in}} \cong (\lambda + 1)\left[\frac{\sigma_\in}{w}\right]^2 \tag{3-59}$$

三、基于实证数据的移民脆弱性引致风险评估

证实非自愿移民的脆弱性发生的概率及程度必须通过数据验证，本部分将会使用 Spss19.0 对数据进行处理，分析影响移民过程中个体脆弱性引致风险因素，并以此为突破口对要素进行风险系数评估。

（一）评估模型来源及变量设置

基于前述两小部分的论述，本书以效用函数 $U^i(c) = (c^{1-\gamma})/(1-\gamma)$ 来估计移民前后家庭承担的风险系数及个体从事一定工作行为的效用。其中 γ 为由具体移民家庭相关的风险厌恶系数决定。为了保证研究的延续性，本书设定 $\gamma = 2$（与其他研究保持一致）。

实证分析的自变量 X_t^i 表示移民家庭时间变迁性的特征：区域位置（移民前后变化）、自有土地面积（移民前后的变化）、收入（移民前后的水平不同）、工作状态（非农、农业和务工等）、家庭成员数量、年龄、性别和教育水平。因变量则为公式（3-45） V^i 的各项具体风险，使用最小二乘法去估计公式中各组成部分的值。回归模型为：

$$LnV^i = a_1 Income + a_2 WorkState + a_3 FamilyNumbers + a_4 Age$$
$$+ a_5 Gender + a_6 Edu + a_7 Disticnt + a_8 Land + \zeta$$

其中 V^i 表示个体的脆弱性风险系数，由式（3-45）四项具体风险值构成。

（二）基于调查数据回归分析

2013 年 6 月至 11 月及 2014 年 12 月，笔者进行了大规模的调研，获得一批优质移民前后生活状况的数据，主要是丹江口水库移民，选取其中涉及脆弱性分析的变量数据，结合 Spss19.0 统计软件包进行分析，结果如表 3-7 所示。

表 3-7 脆弱性风险分解值的 *Logit* 回归

	Vuln =（脆弱性）	+ *Pov*（贫困）	+ *AggRisk*（积聚风险）	+ *IdioRisk*（异质性风险）	+ *UnexpRisk*（未预期风险）
Average Value	18.7156 *** (18.919)	10.7900 *** (10.1679)	2.6430 *** (2.4547)	0.1472 *** (0.0852)	6.1354 *** (5.7690)
小学及以下	-4.3522 (2.6999)	-5.0335 ** (2.3834)	-0.4169 (0.3009)	-0.1722 (0.2659)	1.2703 (0.8333)
初级中学	-12.9181 *** (3.0069)	-12.1466 *** (2.6271)	-1.2685 *** (0.3225)	-0.6798 ** (0.2735)	1.1769 (0.9419)
高级中学	-16.4589 *** (3.4492)	-15.5674 *** (3.0623)	-1.3940 ** (0.3443)	-0.8678 *** (0.2642)	1.3703 (0.9771)
性别(男性)	-3.3631 (2.4076)	-2.0415 (2.0156)	-0.7126 ** (0.2796)	-0.1312 (0.1092)	-0.4778 (0.5758)
年龄	0.6755 * (0.3872)	0.6554 ** (0.3190)	0.1454 *** (0.0362)	0.1295 *** (0.0429)	-0.2548 (0.1576)
区域位置	8.6554 *** (2.2916)	7.3798 *** (1.8868)	0.5765 ** (0.2292)	-0.0694 (0.1061)	0.7685 (0.7627)
自有土地	-0.0237 (0.1993)	-0.0407 (0.1801)	0.0088 (0.0158)	0.0051 (0.0063)	0.0032 (0.0398)
家庭规模	20.8202 *** (1.1202)	19.0939 *** (0.9319)	1.7719 *** (0.1979)	1.2708 *** (0.3609)	-1.3164 ** (0.6218)
收入状态	-7.3809 *** (1.8089)	-5.7357 *** (1.5443)	-0.9527 *** (0.2373)	-1.1472 *** (0.3958)	0.4548 (0.7261)
工作状态	-0.0048 (0.0034)	-0.0046 (0.0029)	-0.0012 *** (0.0003)	-0.0011 ** (0.0003)	0.0021 (0.0013)
R^2	0.3996	0.3509	0.4594	0.2694	0.2710

（注：括弧里值为 P 值，** 表示在 5% 的显著性水平下，*** 表示在 10% 的显著性水平下）

数据来源：本书的调查数据库

表 3-7 中展示的是基于数据的回归分析结果，主要有五个方面：

第一，政策性移民过程中脆弱性风险主要引致贫困风险

从表 3-7 中的第二行可以清晰界定出，在脆弱性风险构成要素：贫困风险、积聚风险、异质性风险和未测风险中，贫困风险均值最高，即可以判断移民过程中移民最大的担心就是可能因此陷入贫困，很难摆

脱。究其原因笔者认为主要有两点:一是移民过程是资本被剥夺的过程,而资本的剥夺使其失去原有的生存技能或者资本积累方式,贫困的发生主要是由于收入持续性被中断,移民过程即是原有收入中断且新的收入又未体现的阶段;二是由于环境变迁程度较高,生活和工作适应成本高,而收入并没有大的增幅,继而使得贫困风险增大。

第二,未测风险重要性高于预期,比异质性和积聚风险更具风险性

从表3-7统计结果中可以明显看出,在脆弱性风险构成中"未测"风险占据第二的位置,这比预期值要高。因为预期认为未测风险是基于误差项出现的风险,而误差仅仅是由于调查的不严谨性或者数据不完整性,所以前期认为未测风险应较小。而事实上相反,笔者认为此有两个原因:一是样本数量不够达到研究要求(笔者已经尽最大努力);二是研究误差风险中包含了譬如异质性风险或者积聚风险,导致其风险均值变大。

第三,移民家庭单位的教育水平、自有土地资产与脆弱性风险系数值之间是负相关

从回归结果看,更高教育水平的移民家庭的脆弱性风险值较低,说明教育水平高获取资源优势和继续投资教育的可能性较高,而此将会成为风险规避的最好方式,约比未接受教育或者低教育家庭少16%的脆弱性风险值。笔者认为主要原因是高教育群体的预期消费支出(会经过大量资本投资)较高且异质性风险值和积聚风险也会较少。

同样拥有加多土地资产的移民群体也会在移民后经历较低的脆弱性风险,主要由于资产较多的群体在移民后具有较多的资本积累,可以进行较多的个体或者家庭消费支出,同样减少贫困、异质性和积聚风险值。

第四,移民家庭规模与脆弱性风险发生之间是正相关且相关度较高

从回归结果分析,较小规模的移民家庭的脆弱性风险较小,但从访谈可知,小规模家庭成员的收入都很高,这就很明显能解释其发生脆弱

性风险概率较小且风险值较小。收入高且家庭规模小的移民家庭一般的消费支出高,且异质性风险小和积聚风险值小,继而总的脆弱性风险值较小,反之亦成立。当然,这类移民家庭的未测风险也相对较大,究其原因主要是贫困风险转移为未测风险。

第五,家庭主要收入来源者的性别与脆弱性风险之间相关较低,年龄与风险成正相关

男性的脆弱性风险值在四个分解风险要素中表现负值,表 3-7 中未展示出女性回归结果,数据分析表现出女性家庭主的脆弱性风险主要表现为较高积聚风险值。年龄较大的移民群体的脆弱性风险较高,体现出收入要素对脆弱性风险的影响,年长者在移民后的收入能力较差且收入积聚效用较小,继而贫困风险增加,异质性、积聚和未测风险都会增大。

(三)移民生态变迁效用与脆弱性风险

生态变迁源于环境资源学概念,作为移民过程实质上也是一种个体的生态环境变迁之旅,其中包括工作和生活、教育和交际等环境的变化。个体和环境之间从陌生到熟悉适应的过程需要投入大量的资本,包括物质、人力和社会资本。一旦投资收益未收回或者处于收益初期时,生态环境发生改变,个体的心理层面受到较大打击,其生存能力会因此极具脆弱性,继而产生贫困、异质性和积聚风险。由此可见生态变迁与移民群体的脆弱性风险之间存在内在实质性影响关系,为了进一步论证两者的内在关联性程度,笔者从随机效用选择模型角度给出严格论证。

第一,政策性移民的随机效用选择模型

假定在一个宽松的移民政策环境下,移民决策效用取决于移民后生态环境带来的收入性要素。移民群体可以在迁出地从事农业或者商业工作量为 Q_1,获得效用为 EU_1;在迁入地从事农业或者商业工作量为 Q_2,获得效用为 EU_2。那么从理性角度分析,个体移民的决策取决于一个指标 $\Delta U = EU_1 - EU_2$ 的值。ΔU 亦是生态环境变化程度的衡量

指标,若生态变迁程度较大则 $\Delta U > 1$,反之则 $\Delta U < 1$。因此,移民个体以此效用函数会有三种理性决策:

一是 $\Delta U > 1$,积极参与政府的移民政策且可以说服身边的群体进行移民,是正向效用,此时这部分群体脆弱性风险系数较低;

二是 $0 < \Delta U < 1$,此时移民群体会根据群体行为来决定自己的移民决策,还会受到政策导向的影响,这部分群体脆弱性风险值处于中值,受到生态变迁影响波动较大;

三是 $\Delta U < 0$,这种情况下群体的决策是不愿意移民,且大多数身边群体都会有此想法(不愿意移民且可能对政府政策进行一定干扰),此时的移民群体脆弱性风险值较高。

至此可得两个类型的效用模型为:

$$EU_{1i} = \alpha(Y_i - P_{1i}) + \beta X_1 + \gamma X_1 Z_i + \delta EM_{1i} + u_{1i} \qquad (3-60)$$

$$EU_{2i} = \alpha(Y_i - P_{2i}) + \beta X_2 + \gamma X_2 Z_i + \delta EM_{2i} + u_{2i} \qquad (3-61)$$

从公式(3-60)和(3-61)可知,移民群体决策受到多方面的影响,例如移民前收入(Y)、移民后家庭预期消费支出(EM)、群体对移民政策完备性认同(X)和移民后区域消费价格水平(P)。根据调研的实际情况,本书对两个地区(移民前后)的消费价格水平进行了拟定:

$$P_{1i} = EM_{1i}(1 + \lambda) \qquad (3-62)$$

$$P_{2i} = \lambda Y_i \qquad (3-63)$$

根据公式(3-62)和公式(3-63)对移民前后效用函数进行修正得出政策性移民随机效用选择模型:

$$\Delta EU = \alpha(\lambda Y_i - EM_{1i}(X_i)(1 + \lambda)) + \beta \Delta X + \gamma \Delta(XZ_i) + \delta \Delta EM(Z_i) + \Delta u_i \qquad (3-64)$$

第二,移民生态变迁与随机效用选择模型

在上述的移民随机效用选择模型中可知,收入、预期消费支出、区域价格水平和政策完备性认同等要素直接影响了移民的决策行为。收入从其本质上说就是移民物质状态的变迁程度,物质资本变迁程度用迁入后的收入水平衡量。访谈中得知大多数移民都表示在移民后的收入途径和水平都会减少,继而可以看出移民对于物质生态环境变迁一般持反面意见。收入水平差距越大,物质生态环境变迁程度越高,移民群体的迁移状态就可能越消极。

随机效用模型影响要素的预期消费支出反映出了移民群体社会生态环境的变迁状态,预期消费支出越高,即移民后家庭的随机效用会因此增大,显示出家庭的脆弱性风险减少,继而群体社会生态环境变迁程度小,移民群体乐意迁移。反之,一旦预期消费支出变小,那么家庭的消费效用会降低,继而影响其社会地位和周边个体的认同度,显示出社会环境变差,最终导致脆弱性风险增大。

移民前后区域内消费价格水平要素反映的是移民群体的心理生态环境变迁,即在不同经济发展地区由于多种因素影响导致其消费偏好发生变化,或者由于消费价格水平差异性导致消费数量和层次发生变化。调研发现很多移民群体在移民后的消费的局限性较大,有些群体因此失去原有的消费领域和偏好,最终导致移民个体或者家庭的脆弱性风险增大。

第三,移民生态变迁三阶段效用与脆弱性风险

从移民过程来分析,笔者将其大致划分为三个阶段:抵抗、适应与创造。在这三个阶段中移民的生态变迁程度从大到小发生着变化,因此其脆弱性的风险也由高到低。

抵抗阶段的主要特点是移民群体根据自身效用最大化的要求来测度政策性的供给,而实际上的移民补助与其最大化效用的条件之间存在较大差距,所以起初他们会极大抵抗移民政策,甚至有的地区出现暴力事件,总体进度上拖慢了政策性移民进程,增大了建设成本和对移民自身来说亦产生较大负效用。此阶段的脆弱性风险最强,移民的风险规避行为和能力都欠缺。

适应阶段主要表现为家庭成员开始从事当地的农业生产,生活、学习和务工都已经陆续开始,只是在情绪方面仍然有较大的反差,只要有个体的反向行为都会引起群体的不满行为和一些极端行为。若当地政

府政策实施到位和干部群众工作质量高的话,这种极端行为会最大限度降低。此阶段移民群体脆弱性风险主要是异质性风险,贫困风险相对较小。

创造阶段是移民政策落实理想效用,即移民已经充分融合到当地的生产和生活中,学习、生活和工作已经可以自主选择且能够积聚大量的人力、社会和物质资本。这个阶段移民脆弱性风险系数值较低,且群体的创造性生产方式亦频繁发生,生产效率大幅度提高。

第四节　非自愿移民风险规避:模型、路径设计与规避结果

从世界各国的移民经验来看,非自愿移民产生各种风险是必然的,且都在一定程度上对国家经济、公众生活和移民个体心理造成影响。过程与结果的生态和非生态性变迁强化了移民群体在转移过程中的不公正待遇,脆弱性风险加剧了移民的负效用。因此各级社会主体要从多个角度来分析制定规范、科学和可行的风险规避机制。本书在上述风险形成和测量基础上,以塞尼的 IRR 模型为基础,从理论到实践对非自愿移民过程中产生的风险进行规避路径设计。

一、塞尼的 IRR 模型与非自愿风险性决策行为

非自愿移民风险发生必然给决策个体的行为产生较大影响,一般情况下风险引致贫困程度取决于个体决策的有效性和合理性。风险引致贫困之后个体在政策性引导下进行生态环境重构是非自愿移民群体决策行为最优结果。生态环境重构能极大提高群体抗风险能力和减少脆弱性风险发生的概率。

IRR 模型的提出与发展主要集中在两个方面:一是移民过程中社会与经济问题变化程度及影响因素;二是剖析移民后的生存能力的恢复情况和能力重建情况。模型涉及三个核心词:风险要素、贫困概率与

能力重建。其中每个核心要素都有若干子影响因子,因子与因子之间,层级因子与层级因子之间都具有相互影响性,都能从一定角度影响贫困概率和能力重构程度。因子影响程度具有异质性,有的因子起到源头性作用,有的因子是派生影响因子。从 *IRR* 模型两个方面来分析,笔者发现移民群体或者个体的风险性决策具有内在一致性。

(一)非自愿移民的负效用剖析

在塞尼的 *IRR* 模型研究基础,本书认为非自愿移民政策给移民个体或者群体带来了七大负效用,分别是:

第一,土地资源效用产出被剥夺

自古以来土地是人们生产生活的最重要资料,移民之后群体原有生产性土地资源被剥夺,群体也因此丧失大量的生产性系统效用产出,他们无法从事商业活动和创造更好的生活条件,即前面描述物质资本失灵和被剥夺。

虽然政策性移民之后群体会获得一定规模的土地,但是此土地非彼土地,土地效用产出一般较低。除非后期政策能在迁入地进行生态环境重建,或者让群体在一定水平收入基础上工作,否则物质资本失灵和被剥夺,移民家庭就会因此陷入贫困。Nayak 研究指出印度在实施移民政策之后没有给予群体一定土地基础,结果致使群体贫困状况加剧,与预期收入效用差距加大,贫困概率也升高。

第二,工作状态变迁,失业增多

无论政策性移民的地区位置如何,一旦发生移民行为,原本从事商务劳动的个体都会因此增大贫困风险。同时,移民后政府创造适宜性新工作岗位的成本很高,因此移民之后大多数人处于待业状态,获得新工作岗位的持续期较长。

政策性移民过程中引致失业主要有三大群体:移民前在乡镇企业工作的群体;没有土地或者没有机会种植且无权享受公共财产权的群体;小经营者群体。1993 年马达加斯加在政策性移民后,一些小商贩由于区域位置变更导致原有的商圈和顾客消失,继而引致贫困。另一些案例显示,政策移民之后第一产业收入较高群体会大量转入第三产业,引致收入水平降低。

当然,移民过程的失业状态是需要一段时间才能显示(群体的主动工作搜寻之后)。因为移民之后初期,政府会提供大量的项目引致劳动力需求,但是这种项目具有短暂性,表面的"就业繁荣"期过后就会显现出较大规模的失业群体,亦可能演变成后期长期失业的群体。

第三,居住房屋的失去引致群体心理层面风险

从政策连续性角度分析,移民群体一定程度上失去了原有的家园。虽然他们后期会重新构建新的家园,失去家园是暂时性的,但有些群体则将家园观念看得非常重要,他们认为失去家园就是失去一种群体文化,继而产生一种疏离隔绝的主观负效用。

非洲喀麦隆的政策性移民项目中,仅有 5% 的群体获得政府提供的贷款去购置宅基地,大多数人并没有享受到此政策,失去房屋引致的贫困风险和心理风险增大。在国外的政策性移民过程中,由于人力和物力的缺乏,移民很难在短时间内构建新的移民居住地,所以很多移民群体被安置在条件很差的难民营。政策性移民引致的居住房屋丧失极大程度地恶化了移民对于政策的主观判断,若移民后居住环境未达到预期则会使得移民的反面情绪增加,群体性反向行为会有扩大的趋势。

第四,社会地位的边缘化与阶层落差变大

人是社会人,除了经济条件的影响,人的幸福感主要来源于被社会所接纳和尊重。政策性移民则会使得移民群体产生一种负效用:边缘化和阶层落差化。这两种状态都是由于移民家庭失去原有收入渠道,收入水平和能力急剧下降,导致其向低水平的社会阶层转移。

移民前中等收入群体会因为失去原有土地、人脉和资源而变成低收入群体。低收入群体因为资本失灵和被剥夺会成为贫困群体。这种巨大落差会使得各类群体感受到自身的社会地位明显下降,社会的认可程度较低,心理层面打击较大。而且由于人力资本失灵和被剥夺使得群体的生产性技能失效,收入水平急剧下降致使阶层变化明显。

边缘化和阶层落差化主要表现为社会地位下降、工作自信心下降、不公平感上升、歧视事件增多和脆弱性风险增加。移民群体的边缘化具有多重性,除了资本失灵引发经济地位下降的边缘化。文化的不融合引致的变化可能更为严重,文化的不认同使得群体在迁入地受到当地居民的歧视,"陌生"感加剧,与当地居民相比,移民的机会和权力享受较为有限,这被称为"心理边缘化"。绝大多数国家的政策性移民都忽视了群体"心理边缘化",而此边缘化效用会对移民群体后期移民生活产生更多的负面影响。

第五,健康水平下降,生存性危机增大

政策性移民很多情况下都会增加迁移群体的健康风险发生,经济社会发展又给移民群体的心理造成严重创伤,随着迁移过程的发生,各种疾病就可能顺势发生,大大影响了群体健康水平。国外大量移民事实显示,移民群体在迁入新地区后,对于疾病的抵抗能力比移民前下降了很多。尤其是政策性大型基础设施的移民,更是对项目区没有搬迁的群体的健康带来较强的负效用。

在塞尼的 *IRR* 模型中,健康水平下降与原住地房屋丧失之间相互效用被证实且效用程度较高。而且健康水平下降引致脆弱性风险增加,例如老年群体在移民过程中容易发病并致死,且数据表明这种负效用被强化了。

第六,社会公共服务权利受限且公共品享受程度降低

对于移民前就处于贫困状态的群体而言,移民后仍然没有适当的土地和资产的群体在公共财产使用方面都受到限制,这种权利限制的直接影响就是群体生活质量下降和收入能力水平降低。尤其个别地方政府在移民后并没有对移民进行一定程度的公共财产损失补偿,这加剧了此类群体脆弱性风险的发生。

Kibrea 研究指出政府的公共财产资源、移民群体贫困程度与贫困风险发生概率之间存在内部联系。公共财产权限损失对移民群体是一种长期的负效用,且产生脆弱性风险增大,移民群体政治层面生活变

窄,继而对其获得的权利产出有较小的正效用影响。

第七,强制性社会关系解体带来负效用,引致社会局部不稳定状态

政策性移民在一定程度上说就是强制性移民,这种强制性方式会打破原有的社会结构体系,导致移民群体原有的社会关系破裂,人际关系恶化和社会阶层变化等负效用。即前面所界定的群体"社会资本"被剥夺了,移民群体易产生脆弱性风险,大大影响了其生产产出。

移民过程对社会关系的破坏很难在移民后得到修补或者重建,尤其在现今的分散性移民方式居多的情况下重建社会关系圈具有困难性,此方式效用损失比集中安置更大。Behura 和 Nayak 对印度的政策移民进行研究,发现社会关系在移民过程中可以表现为很多种形式,例如社会关系松散、变淡和混乱状态,以及家庭的凝聚力减弱等。

移民学者指出政策性移民成本已经很难用金钱来衡量了,人际关系变迁和环境的不确定性是更大的成本支出和效用损失。贫困风险在资本缺乏上表现程度小于在人际关系、社会地位、公共财产和服务、社会关系、社会认同、政治地位和社会阶层的变迁的负效用。

(二)群体非自愿风险性决策模型

在对上述负效用剖析之后,本书将会分析政策性移民如何进行非自愿风险性决策,这种决策行为要与移民后的收入或者工作成果挂钩。非自愿风险性决策正是在负效用影响之下进行的,即是对负效用的一种形式补偿。

移民在非自愿情况下如何规避风险受到其效用决定要素的影响,因此本书假定移民群体风险规避视角的移民后收入函数为:

$$\pi = f(x) \in + h(x) \in^2 \tag{3-65}$$

其中 π 表示移民群体移民后的工作性收入水平,x 表示移民后风险性决策影响要素,$\in$ 表示影响移民群体风险性决策的随机变量;$f(x)$ 和 $h(x)$ 都是要素变量的非随机性函数。那么移民的风险性工作决策行为预期收益为:

$$E(\pi) = f(x) E(\in) + h(x) E(\in^2) \tag{3-66}$$

其中 E 表示决策行为的预期效用函数,为了清晰界定 $E(\in^2)$ 和 $\in$ 方差变量 $V(\in)$ 之间的关系,式(3-66)可以表示为:

$$E(\pi) = f(x) E(\in) + h(x) E(\in^2) + h(x) V(\in) \qquad (3-67)$$

因此移民群体的风险性决策效用最大化时的一阶条件为:

$$\frac{\partial E(\pi)}{\partial x} = f'(x) E(\in) + h'(x) [E(\in)]^2 + h'(x) V(\in) \qquad (3-68)$$

其中 $f'(\cdot)$ 和 $h'(\cdot)$ 表示函数的一阶导数。式(3-68)表示,若 $h'(x)$ 不等于 0,风险性决策的随机变量的协方差对 x 最优值有重要影响。此效用在现实中往往表现为负效用,对移民个体或者群体而言都表现在抵抗阶段,决策后的脆弱性风险发生概率变大。

(三)群体风险性态度与非自愿风险性决策

从理性决策视角出发,个体对于风险性具有三种态度:厌恶、中性与偏好。在移民过程的不同阶段个体或者群体表现出的风险性态度是不同的,移民前期风险具有厌恶特征,移民过程中处于中性状态,而移民后不排除部分群体具有风险偏好特征。不同阶段不同类型的风险态度与非自愿风险性决策之间具有内在一致性,具体表现为:

第一,群体性风险厌恶与风险性决策

假定群体风险厌恶态度函数为 $R(x)_h$,风险态度决策后的效用函数为 $U[R(x)_h]$,风险性决策收益为 π,s 表示个体在群体中顺序,c_s 表示个体决策成本,$\bar{c}_s$ 表示群体决策平均成本。则群体性风险厌恶态度函数为:

$$U[R(x)_h] = \max \sum_{s=1}^{S} \pi_s u(c_s) \ \text{且} \ \sum_{s=1}^{S} q_s c_s = \sum_{s=1}^{S} q_s \bar{c}_s \qquad (3-69)$$

那么此风险厌恶性态度效用函数最大化条件为:

$$\pi_s u'(c_s) = \lambda q_s \ (s = 1, \cdots, S) \qquad (3-70)$$

从上式可以分析出风险厌恶性群体对于非自愿性风险决策主要采取的态度是抵抗,反对程度主要受到决策成本、个体在群体中的地位、决策后的收益影响。对于决策成本高的个体,厌恶者表现出更大程度的政策性抵抗行为。同样,即使移民后的收入增大,风险厌恶群体也不会轻易地听从政策疏导。因此风险厌恶型的移民群体的非自愿性决策行为主要有三种:绝对性抵抗行为、适中性摇摆行为和缓和性支持行为。

第二,群体性风险中性与风险性决策

风险中性群体在政策性移民群体中占据中等比例,这部分人的特点就是对于目前现状不太满意,期望移民后获得高质量的生活,因此对于迁移他们一般持摇摆态度,会根据群体中其他移民的态度作出决定。

为此,本书借鉴 Auman 和 Kurz(2007 年)的风险态度效用损失模型对此问题进行分析:

假定群体风险中性态度函数为 $R(x)_c$,风险态度决策后的效用函数为 $U[R(x)_c]$,x 表示个体进行风险性决策后的收益,此群体最终决策行为主要取决于其预期后期的工资水平 w,且效用函数具有平滑性,$U[R(x)_c,w]' > 0$ 和 $U[R(x)_c,w]'' < 0$,$u(0) = 0$,p 为决策后发生风险性事件的概率,则:

$$U[R(x)_c,w] = (1-p)u(w+x) + pu(0) = (1-p)u(w+x) \quad 且$$
$$u(0) = 0 \tag{3-71}$$

则风险中性群体风险性事件发生的概率及预期工资与收益之间比:

$$\frac{p}{x} = \frac{(u(w+x) - u(x))/x}{u(w+x)} \tag{3-72}$$

可见风险中性移民群体的决策行为主要依靠预期来决定,他们会预期风险事件发生的概率、预期工资率和收益情况。从调研情况来看,风险中性群体的风险性决策行为主要分四种:适中性支持行为、适中性抵抗行为、缓和性支持行为和缓和性抵抗行为。这一群体的群体意识强但并不随意变动,因为其根据自身的效用来进行相关决策。

第三,群体性风险偏好与风险性决策

环境的不确定性可以产生高收益,即所谓的高风险引致高收益。

在政策性移民群体中有这样一部分群体:他们(她们)积极支持移民政策、主动带动身边人群参与移民、移民后积极参与当地建设等。从经济学角度分析,此部分群体属于风险偏好群体,对于不确定性政策都有较浓厚的兴趣,预期移民后的现状好于目前,愿意积极参与政策性移民过程。

群体风险偏好态度函数为 $R(x)_p$,风险态度决策后的效用函数为 $U[R(x)_p]$,预期移民后的资本投入为 C_p,预期工资为 w_p 下的风险决策收益为 y_p, $u(z)$ 表示风险规避后的效用函数,则:

$$u_p(y) - u_p(w) = \int_w^y u'_p(z) \, \mathrm{d}z \tag{3-73}$$

由于 $\int_w^y 1\mathrm{d}z = y - w$,因此 $v(y) - v(w) = y - w > 0$,则可得风险偏好对于风险性决策的效用最优化决策为:

$$\frac{u''_n}{u'_n} = \frac{u'_n}{u_n} - \frac{u'_{n+1}}{u_{n+1}} \text{ 且 } n \geqslant 0 \tag{3-74}$$

因此可见,风险偏好态度下群体的风险性决策行为主要受到群体预期后期的风险性资本投入、预期的工资等要素的影响。从调研情况来看,风险偏好性群体对于移民政策对策行为为:积极支持型行为、分享型支持行为、鼓励型支持行为等。

二、基于 *IRE* 模型的非自愿移民风险规避理论框架设计

在塞尼 *IRR* 基础上,本书结合中国移民实践进行了部分修改,增加了风险规避环节,而此环节正是政策性移民的关键环节,即在生态变迁之后如何获得生存能力和保障生活质量的关键要素,即 *IRE* 模型(Impoverishment Risks and Evading Model)。*IRE* 模型由三个核心基本概念风险(Risks)、贫困(Impoverishment)、规避(Evading)组成。*IRE* 模型强调对风险的识别与预防,在分析其影响要素基础上对个体或者群体的风险规避能力进行重构与再造。本部分理论框架设计主要分为四大

块：IRE 理论缘起模型、IRE 模型的结构框架、IRE 环节型支撑要素和 IRE 模型效用预期。

上述四大模块内容之间具有内质一致性，理论缘起模型是结构框架的基础，在结构构建时需要参见塞尼的 IRR 来源理论机理。其中关键环节是 IRE 模型环节型支撑要素设计，笔者将根据现实调研的结果对 IRE 模型与实际相结合的关键性要素进行整合，整合产出即为各种可得要素的效用分析。最后的内容为 IRE 模型效用预期即在一定假设条件下对 IRE 模型的应用及推广进行一定层次或者程度的效用预期及评估。

（一）IRE 模型理论缘起及展示

政策性移民在发生变迁过程中都会一定程度显示出个体或者群体的脆弱性，同时个体或者群体还可能产生信息不对称风险，即移民道德风险和逆向选择。为了避免脆弱性风险和信息不对称风险的发生，从源头方面构建 IRE 模型可以避免由于主题不确定引起的信息不对称问题和由于个体的资本失灵引起的脆弱性风险问题。

风险规避理论缘起主要由 Arrow-Pratt 的测量方法研究开始，他的研究着眼于个体在风险厌恶态度下如何采取机制性措施规避风险。假定风险厌恶个体或者群体的规避决策成本效用函数为：

$$r(c) = -u''(c)/u'(c) \tag{3-75}$$

那么据此风险规避决策的成本效用函数是增长或减少主要取决于效用函数二阶导数的正负性，即其具备凹性还是凸性，具体表示为：

$$\frac{\mathrm{d}\log u'(c)}{\mathrm{d}c} = \frac{u''(c)}{u'(c)} = -r(c) \tag{3-76}$$

假定效用函数一阶导数大于零，则对上式两边进行求导得：

$$\frac{\mathrm{d}^2\log u'(c)}{\mathrm{d}c^2} = -r'(c) > 0 \tag{3-77}$$

从上式可以清晰看出，个体或者群体在采取相关的风险规避政策后，其决策效用是大于 0 即成本与收益之间配比是合适的。从经济学角度分析,个体的决策行为持续性主要取决于两个要素:收益现状和收益预期。而移民过程的风险规避行为持续主要取决于移民后的预期收益,那么如何去衡量此预期收益需要进一步论证。

由于上述界定成本效用函数的凹函数,则对于二阶导数来说必须满足下列两个条件,亦为移民个体或者群体在政策下进行风险规避行为或者行为程度大小的决定性要素,分别为:

$$\log u'(c_{s+1}) \geq \log u'(c_s) + \frac{\mathrm{d}\log\log u'(c_s)}{\mathrm{d}c}[c_{s+1} - c_s] \qquad (3-78)$$

$$\log u'(c_{s-1}) \geq \log u'(c_s) + \frac{\mathrm{d}\log\log u'(c_s)}{\mathrm{d}c}[c_{s-1} - c_s] \qquad (3-79)$$

如果定义移民个体在移民后的消费产品的价格与规避成本效用函数之间关系,即 $p_s = u'(c_s)$ 且 $r(c_s) = -\mathrm{d}\log u'(c_s)/\mathrm{d}c$。则上述公式的影响要素判定为:

$$\frac{\log p_s - \log p_{s+1}}{c_{s+1} - c_s} \leq r(c_s) \leq \frac{\log p_{s-1} - \log p_s}{c_{s-1} - c_s} \qquad (3-80)$$

(二)*IRE* 模型结构框架

与塞尼的 *IRR* 模型一致的是本书设计的风险规避模型亦包括三个组成部分:风险内在机制、贫困形成和规避策略。三个要素环节相互嵌套且相互产生引致效用,风险内在机制即政策移民产生的譬如资本失灵等内在引致风险要素,贫困形成主要剖析基于风险厌恶态度下规避策略产生原因机理,规避策略主要侧重于政府层面的制度、政策和项目推广应用。具体见图 3-2。

从图 3-2 可辨识出本书构建风险贫困规避模型是"闭环",即在一定的条件和环境支撑下可以形成强有力的"闭环效应"。"闭环效应"主要表现为三个方面:一是移民政策正向效用持续性,即移民政策在推行过程中的阻力较小;二是移民群体生存能力可雇性,即在不同项目中得到培养之后的雇佣前景非常好;三是移民环境引致的风险脆弱性减弱,脆弱性弱表明移民在后期的生活质量提高和消费水平提升。下面

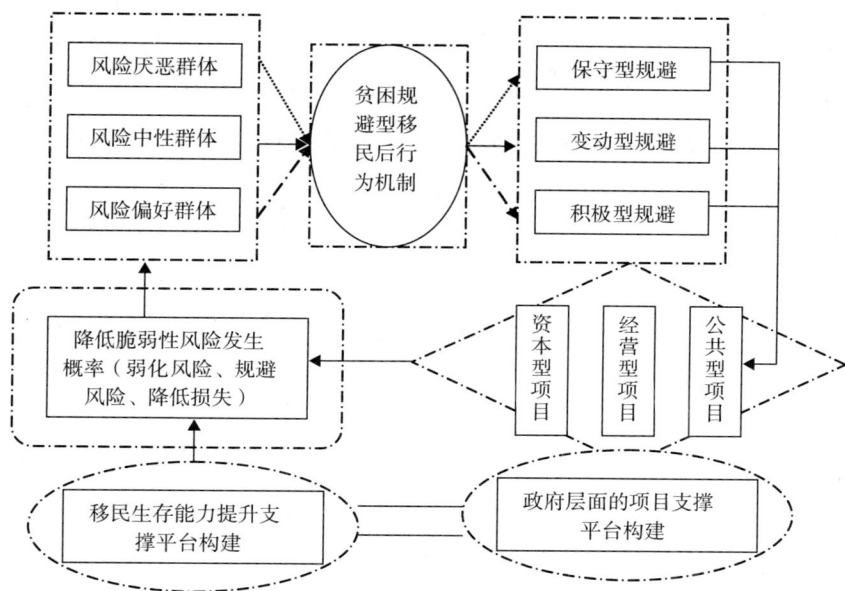

图 3-2 *IRE* 模型结构框架示意

对图 3-2 进行具体描述：

第一，移民个体或者群体的风险态度与政府层面的项目搭建

在前面的论述中，笔者已经分析了移民个体或者群体的偏好态度与风险脆弱性之间的关系，这里主要是分析个体或者群体的具体风险态度与行为及行为效用之间的关联性，继而分析风险态度类型与风险规避态度及决策之间的关联性。个体或者群体的规避风险态度与其自身对于风险效用之间主要表现为三种：

风险厌恶型个体或者群体对于自身收益和成本的差距具有很强的敏感性，即使微小的变动就可能影响移民的决策行为。尤其是各级政府倡导下的政策性移民，政府往往为了规避对抗带来的风险而采取积极主动配合的态度，这种反应的结果就是政策性移民进程顺利。对于移民自身来说，效用最大化的条件是收益要满足其最基本生活需求和生存条件(工作岗位提供等)。从政府公共项目平台搭建和自身生存能力平台搭建方面剖析,这类群体一般会选择公共型项目来提高生活质量和生存能力。本书认为政府的公共类项目包括三大类:大型工程类建设项目、大型农地开发类项目和政策性融入型农产品实验项目。

风险中性的移民个体或者群体主要对稳定性经营项目感兴趣,政府一般会以迁入地为平台构建小规模的经营性或者渠道性市场,采取工商与农业相结合的方式使得移民群体积极参与到当地的经济建设中去,同时对其收入现状有较大程度的改善,继而消除风险中性群体的"风险要素"。一般来说政府层面的经营性项目主要有:小商铺推荐与扩展经营项目、商品生产和组装与集散项目和延续性商品经营项目等。

而对于喜欢冒险的风险偏好群体来说,投资型项目能引起其强烈关注与参与,即使在移民过程中有些风险的发生。根据自身效用最大化的条件来分析何种行为是理性或者非理性,需要个体或者群体积极了解各项工作环节的正确性和可行性。政府层面的投资项目主要分为:农村信用社经营性贷款项目、政府专项基金支持的农业开发型投资项目和经济性农业产业化项目。

第二,基于风险态度影响的移民后续行为分析

理性"经济人"的行为特征主要依据其预期的收益。对于移民群体而言,风险态度直接决定其对未来的预期收益的评估,因此基于风险态度的移民行为分析是进行风险规避制度设计的核心环节。

风险态度的三种形式分别对应着保守型、变动型和积极型三种行为特质。风险厌恶群体很大程度上会选择保守型行为策略,即在一定政府政策引导下进行移民,且善于利用当地生产生活条件,与当地居民之间建立一种互助合作的机制,极大限度地减少风险发生的概率。保守型行为主要包括:防范型生产方式、合作型社会关系处理方式和融合式家庭生活理念。

而对于风险中性个体或者群体而言,是否参与或者积极参与到政策移民过程中是具有效用等同性的,选择的唯一标准是参考群体内部大多数人的决策。从理性角度来说,这类群体的共同特点就是决策随

着不确定性的收益波动而处于摇摆状态。他们的决策行为主要分为三种：集体性生产行为、个体式"投资"行为和灵活性就业方式。

与上述两种风险态度不同的是，风险偏好型移民群体注重高风险高收益，那么在实际的移民过程中有些群体对移民有强烈抵抗心理的，其行为主要表现为要么抵抗到底，要么另寻他地生存。因为极端行为有一定概率能产生高收益，当然也可能发生相应的风险，由于天生喜欢冒险，风险偏好型移民群体喜欢以这种方式来实现其在移民过程中效用最大化。

本书分析的只是基于调研样本，其他大型政策性移民是否具有一致性，笔者在后续跟踪对比研究中会积极关注。总之，移民个体或者群体的风险偏好一直贯穿于整个移民阶段，行为变动与风险偏好之间存在内部一致性是不可否认的。

第三，生存能力、脆弱性风险与风险偏好变动

移民过程是生态环境的变迁即移民个体和群体在生活、学习和成长等方面发生着改变，这种改变往往偏向于生存能力的弱化或增强。从可持续生计角度出发，移民个体或者群体未来可持续生活质量主要取决于前期的生存能力强化。本部分将着重点放置在生存能力与脆弱性风险发生关联性分析方面，并且给出假定某种条件下生存能力变化引致的群体性风险态度的变化，继而影响其行为决策，最终带来项目参与的变化。整个过程是动态发展的且可以转换成良性循环圈。

由于移民后的初期个体或者群体都不同程度参与了政府层面的公共项目、经营型和投资型项目，其收入能力和水平都有了较大程度的改变和提升。本书将移民个体或者群体的生存能力界定为在一定区域经济水平下，依靠物质、人力和社会三大类资本来获取生活收入的能力。以此为界定层面，则将生存能力分为物质资本型生存能力、人力资本型生存能力和社会资本型生存能力。此三种类型的生存能力都会以一定的状态存在于个体或者群体的收入渠道之中，但由于特征、态度和环境的差异导致个体三种类型的生存能力组合不同，即表现为有些群体以

物质资本为生存基本,有些群体积极投入到各项人力资本增值的培训中以此来提高其生存能力,还有些群体则善于人际沟通,其社会关系网络较宽广,容易获得广泛的社会资本支持而提高其自身的生存能力。

不同类型生存能力的移民个体或者群体的风险态度不同,继而影响其在一定风险下的脆弱性程度,因此生存能力类型与脆弱性风险发生概率之间存在一定程度的匹配。这种匹配性内部机理是移民的脆弱性风险发生主要缘起于能力欠缺或者能力与生态环境变迁不保持一致性所致。这种不匹配或者匹配性不高会直接影响到不同类型生存能力在规避风险时的效果或者收益,不同类型的能力收益程度会降低。从政府或者社会援助型项目建设角度分析,公共、经营或者投资型项目的实施对象需要经过严格科学的论证,因为参与对象在一定条件下会发生某种程度的偏差和动态变化。

同样,脆弱性风险发生概率的变动直接影响到个体或者群体最初的风险收益的态度和效用函数的最大化,起初的三种风险态度之间可能存在一定转换条件。厌恶与偏好之间的转变,中性与偏好之间的转变,以及厌恶与中性之间的相互变化等都可能直接影响到移民行为决策的变化。这种变化加上参与政府层面项目的变化,最终形成一个闭环,即有效的"闭环效应"。

(三) IRE 环节型支撑要素

本书构建的 IRE 模型主要由三大部分内容构成:贫困、风险与规避。三大部分的实现还需要依靠相关环节的支撑型要素,譬如政策规范性与落实程度等。环节型支撑要素包括个体、社会和政府三个层面,三者之间是相互嵌套的关系,且效用大小之间存在一定差异性,政府层面效用大于个体效用,个体效用大于社会层面的效用。从要素构建理论层面出发,环节支撑型要素、效用产出与风险规避之间存在内在一致性,相互嵌套的关系。如图 3-3 所示。

第一,支持型要素与效用产出关联性

图 3-3 展示了各相关要素的嵌套关系,环节支持型要素为动力机

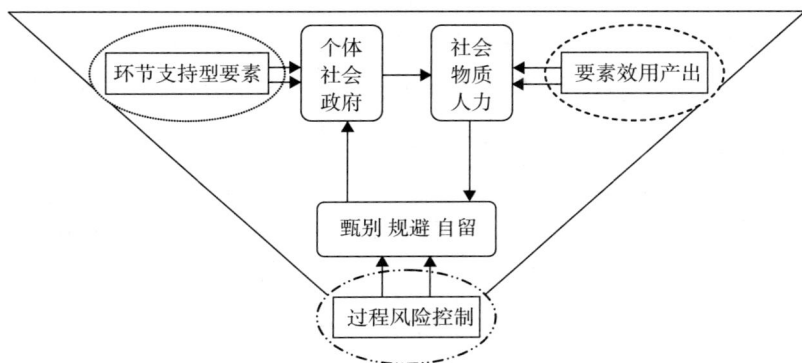

图 3-3　要素嵌套模型图

制,即从三个层面来剖析移民个体或者群体通过什么方式增强其抗打压能力和风险规避策略要求等。个体的生存能力提升、社会的多样化就业渠道的创建和政府的优惠式帮扶政策的支持都可增强群体的风险规避能力。在这一过程中,个体或者群体都会以不同的方式和要素进行相应的投资,包括物质资本、人力资本和社会资本。资本投资的效用产出高低会与前三个层面的执行程度相关,资本投资与项目参与程度之间保持较高的关联度。个体生存能力提高主要来源于人力资本投资程度,程度高则其规避风险的能力提高,移民后的生活状况和质量就会得到显著提高。若以风险态度甄别,则这类群体都处于风险厌恶状态或者由其他状态转为风险厌恶状态。社会层面,创建多样化就业渠道能够极大发挥个体或者群体的社会关系投资的效用,还可以通过相互之间合作、帮带和教授来提升群体的抗风险能力,降低风险脆弱性,继而提高其对移民地的满意度。政府层面,政府主要负责迁入地基础设施和农地的开发工作,为移民个体或者群体投入大量的物质资本,减少其在移民地的生存成本,实现移民前后差距缩短的目标,最大化移民的决策效用。

第二,效用产出与风险控制关联性

移民个体或群体最终效用归结点应是收入水平和生活质量的提

升,但政策性移民本身即是一项投资活动,那么移民对于投资负效用产出应有规避意识。投资与风险控制在三个层面之间存在内在一致性。

首先,人力资本投资的产出效用直接或者间接提升个体或者群体效用。主要表现为个体或者群体可以甄别风险发生条件和概率,提前预判和进行风险规避,减少风险引致损失。社会资本是移民生活质量的重要组成部分,在一定程度上显示出移民个体或者群体对移民政策制定与实施过程的满意度。

其次,社会资本投资或者增加的效用在前面的内容已经阐述,主要表现为移民个体发生风险时可以及时获得多方面的帮助,使风险致贫的概率降低。由于社会资本量大小与移民个体移民前的投资有较大关联性,继而移民后因社会资本关系圈的变窄或者变弱引致的效用减少对移民造成的损失相对较小,移民个体或者群体的风险规避意识会有所下降,他们不会因为社会资本损失而反对或者抵抗移民政策实施。

再次,物质资本投资是移民后生活质量维护和提升的最基本投资形式,此项投资回报率亦是个体或者集体关注的。访谈得知,移民在移民后的农业生产中投入大量的资本(购买机械或者收割的器材),他们会极大关注收成和产品的价格,若其中一项有风险性变动,他们会迅速向主管部门或当地政府反映,争取好的方法解决。因此,在投资之前移民一般会进行集体性商议农业生产种类和确定一些预防性的风险应对措施(集体购买或者租赁生产设备等)以减少风险发生时的损失,或者进行一些转移风险的活动(购买同时种植不同类型的经济型作物等)。

第三,风险规避过程的三要素效用分析

风险规避是每个移民个体或者群体必须考虑的事宜之一,风险规避从理论层面分析主要有三个环节:甄别、规避与自留。三个阶段对于移民政策和过程中可能出现的风险都有各自的效用。在风险未发生的阶段,个体或者群体可以通过各种资本投资来甄别风险的类型和发生的概率。此阶段的效用主要是甄别效用,提出风险性大的要素,例如偏远和落后移民地区的选择、生活环境差的地区等。移民个体或者群体在决定移民之后会选择对自己有利的地区或者环境,效用体现在移民后的生存能力和生活质量的提高。但这一阶段之后移民仍然会发生风险,那么移民的风险规避行为会进入第二个阶段,即采取积极的风险规避行为,例如寻求新的工作岗位、参与当地的经济建设、融入当地的生存环境和开展创业活动等。当第二阶段的风险规避行为发生之后,移民个体或者群体风险损失会较大程度地降低,但仍然会有一定风险,例如创业失败或者寻求不到新的适合的岗位。因此,移民个体或者群体都会在一定程度上保留一部分风险,在后续生活中利用其他渠道转移保留的风险或者消化风险引致的损失。

(四)IRE 模型的效用预期

模型在实际运行时需要政策制定者进行一定程度的效用预期,即假定每项风险规避要素的预期效用函数为 $EU(x_i)$,但对于每个要素产生的效用发生的概率是 p_i,那么对于移民个体或者群体而言,总的风险规避效用预期为:

$$U = E(x_1) p_1 + E(x_2) p_2 + \cdots + E(x_n) p_n \tag{3-81}$$

从上述公式可以分析出移民个体或者群体的效用最大出现在移民影响要素总的期望效用的最大化,或者最大要素引致效用发生的概率最大的情况。对于个体而言,一般会选择其最有把握的事项进行操作,或寻求最熟练的工作,或开展熟悉的商业活动,或从事熟练的农业生产等,移民以此来保证移民后的预期效用最大化。在此过程中还要注重政策执行力度与环境的匹配性,以及个体素质与能力的匹配性,这些因素也直接影响到预期效用最大化实现的条件与过程。

第一, IRE 模型的预期与移民行为决策

上述个体的预期效用函数的假定都是基于个体的"理性假设",此假设就说明个体都会选择预期效用高的决策行为。在政策性移民过程中个体会对移民后的效用进行评估,将评估值与预期值进行比较,择其优者而选之。从预期效用的类型上分析,移民行为决策主要分为三类:预期效用高的积极支持与配合政策性移民搬迁;预期效用中性的会服

从于群体的行为;预期效用低的群体一般会选择逃避或者抵抗政策性移民搬迁。实际移民群体中,第一种与第三种情况约占80%。作为理性的个体行为决策重要依据,预期效用也会因为个体特征的不同而发生变化,变化的特征主要有:超预期、预期不足或者预期平衡。三种情况的预期都会造成移民行为决策的波动,即三种预期效用趋势之间可能存在相互转化和程度变化。

第二,独立事件发生概率与预期效用

根据公式(3-81)可知移民个体的预期效用大小还取决于各种要素预期发生概率大小,因此各项要素的独立事件发生概率与预期效用之间存在较大关联性。概率的大小取决于三种要素:个体能力素质、外部性与不确定性。对于移民而言能力素质相对较弱,对独立事件发生概率影响较小。外部性主要是指其他移民行为的影响,这种效用主要缘起个体的风险中性或者厌恶的态度。不确定性即移民后政策持续性的不确定性,程度与发生概率之间存在正向变动关系。

理想层面分析,移民若预期效用增加必须减少外部性和增加确定性,而这两者变动难度较大,因为外部性大多是群体行为,很难会因个体因素而变动。但若个体在群体中地位较高,那么外部性状况可能发生变化。对于不确定性的改进主要是基于对政策了解和当地政府的执行力。

第三,移民后的预期效用估计(预估)

假定移民的预期效用函数如公式(3-81)所示,以此因变量为(EU),自变量有移民个体特征层面、风险态度层面和社会政策层面。具体自变量有:年龄(Age)、性别($Gender$)、受教育水平(Edu)、风险态度($Risk$)("0"表示风险厌恶、"1"表示风险中性、"2"表示风险偏好)、政策稳定性($Policy$)("1"表示稳定、"2"表示不稳定)和政府执行力(Do)("1"表示执行力度强、"2"表示执行力度较弱)。由于自变量的特征,本书构建 $Logit$ 模型,具体如下:

$$LogEU = \alpha_1 Age + \alpha_2 Gender + \alpha_3 Edu + \alpha_4 Risk + \alpha_5 Policy + \alpha_6 Do + \delta$$

$$(3-82)$$

本阶段分析的数据来源于丹江口水库的移民群体的调研,选取其中适宜本部分的 600 份样本,分析结果见表 3-8。

表 3-8　预期效用的 *Logit* 回归

年龄群体	18 岁以下	19—24 岁	25—34 岁	35 岁以上	*EU*
小学及以下	−5. 3522 (1. 7890)	6. 0542 ** (3. 2483)	7. 3901 (0. 7339)	7. 1322 (0. 5419)	7. 4509 (2. 7074)
初级中学	7. 7609 *** (4. 2264)	8. 1571 *** (2. 7561)	8. 1980 *** (3. 4113)	9. 5679 ** (2. 7691)	9. 2081 (2. 3061)
高级中学	10. 3768 *** (3. 9971)	11. 3217 *** (2. 9803)	10. 4392 ** (2. 5442)	12. 6782 *** (3. 2145)	10. 5073 (3. 1083)
性别(男性)	6. 2458 (3. 7605)	6. 2536 (2. 2904)	5. 8702 ** (2. 8075)	6. 3654 (3. 0691)	5. 3480 (3. 4051)
风险偏好	8. 5097 *** (2. 3091)	8. 8075 *** (2. 4031)	7. 5083 ** (2. 3039)	7. 6903 (2. 2981)	7. 9871 (2. 6277)
风险厌恶	5. 3082 (1. 2097)	4. 9870 (0. 9098)	5. 2128 (1. 2391)	5. 0823 (1. 2140)	4. 8905 (1. 0285)
风险中性	10. 5908 *** (2. 2035)	9. 0847 *** (2. 0063)	10. 7074 *** (1. 7180)	10. 8702 *** (1. 0968)	10.. 4015 ** (1. 8751)
政策稳定("1")	13. 5098 *** (2. 5087)	12. 6503 *** (1. 9804)	13. 8702 *** (1. 9907)	13. 5092 *** (2. 6073)	13. 1028 (1. 8704)
政策不稳定 ("2")	−3. 7603 (0. 0264)	−2. 4082 (0. 1205)	−2. 6703 *** (0. 1043)	−2. 8904 ** (0. 0874)	−2. 0204 (0. 0046)
Constant	7. 9084	8. 9805	8. 7640	9. 0542	—
R^2	8. 9063	9. 7082	8. 0793	9. 4872	

(注: ** 表示在 5% 的显著性水平下,*** 表示在 10% 的显著性水平下)

据上述回归结果分析,关于移民个体或群体的预期效用主要有三点结论:

第一,移民个体的受教育水平与预期效用之间关联性较大

基于 *IRE* 模型的预期效用主要体现在教育水平高低(人力资本投资程度),回归显示受教育水平越高,移民后的预期效用就越高。主要

由于教育水平越高的群体人力资本存量或者增量就会越大,因此移民后能获得新岗位或者收入增加的概率增加,继而其对未来移民效用预期会增加。从回归分析结果还可以分析出,不同年龄段与不同受教育水平的组合对未来移民效用预期影响也是不同的,同样水平的教育投资,年龄大的群体相对于年轻群体的预期效用会提高。原因就是年龄大的群体对于现有生存、生产和生活状况都具有较高的满意度,即使发生迁移只要不降低原有的生活水平,他们的预期效用就会越高。

第二,风险态度与预期效用之间存在"折中效应"

所谓的"折中效应"是指三种选择中第二种中性选择是第一和第三种选择效用的折中,反映出此类决策效用的中性特征。对于预期效用而言,风险偏好的预期效用最大是因为其在移民后可以依据其偏好选择恰当的工作类型或者从事高产的农业种植。对于风险厌恶群体而言,由于本身政策持续性预期较小,他们对于未来的期望不会很高,因为他们担心移民后不适应当地的生存、生活与生产等,他们的未来预期效用较低。对于风险中性群体来说,集体的选择就是其决策的决定性影响要素,他们的预期效用可以看成是"风险偏好"和"风险厌恶"二者预期效用的中值,且从实际情况来分析亦可成立。

第三,不同年龄组的"预期效用"具有同质变动性

本书将移民群体年龄组进行界定,主要分为四个组别(具体见表3-8),通过数据回归分析结果可知,年长群体的预期效用总体高于年轻群体,主要原因是他们安于现状或者不希望得到改变,即属于风险厌恶群体。对于年轻群体而言,他们一般不满意移民政策且对未来不抱希望,预期会迁移成本高且效用低。从制度政策实施过程来说,由于年轻群体一般在移民前都会从事一定数量的外出工作,收入要优于从事农业生产的收入,一旦发生迁移他们目前的工作可能会因此失去,前期的各项投资都会成为沉没成本,无法收回。因此在整个移民过程中,这类群体的反抗心理最强烈,不愿意失去现有的利益来源。从这一角度分析,年龄组的划分可以为政策制定与实施者带来指导意义,可以依据

特征制定针对性的安置政策,亦可以在政策性制度实施有效范围之内加大对年轻群体的优惠力度,减少此类群体抵抗的力度和提高其满意度。

第四,政策稳定性状况对移民预期效用影响差距较大

从表3-8可以看出,政策稳定与否对于移民个体的预期效用影响差距较大,且"政策稳定性"的回归系数为正且都大于10,而"政策不稳定"的回归系数为负,对比而言政府政策对于移民群体来说影响效用大于学者们的预期。个体非常注重政府的政策可持续性,因为稳定与否或者持续性强度直接决定了移民对于未来生活、生存与生产状态的展望和预期。由公式(3-81)可知,移民对于未来何种要素发生的概率大小也一定程度上由政策稳定性来决定。较高稳定性意味着要素发生概率增加,移民个体或者群体预期效用增加幅度加大,继而其对政策支持力度增加,反过来又能继续推动政策稳定性,形成良性的"闭环效应"。

三、*IRE* 模型的风险规避结果剖析——基于能力再造视角

个体移民风险规避行为最终结果体现在生存能力的重构,那么能力重构或者再造需要哪些条件?受到哪些因素影响呢?对个体或者群体的实际效用如何测度?

本书在国内外文献梳理基础上将移民在风险规避后的产出效用(能力再造视角)分为三个层面:生存适应能力层面、社会再生产能力和可持续发展能力。当然,可能还有其他方面的能力,但笔者认为本书提出的三个层面的能力再造是移民后个体或者群体在风险规避后的最大效用的表现。

(一)生存适应能力再造的影响要素及效用测度

个体的生态环境发生较大变迁时,例如政策性移民项目,个体或者群体的生存适应能力会受到较大的影响,调查中80%人表示虽然自然环境或者生产生活环境类似,但总感觉移民后的生活中缺少了什么东西。笔者认为这种缺少的东西就是一种归属感和安全感,而这两种主

观感受正是"不适应"的主要表现。因此,本书将"生存适应能力"界定为:在新的生态环境中,个体依据此能力可以获得新的物质、人力和社会资本的存量或者拥有此类资本投资的渠道,并且以此为基础能够顺利进行社会生产、生活和学习等活动,与新环境的融合度高。

生存适应能力的影响要素与产生的效用可以合并为一个问题进行研究,因为影响要素的多少直接影响到此项能力对个体或者群体产生的效用。在此笔者将生存适应能力的效用界定为:移民后个体的收入水平及其对现状的满意程度,并以此为因变量,用 $U(Factor)$ 表示。自变量主要有三类:移民个体人口统计变量、制度层面变量和个体对制度的满意度层面。具体有:年龄(Age)、性别($Gender$)、受教育水平(Edu)、家庭成员的数量($FamilyNo$)、政策的可持续性①($Policy$)、政府执行力②($GovernDo$)、生活环境的满意度($LifeSatf$)、工作环境满意度($WorkSatf$)和教育环境满意度($EducationSatf$)③。由于因变量 $U(Factor)$ 是数值型,因为构建多元回归模型,具体如下:

$$U(Factor) = \alpha_1 Age + \alpha_2 Gender + \alpha_3 Edu + \alpha_4 FamilyNo + \alpha_5 Policy + \alpha_6 GovernDo + \alpha_7 LifeSatf + \alpha_8 WorkSatf + \alpha_9 EducationSatf + \delta$$

$$(3-83)$$

公式(3-83)提供的是移民个体的生存适应能力构建的影响要素,利用调查的数据进行分析,可以清晰了解个体具备哪些特征时,其在移民后的生存适应能力会增强或者减弱,导致其移民后生活质量的提升或者下降。由于自变量是通过问卷的各个问题体现,所以笔者首先对各项问题进行转换,例如:将 A8(如下所示)与 D1(如下表所示)进行归并为一个变量即效用变量(U)。

---

① 政策可持续性主要用"政府在移民后是否提供了实质性的帮助?"表示。

② 政府执行力用"迁入移民地区后,您与当地政府之间是否有矛盾? 矛盾主要涉及的内容?"表示。

③ 各种环境的"满意度"主要是为了显示出移民个体或者群体对移民后整体生活质量的满意度,可以作为"生存适应能力"引致的效用衡量标准。

生存适应能力引致效用（U）
A8：政策移民前，您家庭年总收入为（　　），移民后年收入（　　） 1：小于 2000 元　2：2000—4000 元　3：4000—6000 元　4：6000—8000 元　5： 8000—10000 元　6：10000—20000 元　7：20000 元以上
D1：您认为迁入后生活质量状况如何（　　） 1：比以前好很多　　　2：与以前相同 3：比以前差很多　　　4：时间较短，未有可比性

通过相关的转变，将相关问题转换为本题研究的各种自变量，抽取调查的 450 份问卷进行 Spss 输入并进行相关数据分析，结果见表 3-9。

表 3-9　"生存适应能力"影响要素及效用测度多元回归

年龄群体	18 岁以下	19—24 岁	25—34 岁	35 岁以上	U
小学及以下	3.1086 （2.0932）	5.6043 ** （1.9042）	5.6501 （2.6591）	6.4920 （2.4047）	3.6081 （2.6406）
初级中学	4.5480 *** （1.3091）	4.6531 *** （1.4772）	4.2704 *** （1.2135）	5.1572 ** （2.2186）	4.2309 （2.4021）
高级中学	6.5903 *** （2.3981）	6.3217 *** （25081）	6.9703 ** （2.4903）	7.5087 *** （3.4038）	5.9972 （3.2907）
性别（女性）	0.400 *** （0.080）	0.368 *** （0.102）	0.281 *** （0.104）	0.427 *** （0.119）	0.201 *** （0.064）
家庭成员数	0.259 *** （0.068）	0.120 ** （0.047）	0.416 ** （0.197）	0.132 （0.253）	0.120 ** （0.054）
政策可 持续性	0.272 *** （0.095）	0.165 *** （0.054）	0.180 （0.226）	0.217 * （0.123）	0.133 （0.190）
生活环境	0.105 *** （0.027）	0.365 ** （0.156）	0.120 ** （0.047）	0.061 ** （0.027）	0.120 ** （0.054）
工作环境	0.276 *** （0.106）	0.370 ** （0.207）	0.297 ** （0.198）	0.308 ** （0.284）	0.493 ** （0.296）
教育环境	0.384 *** （0.282）	0.397 ** （0.168）	0.472 ** （0.185）	0.509 ** （0.206）	0.647 ** （0.318）
Constant	10.9087	11.7830	12.3872	12.4380	11.3975
R^2	0.9873	0.8946	0.9605	0.7969	0.8972

（注：** 表示在 5% 的显著性水平下，*** 表示在 10% 的显著性水平下）

据表 3-9 的回归结果分析,可以得出下面四个结论性观点:

第一,受教育水平对移民后个体的"生存适应能力"再造的影响最大

经济学视角的能力是个体投资的结果,以此来分析此观点则是:个体或者群体生存适应能力强弱主要是由于个体在移民前的教育投资水平和生活经验所决定的,因为在不同年龄阶段的生存适应能力的表现具有异质性。在教育水平差异基础上,年龄越大的群体在生活经验和处理困难要素方面具有更高的能力,而这种能力即是移民个体或者群体移民后适应程度的最大影响要素。从回归结果来看,"小学及以下"群体的高年龄段的效用大于"初中"群体的高年龄段,这直接说明了年龄与教育水平的交互作用很明显。高年龄段群体在移民前后的生活状态改变较小,而高学历的对移民后的生活期望较高,其对于生活要求也相对较高,因此表现出对于移民后生活的不满意度或不适应性更强。

第二,"生存适应能力"在性别影响方面具有异质性,女性高于男性

表 3-9 列出的是女性个体的影响情况,之所以没有列出男性,是因为男性的影响回归系数不是很明显。那么如何解释这一现象呢? 笔者认为传统农业生存地区,女性比男性更倾向于从事农业生产(或其他种植业等),因此表现为女性在移民后更容易适应当地的环境和发展要求。此观点与前期学者们的研究有一定区别,男性在生产率方面可能比较高,但局限于外出务工或者从事非农生产,一旦发生迁移,男性的工作渠道被中断或发生改变,极大打击其继续生产或者生活的信心,最终表现为"生存适应能力"的回归系数不明显且低于女性。

第三,移民政策持续性对"生存适应能力"的影响效用处于中等水平

笔者在分析之前预期政策持续性会对个体或者群体的"生存适应能力"再造有重大影响,但回归结果与其有较大差异。具体表现为不同年龄组对移民政策可持续性影响反应有差异。年龄大的群体对于政

策可持续性预期较高,因而其在移民后适应程度较高。而年轻群体本身由于对政策不了解或者支持力度不够,移民后表现出对迁入地的适应程度较低或者不适应。若仅从政策持续性对于"生存适应能力"再造的影响层面分析,则反映出移民政策实施力度的差异性,有的地区政策持续性较强,则群体移民后受到政策帮助程度就会越高,就越适应当地的环境。但整体层面来说,回归系数相对较低,显示出政策并没有起到应有调节和控制作用,移民群体对于政策整体的持续性并非很满意。

第四,"教育环境"要素对群体的"生存适应能力"再造有重要影响,效用超过"生活"和"工作环境"要素

从回归系数大小来看,教育环境要素的影响最大,工作环境次之,生活环境最小。理论层面分析,主要因为教育环境是影响移民个体或者群体后代的人力资本投资情况,个体或者群体的生活质量往往是由其子女的生活质量决定的,最大程度上表现为"受教育年限和程度"。访谈得知,大多数移民极其关注子女的教育问题,甚至将所有资本或者精力投入到孩子的发展问题上。实践层面上分析,教育是增加未来收入能力和水平的最重要渠道,作为理性的移民个体,他们也是将自身的教育和子女的教育看成是生活质量提高的关键。教育环境越好,移民后的"生存适应能力"再造成本越低,效用越高。

(二)社会再生产能力再造的运作与传递过程

在适应生态环境变迁之后,移民个体或者群体考虑的最重要的事情就是如何恢复再生产能力、创造收入和提高生活质量。在这一层面,个体的社会再生产能力是这一阶段的重要支撑要素。调查研究过程中,大多数移民表示:未来收入水平或者满意度的提高主要取决于他们的社会再生产能力大小。社会再生产能力可以表现为外界力量和内在力量的结合,即政府提供政策性帮助、培训和自身积累的结合。

第一,政府层面力量的介入运作与传递

社会再生产对于环境和整体的重要性高于对于个体的效用,对于迁入地而言,群体生产率高低直接影响地区经济发展的未来。把政府

的各项培训与提升项目、政策、方针和方案等转变为实际操作的程序是再生产能力再造的关键。各级政府要从实际出发构建运作与传递系统——此系统的职能是把政府、社会和反贫困决策计划系统动员起来，并把扶贫资源及服务向受益群体迅速输送，有效防止漏出，直接组织贫困群体发展经济，改善民生①。

政治经济学理论告诉我们，社会化大生产机制下个体生产率一般处于平均水平，此水平不足以使得每个个体都会有较高的生产效用。因此，处于优势地位的政府要从两个方面来构建或再造移民个体和群体的社会再生产能力。第一个方面是利用传统的"扶贫机构"来帮扶那些收入能力差或者贫困的群体。第二个方面是发挥国内 NGO 组织的功效。由于移民群体一般处于基层，很多 NGO 组织可以发挥其亲民措施，在制度政策的具体应用方面作出更好的设计与规划。

第二，移民个体的"社会再生产"能力自我提升

任何事物的质变都是内因与外因的结合，而内因是关键。对政策性移民而言，个体社会再生产能力提升主要来源于个体内在素质和能力的提升。个体能力的提升主要表现为资本积累增加、学习范围扩大、资源掌握方法加强等②。笔者认为在环境和政策持续性一定的情况下，个体的"社会再生产"能力会因为个体年龄、教育经历、家庭背景和社会关系融洽度的异质性而有所不同。对此，本书并没有给出严格的实证分析，主要由于样本涉及此类数据不是非常完整。但从理论层面分析，个体受教育水平一般与"社会再生产"能力获得与增强之间保持正向变动关系，而年龄则与其成反向变动关系。

因此，个体层面的能力提升需要结合年龄、教育与社会关系三个要素。笔者建议各级政府对当地的移民群体进行针对性划分，对具有各

---

① 杨云彦、黄瑞芹等：《社会变迁、介入性贫困与能力再造》，中国社会科学出版社2008 年版，第 318—319 页。

② 杨云彦、黄瑞芹等：《社会变迁、介入性贫困与能力再造》，中国社会科学出版社2008 年版，第 319 页。

种特征的群体进行差异化的"社会再生产"能力培训机制构建。在保持原有生产率前提下,从安置措施、方法与路径等方面设计移民能力提升体系,并积极赋予其生存发展的权利。加大对后续社会保障体系与社会救助体系的构建与完善,才能保证移民能力与效用的提升。

(三)可持续发展能力再造的决定模型与效用分析

在上述两项能力培育和发展之后,移民个体或者群体的未来发展与群体性地位提升的关键就是"可持续发展能力"的再造。塞尼(1996年)认为政策性移民背景下的个体经济收入或者地位持续性增长,除了在物质层面给予合理的补偿外,关键是给其提供基础性支撑要素(如就业)等。杨云彦等(2008年)将移民可持续发展能力与移民自发展能力等同,他们研究认为移民的可持续发展能力主要由六要素构成:身体素质、受教育程度、生产能力、学习能力、外部信息处理能力和社会资源可利用能力等[①]。基于上述研究,本书将移民的可持续发展能力界定为:在一定的社会和生态环境下,移民提升未来收入状态、改善家庭的社会地位和提升整个地区发展的能力。

从含义界定层面分析,移民个体的可持续发展能力主要包含五大要素:区域稳定性、生态环境变迁状态、工作(或者农业生产)稳定性、收入渠道与水平和家庭与周围群体关系程度。以此构建可持续发展能力再造的决定模型为:

$Fu(x) = f$[区域稳定性、变迁状态、工作稳定性、收入渠道与水平、关系程度] $S.T.\ Y$(用于提高能力) = 个体收入 + 子女收入 + 政府支持型补助

$$(3-84)$$

上述等式(3-84)中可持续发展能力受到总体的收入水平影响,总体收入主要有三个层面:自身、子女与政府援助。从相关调查分析来看,移民个体或者群体可持续发展能力提升的最大影响要素是农业生

[①]　杨云彦、黄瑞芹等:《社会变迁、介入性贫困与能力再造》,中国社会科学出版社2008年版,第275页。

产要素的稳定与提高,即移民在迁入地获得较高质量的耕地,并因此获得高水平的收入(风笑天,2006年)。对于移民过程中个体或者群体的效用损失的测度研究,不少学者只侧重于生态变迁引致的效用损失。严格意义上说,可持续发展能力不足或者损失引致效用损失更加严重。这一能力的损失本质上就是在社会发展过程中,在强制性外力作用下,一部分移民原来所积累和拥有的一些发展能力被无情剥夺了①。

从能力形成的视角来分析,移民个体或群体的可持续发展能力是一种可培养和提升的自发展综合能力,是个体在移民和成长过程中不断学习和锻炼的能力积累,这种积累取决于经济、社会和政治安排与分配②。政策性移民过程中,个体对制度和政策的满意度都取决于能力提升的概率与水平,尤其是可持续发展能力的培养和提升。

---

① 杨云彦、黄瑞芹等:《社会变迁、介入性贫困与能力再造》,中国社会科学出版社2008年版,第295页。

② 杨云彦、黄瑞芹等:《社会变迁、介入性贫困与能力再造》,中国社会科学出版社2008年版,第295页。

第四章　个体特征、风险态度与
规避路径

——模型与实证研究

在上一章节理论分析基础上，我们已经清晰了解非自愿移民群体风险产生的原因、风险差异性、规避行为和政府项目举措等方面内容。但并不足以了解本课题研究对象的具体特征，为此笔者在本章节将以"风险态度""群体异质性"和"规避路径"为核心关键词来展开研究，利用一线调研数据来论证理论分析层面的适用性。主要内容集中在影响非自愿群体风险损失的要素、不同类别群体特征风险规避行为差异性、政府层面非自愿移民政策满意度影响因素与群体特征关系以及政府层面的移民制度政策绩效影响因素等内容。

第一节　模型选择、假设与变量

国际上关于大规模群体研究，尤其是关于影响因素研究都会采用"因素分析法"（BAI，J. 和 S.NG，2002）①。世界银行组织搜集的数据包

---

① 　BAI，J.："Determining the Number of Factors in Approximate Factor Models，"*Econometrical*. 2002（70）：191-221.

括 200 多个国家 40 多年的移民数据,它们使用的就是此类分析方法。而且大量经济问题的性质满足因素分析的特征,例如金融市场的"罗丝套利价格理论"(Arbitrage Pricing Theory of Ross)等。以上研究概括了一般情况下的"因素分析模型"的形式为:

$$X_{it} = \lambda'_i F_t + e_{it} \tag{4-1}$$

其中 X_{it} 表示在时点 t 观察到影响某种行为第 i 序截面数据($i = 1, \cdots, N$; $t = 1, \cdots, T$); F_t 表示一般性要素(外生性)的变量,为 $(r \times 1)$ 型向量; λ_i 表示负荷因素变量,亦为 $(r \times 1)$ 向量; e_{it} 表示 X_{it} 的异质性组成部分。等式(4-1)右边部分是"不可预先估测"的(Wansbeek 和 Meijer,2000)。而且经典因素分析模型中,当 T 增长时,假定 N 是固定的,由于本书研究样本的可推测性,假定 N 和 T 是可以同时增长的。

在行为的多维度(Large Dimensions)影响因素的研究中,国外众多学者对经典的因素分析模型进行了扩展,包括四种具体的方法。为了引出本书研究具体因素模型,笔者将对国外不同学者对"因素模型"扩展性研究进行概述,具体如下:

(I)资产价格模型(Asset Pricing Model)

此模型以 Ross(1976 年)的套利价格理论为代表,且其假设资产投资的回报是按照一定的因素结构来的,此研究中的 X_{it} 表示资产 i 在第 t 期的收益率; F_t 表示影响收益的变量组成的向量; e_{it} 表示特殊的收益部分。

(II)商业周期非积聚分析法(Disaggregate Business Cycle Analysis)

商业周期的变动是一个国家经济在全球化趋势下必然形式,或者会产生特殊性变动(Gregory 和 Head,1999)。类似,在工业生产领域,或相关政策实施领域,可以会因为范围扩展、行业内部变动和政策调整等原因导致相关因素波动(Forni 和 Reichlin,1998)。因素分析模型可以用以识别影响波动的一般性要素和异质性因素,其中 X_{it} 表示某行业 i 在时点 t 的产出(政策实施产出效用); F_t 表示在时点 t 的一般性要素的影响波动（如群体内生特征）；λ_i 表示所有行业对于一般性要素波动的反应程度。

（III）监督、预测和扩展指标（Monitoring-Forecasting-Diffusion Indices）

行业或制度实施后的状态常由一些小规模的变量影响着（如：性别、年龄和婚姻状况等）。近年来，很多学者将因素分析模型应用到经济运行状态的监督方面，通过要素的变动来分析监督相关制度实施的效用（Forni，Hallin，Lippi 和 Reichlin，2000；Reichlin，2000；Stock 和 Watson，1998）。此举合理性在于，商业周期的变动是经济运行的重要影响变量，一般性影响要素正是此类运行状态的表现。Stock 和 Watson（1998 年）研究了估计方法，利用数据对一般性影响要素进行估计，结果大大改善了经济运行状态的预期准确性。

（IV）消费者理论（Consumer Theory）

假定 X_{ih} 表示 h 家庭消费商品 i 的预算约束。市场需求系统等级是最小的整体 r，则 $X_{ih} = \lambda_{i1}G_1(e_h) + \cdots + \lambda_{ir}G_r(e_h)$，其中 e_h 表示 h 家庭总支出，$G_j(\cdot)$ 表示未知影响函数。家庭消费影响因素 r 可以用未知函数来表示为 $F_h = [G_1(e_h) \cdots G_r(e_h)]'$，需求系统的等级数与因素数量保持相等。此研究过程中一个重要的结论就是：市场需求系统是与消费理论公理是保持一致的，需求等级不超过 3 级，意味着家庭在预期效用最大化实现过程中的资源配置最多由 3 个要素来决定（Gorman，1981；Lewbel，1991）。

一、本书研究的理论模型

在上述四个具体模型应用研究过程中，笔者认为（III）模型比较适合本书研究。原因主要有三：一是本书研究大背景就是国家相关移民政策实施后的效用评价需求，制度在实施过程中是否因为相关执行层面不合格或无效率而与预期效用保持较大差距，模型的"监督"功效可以用以检测移民过程和安置政策的实施情况；二是本书以非自愿移民的风险损失事实为前提,在后续移民生活中群体的各种风险发生概率或者损失程度是否可以通过政策性举措来规避等都需要通过相关因素来预测。只有在预测基础上政府相关部门才能以恰当的项目设计来规避此类风险或减少风险的效用损失;三是制度评价框架需要各项因素指标支撑,尤其是非自愿移民群体对目前的移民政策和安置模式的满意度等方面,模型提供扩展性因素和指标提取可以起到恰当的效用。

(一)"因素分析模型"应用前提

上述四种具体模型的应用范围,都有一定的局限性。此局限性对于"因素"效用的影响较大,假定 $X_t = (X_{1t}, X_{2t}, \cdots, X_{Nt})'$ 和异质性的影响变量 $e_t = (e_{1t}, e_{2t}, \cdots, e_{Nt})'$ 都是 $N \times 1$ 阶向量,$\sum = \mathrm{cov}(X_t)$ 为 X_t 的协方差矩阵。经典因素模型分析假定 N 是固定且远远小于 T 值,异质性部分效用具有独立性,在截面时间点 i 变动期间亦是独立。e_t 的协方差矩阵为 $\Omega = E(e_t e'_t)$ 对角矩阵。F_t 被假定为显性产出且与 e_{it} 独立,且一般情况可以通过极大似然估计对 e_{it} 进行估计。并且,本书应用此经典因素分析模型是基于假设样本的协方差为:

$$\sum{}^{\wedge} = \frac{1}{T-1} \sum_{t=1}^{T} (X_t - \bar{X})(X_t - \bar{X})' \tag{4-2}$$

上式中 $\sum f(x)$ 根下标 T 具有持续性和标准对称性(Anderson,1984;Lawley 和 Maxwell,1971)。

上述应用前提假设都是对经济问题的限制,或约束了制度实施的环境机制,并以理想的非技术性问题环境为基础。而事实上移民政策实施时很多环境是不符合模型要求的:

第一,N 与 T 之间大小问题。在政策实施过程中所考虑的影响制度具体政策和办法的截面数据变量设置一定是比实施阶段大。若选取较小数量的变量(满足最小 N),政策实施过程中的潜在重要信息可能被忽略。

第二,上述界定影响要素对制度参与者的效用具有标准的对称性,即在某种情况下 $\sqrt{T}\left(\sum \hat{f}(x_i) - \sum f(x_{i-1})\right)$ 的值为正负两个,而此

必须是固定 N 情况实现,但无法在 N 趋于极限时获得。例如 $\overset{\circ}{\sum}$ 一般取值范围在 $\{N,T\}$ 之间,但 $\sum$ 常态是等于 N 值。

第三,上述的显性产出假设和未测协方差矩阵 Ω 的对角性假设都表明来源的数据是截面的,对于时间序列数据是不可行的。而本书研究对象除了截面数据可得性,纵向时间序列数据可获得,因此仅假设使用截面数据。

第四,上述对未测异质性风险估计采用的极大似然估计对于多维度变量是不可行的,因为在估计中获得参数值是非常巨大的,而其在本书研究假设中可行。

(二)非自愿移民风险损失影响"因素分析模型"构建

在上述前提的表述下,借鉴经典的因素分析模型的框架,本书将研究非自愿风险损失影响因素、异质性风险态度的规避行为差异性分析和政策满意度评价等实证研究框架界定过程,假定模型表达式为:

$$X_{it} = \lambda'_i F_t + e_{it} = C_{it} + e_{it} \tag{4-3}$$

其中 C_{it} 表示参与过程中各主体的支出成本是 $\lambda'_i F_t$ 相等,主要表现为政策具体执行成本,移民群体在改善生活和生产过程中投入等。当 N 值很小时,参数可以通过 Gaussian 似然方法来估计。当 N 值增加时,对于制度参与或效用获取影响因素参数会扩大。但总体上,因素分析模型可以通过"极大似然估计"方法来实现,且可以在一定程度上获得较大的匹配性。等式(4-3)可以扩展到对于同一批参与者在不同时间的影响因素分析,即:

$$X_t = \Lambda F_t + e_t \ (\ t = 1, 2, \cdots, T\ ) \tag{4-4}$$

其中 $X_t = (X_{1t}, X_{2t}, \cdots, X_{Nt})'$, $\Lambda = (\lambda_1, \lambda_2, \cdots, \lambda_N)'$ 和 $e_t = (e_{i1}, e_{i2}, \cdots, e_{Nt})'$。对于具体制度参与者而言,在固定其风险态度一致的情况下,影响参与行为或风险规避行为的关键环节就是保障其参与成本最小化,即:

$$V(r) = \min_{\Lambda, F} (NT)^{-1} \sum_{i=1}^{N} \sum_{t=1}^{T} (X_{it} - \lambda'_i F_t)^2$$

因此基于上述理论模型借鉴与分析,笔者认为非自愿移民群体的风险损失影响因素可以表现其是否积极参与迁入地的生产中去,若积极参与表明群体是风险偏好且风险引致的损失较小,因为其自身效用可以通过简单的参与行为来弥补。因此,风险损失因素可以界定为是"参与迁入地生产建设"概率的 Logistic 方程,可以上述的一般性风险要素来衡量,例如个体特征、区域特征和制度本身特征等。

(三)Logistic 模型内构

为了让后续分析结果更为清晰,笔者从数学角度分析本书使用的 Logistic 模型构建过程。

设定 Logit 函数的形式为: $logit(x) = \log(x/(1-x))$,以此为中间沟通工具,对二分虚拟变量进行构建广义的线性的模型即称 Logistic 模型。

定义经典的线性回归模型为:

$$y = \beta_0 + \beta_1 x_1 + \beta_2 x_2 + \cdots + \beta_p x_p + \varepsilon$$

其中 y 为被解释变量, x 为解释变量, ε 为随机残差项。且被解释变量是取值空间 0 到 1 的随机变量,呈二项分析,即 $y \sim B(1, \pi)$,其概率分布为 $P(y_i = 1) = \pi_i$, $P(y_i = 0) = 1 - \pi_i$。其中 y_i 的期望和方差分别是:

$$E(y_i) = \pi_i$$

$$\text{var}(y_i) = \sigma^2(\pi_i) = \pi_i(1 - \pi_i)$$

则根据数据构建的 Logistic 模型为:

$$\log\left(\frac{\pi_i}{1 - \pi_i}\right) = \beta_0 + \beta_1 x_{i1} + \cdots + \beta_p x_{ip}$$

则可得:

$$\frac{\pi_i}{1 - \pi_i} = \exp(\beta_0 + \beta_1 x_{1i} + \cdots + \beta_p x_{ip})$$

$$\pi_i = \frac{\exp(\beta_0 + \beta_1 x_{i1} + \cdots + \beta_p x_{ip})}{1 + \exp(\beta_0 + \beta_1 x_{i1} + \cdots + \beta_p x_{ip})}$$

上式中 $\pi_i/1 - \pi_i$ 表示被解释变量 y 取值为 1 的概率与取值为 0 的概

率之比值。由此可知,在其他自变量不变的情况下, x_{im} ($m = 1, \cdots, p$)的变动与被解释变量之间的变动关系是:自变量变动 1 个单位,因变量变动 $\exp(\beta_m)$ 倍, β_m 的正负性和程度直接决定被解释变量的波动程度和性质。

二、研究假设的提出

假设是实证研究的前提,因为环境的不确定性会导致结果预期不一致,因此为了研究证实理论分析的某些结果,在实证研究之前必须对可能出现的结果进行一定的预期假设:一是为了证实理论分析的可参考性;二是为了检验数据的可验证性;三是为结论的提炼提供基础性依据。

由于制度政策实施环境的不可预测性,参与制度或政策个体或群体的风险态度在其进行相关决策(参与或非参与,又或持何种态度等)过程中是具有关键效用(Tversky 和 Kahneman,1981;Tufano,1996)[1][2]很多学者认为个体(尤其是弱势群体)风险态度往往偏于厌恶,此时的参与行为性质或程度区域一致,只是在参与效用层面具有差异性(Slovic,1974;Payne et al.,1980;Mac Crimmon 和 Wehrung,1990;Schoemaker,1990;Shapira,1997;Payne,1997)[3][4][5][6][7]。

---

[1]　Tversky,A.,D.Kahneman.The framing of decisions and the rationality of choice.Science 1981,211:453-458.

[2]　Tufano,P. Who manages risk? An empirical examination of risk management practices in the gold mining industry.J.Finance 1996,51:1097-1137.

[3]　Slovic,P.Assessment of risk taking behavior.Psych.Bull. 1974,61:220-233.

[4]　Payne,J.W.The scarecrow's search:A cognitive psychologist's perspective on organizational decisionmaking. Z. Shapira, ed. Organizational Decision Making. Cambridge University Press,1997,New York:353-374.

[5]　MacCrimmon,K.R.,D.A.Wehrung. Taking Risks:The Management of Uncertainty. The Free Press, New York. I. 1990. Characteristics of risk taking executives. Management Sci. 1986,36:422-435.

[6]　Schoemaker,P.J.H.The expected utility model:Its variants,purposes,evidence and limitations.J.Econom.Literature 1982,20:529-563.

[7]　Shapira,Z.Risk Taking:A Managerial Perspective.Russell Sage,New York.Organizational Decision Making.Cambridge University Press,1995,New York.

基于上述研究,笔者提出实证研究的第一个假设:

H1:个体或群体的风险态度与参与行为性质之间保持紧密联系,风险厌恶程度越高,其参与制度或政策的积极性就越高,反之其参与效用的预期就越低。

制度、政策和相关举措的有效主要来源于执行主体采取的措施的合理性与科学性(Peter,1981;Nunnally 和 Bernstein,1994)①②。在实施过程中参与个体和群体会以自身内生和外生的经验去识别制度或政策收敛性和有效性(决定采取什么类型参与行为)(Campbell 和 Fiske,1959;Cook 和 Campbell,1979;Churchill,1979)③④⑤。不仅如此,在假定风险态度一致为风险厌恶时,制度有效性评测则主要与实施区域个体特征的一致性有关,如年龄较大群体占比重较高,那么制度的经济性收益的表现要更为显著,否则参与群体对制度满意度会较低(Miller et al.,1982;Jaworski 和 Kohli,1993;Childers,1986)⑥⑦⑧。基于此,笔者提出本书研究的第二个假设:

H2:假定风险厌恶态度一致情况下,非自愿移民群体特征与参与

---

① Peter,J.P.Construct validity:A review of basic issues and marketing practices.J.Marketing Res. 1981,18:133-145.

② Nunnally,J.C.,I. H. Bernstein. 1994. Psychometric Theory, 3rd. ed. McGraw-Hill, 1994,New York.

③ Campbell,D.T.,D.W.Fiske.Convergent and discriminant validation by the multitrait multi-method matrix.Psych.Bull. 1959,56:81-105.

④ Cook,T.D.,D.T.Campbell.Quasi-Experimentation.Design and Analysis Issues for the Field Settings.Rand McNally,1979,Chicago,IL

⑤ Churchill,G.A.A paradigm for developing better measures of marketing constructs.J. Marketing Res. 1979,16 64-73.

⑥ Miller,D.,M.F.R.Kets de Vries,J.Toulouse.Top executive locus of control and its relationship to strategy making, structure, and environment. Acad. Management J. 1982, 25: 237-253.

⑦ Jaworski,B.J.,A.K.Kohli.,Market orientation:Antecedents and consequences.J.Marketing 1993,57 53-70.

⑧ Childers,T. L. Assessment of the psychometric properties of an opinion leadership scale.J.Marketing Res. 1986,23:184-188.

行为和预期效用之间是保持紧密联系的,年龄与积极性成正方向变动,教育程度与积极性成正方向变动,群体性决策行为越一致,积极性越高。

在本书研究中预先假定移民群体的风险态度在其生活、生产和参与制度政策的决策中产生重要影响。风险厌恶群体会通过减少参与成本的方法来预期其参与效用,其可以借助一些技术性工具,如货币市场价值等价、群体一致性和保障机制等(Stoll 和 Whaley,1993)①。基于此,笔者提出本书的第三个假设:

H3:非自愿移民风险效用损失的程度与其参与积极性之间具有相关性,且主要表现为其参与制度或政策的成本预期,风险损失效用越大,参与成本越高,而此类群体特征一般是家庭人口较少、受教育者数量较少且家庭中劳动力生产率较低等。与此相反,风险损失效用越低,其各种决策行为与移民保持一致的概率较高,而且此类家庭的劳动力数量较多且效率相对较高,受教育者数量较多等。

三、变量设置与估计模型

鉴于上述假设及相关表述,本书研究的解释变量、被解释变量和相关估计模型具体如下:

(一)变量设置

对于非自愿移民群体而言,个体特征层面解释变量主要有:年龄(Age)、性别($Gender$)、受教育程度(Edu)、婚姻状况($Married$)、从业状况($Employment$)、家庭人口数($Family$)、子女是否接受教育($Child-Edu$)和子女受教育程度($Child-Edu-Level$)。

上述解释变量的类型主要有:数值性和虚拟变量,为了更加清晰了解变量的特殊含义,笔者将具有变量释义设置如下:

---

① Stoll, Whaley. Futures and Options: Theory and Applications. South-Western Publishing Co,1993.

表 4-1　变量设置及释义

变量设置	具体释义
年龄	主要分为:20~35 岁;35~45 岁;45~60 岁;60~70 岁;70 岁以上
性别	主要分为:1:男;2:女
受教育程度	主要分为:小学以下;小学;初中;高中或中专;大学专科;大学本科;硕士及以上
婚姻状况	主要分为:未婚;已婚;离婚;丧偶
从业状况	主要分为:正式工;临时工;钟点工;个体及自由职业者;离退休;无业;下岗;其他
家庭人口数	主要分为:1 人;2 人;3 人;4 人;5 人;6 人及以上
子女教育与否	主要分为:1:是;2:否
子女受教育程度	主要分为:小学;初中;高中;中专;大学专科;大学本科

被解释变量主要是"是否积极参与当地经济建设":通过相关的概率指标来体现。

（二）估计模型

根据数据结构和研究问题的特殊性构建 $Logsitc$ 回归模型,具体形式为:

$$Log\left(\frac{p_i}{1-p_i}\right) = \alpha_1 Age + \alpha_2 Gender + \alpha_3 Edu + \alpha_4 Married + \alpha_5 Empl$$

$$+ \alpha_6 Fam + \alpha_7 Child - E + \alpha_8 C - E - L + \xi$$

上述模型估计可以了解移民群体对于自身风险状况的预估和未来收益的预期,能够体现出群体的个体特征对其参与行为的影响。因此可以很好对上述假设进行验证,目的是更加体现制度合理和科学性对于移民效用保持与提升方面的作用。笔者还进行制度评估函数的构建,具体为:

假定 Y_{1i} 表示移民当局实施第 i 项移民政策的潜在收益, Y_{0i} 则表示第 i 项不实施时的机会成本。对于移民群体而言,其参与决策态度可以分为两种,界定为 D_i (1 表示执行和 0 表示未执行)。对于一项移民制度或政策在迁入地的预期收益为 $Y_i = Y_{0i} + D_i(Y_{1i} - Y_{0i})$ 。

$E(\cdot)$ 表示影响移民政策实施的影响要素（上述界定的因素分析模型）预期效用，且假定为连续变量，即 $E[Y_i] = \int yf(y)\,\mathrm{d}y$ ，其中 $f(y)$ 是 Y_i 的密度函数，由于移民群体规模一般较大，则 $E(\cdot)$ 可以界定为政策实施平均期望效用。继而在平均参与效用使用方面则主要使用 ATE（所有群体平均参与效用）和 $ATET$（参与群体的平均参与效用）①。

为了验证制度或政策有效性，采取的方法就是将本地居民和移民群体预期效用进行比较：

$$E[Y_i/D_i = 1] - E[Y_i/D_i = 0] = E[Y_{1i}/D_i = 1] - E[Y_{0i}/D_i = 0]$$
$$= E[Y_{1i}/Y_{0i}/D_i = 1] + \{E[Y_{0i}/D_i = 1] - E[Y_{0i}/D_i = 0]\}$$

为此本书进行了相关转换，即引入常量效用模型（Constant-effects model）来对相关变量进行回归估计。此模型中 $Y_{1i} - Y_{0i} = \alpha$（为常量），实施战略政策部门的要素向量为 X_i（与 D_i 相关），那么效用评估实证检验的关键点假设为：

$$E[Y_{0i}/X_i,D_i] = X'_i\beta \tag{4-5}$$

其中 β 为回归系数。式(4-5)包含两个部分：一是 Y_{0i} 是 D_i 在条件 X_i 下的独立性均值；二是给定 X_i 下的 Y_{0i} 条件均值函数是线性的。则政策效用评估实证检验条件为：

$$E\{Y_i(D_i - E[D_i/X_i])\}/E\{D_i(D_i - E[D_i/X_i])\} = \alpha$$

则移民群体与当地居民在相关领域获得的期望值比较为：

$$E[Y_{1i} - Y_{0i}/D_i = 1] = E\{E[Y_{1i}/X_i,D_i = 1] - [Y_{0i}/X_i,D_i = 1)]/D_i = 1\} = E\{E[Y_{1i}/X_i,D_i = 1] - E[Y_{0i}/X_i,D_i = 0]/D_i = 1\}$$

因此，预期效用估计函数为 $E[D_i/X_i]$ 是向量 X_i 的函数，并且可能

---

① $ATE = E[Y_{1i} - Y_{0i}]$；$ATET = E[Y_{1i} - Y_{0i}/D_i = 1] = E[Y_{1i}/D_i = 1] - E[Y_{0i}/D_i = 1]$

与等式（4-3）相等，则以某项或某类移民政策预期效用的评估函数框架为：

$$Y_i = \sum_X d_{iX}\beta_X + a_r D_i + e_i \qquad (4-6)$$

其中 β_X 表示 $X_i = X$ 时的回归效用，a_r 表示回归参数。

第二节　实证分析过程与结果

为了能够对前面论述的观点进行验证，笔者进行大量的实地调研，并获取一线调研数据，为实证研究提供了充分的数据支撑，为结果的应用和指导性带来较好的论证依据。

一、数据来源

基于笔者可得资源，在前期积累和以往学者研究总结的基础上，笔者进行了三项具体实地工作：问卷设计、小规模样本试验和大规模样本调查，三项工作可保障本书实证数据的可参考性。笔者又搜集大量二手数据，并进行剔除和整理，然后结合调查数据，使本书研究数据库得到进一步扩大，这样为样本数据分析后的结果可推广性提供了较好的基础。具体如下：

1.笔者于 2013 年 6 月至 11 月组建团队赴湖北襄阳、河南南阳和信阳等地进行调查研究，获得约 420 份有效问卷。在前面章节研究中，由于研究问题的特殊性，可能对使用样本进行了微调。

2.对中南财经政法大学网络数据库相关数据进行了整理、摘取与归纳，形成有效数据 150 份（截取相关性高的变量与结构框架）。

3.利用笔者工作单位的关系获取湖北省移民局的相关调查数据 200 份，由于问卷设置的相似性，此数量问卷数据具有高度的可验证性，也可补充本研究的样本数据库。

二、方法应用

据前述可知,本书计量模型是 Logistic 回归模型,此模型与数据较好拟合,在实证分析过程中,笔者还邀请了专业人士对模型与数据结构之间拟合问题进行设计,并且在不改变数据质量基础上对数据结构进行了调整,为能够获得高质量的数据结果提供了支撑。

此处的方法主要是笔者如何将数据库中的信息转换成笔者研究所必需的。整个过程相对较为复杂,可能会存在误差,但并不影响整体研究的结论性观点。而且为规避误差的风险,笔者将计量模型和数据之间拟合性结果交予专业人士审核,基本通过验收,总之数据与模型之间匹配比较理想。

三、回归分析结果

为了体现不同变量对于模型拟合度和风险效用的影响程度的不同,此环节步骤分为两大块:一是包含了所有变量的模型分析;二是筛选变量后的模型分析。

1. 包含全部变量的模型分析

此部分分析主要采取 Enter 方法(强制选入所有变量),在初始阶段模型预测时点的概率为 0.5,即在制度政策实施初期假定移民群体参与和非参与的概率都是 50%。分析结果如下:

表 4-2 Block0:Beginning Block Classification Table[ab]

Observed			Predicted	
			非自愿移民群体	Percentage Correct
			参与	非参与
Step0 非自愿移民群体	参与		500	100%
	非参与		270	0%
Overall Percentage			0 0	64.9%

a.Constant is included in the model
b.The cut value is 0.500

表 4-2 展示的是 Logistic 模型在初步纳入全部变量阶段,只有常量项拥有错判矩阵。因此可见,移民群体中有 500 人愿意参与到移民政策中去的预测正确概率为 1,另对移民群体中 270 人不参与行为的预测概率为 0%。从整体模型的预测概率分析,整体正确概率为 64.9%。

表 4-3　Block1:Method = Enter Omnibus Tests of Model Coefficients

		Chi-square	df	Sig.
Step1	Step	132. 876	8	. 000
	Block	132. 876	8	. 000
	Model	132. 876	8	. 000

表 4-3 中的结果显示了使用强制分布回归法第一环节时总体显著性情况,在将所有变量纳入分析范式中去之后,估计模型的极大似然值与卡方分布值的比值为 132. 876,且显著性水平为 0. 000 且概率 p 值为零。假定将 α 调为 0. 05,此种情况下 α 小于 p 值,零假设失效,即模型设计的所有回归系数不可能同时为 0,全部短信的提供可以很好对未来不确定情况作出预测。

表 4-4　Hosmer and Lemeshow Test

Step	Chi-square	df	Sig.
1	10. 954	8	. 000

表 4-4 数据展示的 HL(Hosmer-Lemeshow)拟合指标。此拟合指标主要用于模型中自变量较多的情况,或者用于自变量有连续变量的情况,用此拟合度指标非常有效。在上述模型界定中,移民群体的年龄变量属于连续型变量,在此必须用 HL 指标衡量。根据数据分析可得此拟合指标值为 10. 546,在显著性水平为 0. 05 时的卡方分布值为

15.51,在此水平上表现出较为不明显的状态。

　　在上述模型拟合优度检验之后,笔者将论述所有变量在 Logistic 模型回归中的表现情况,具体见表4-5:

　　在表4-5中显示了个体性别、婚姻状况和受教育程度三个变量的 Wald 检验值在自由度为1时和估计水平为0.05时的卡方分布值界限值为4.381,此种情况表明了估计值不拒绝零假设,在模型估计中显得不那么显著,可以删除,此种情况解释为:在非自愿移民群体中性别、婚姻状况和受教育情况并不构成群体对参与制度政策预期风险损失产生影响,或者此三个变量对群体是否积极参与到当地的经济建设中去不产生较大的影响。主要原因是:

　　第一,性别因素在移民群体中表现效用较弱。在移民地区,大多数家庭都是从事农业生产,而家庭中主要劳动力都会参与到生产中去,男性和女性都表现出较为一致的劳动生产率。在移民之后参与当地建设中,家庭中主要劳动力表现出的一致性仍然较高,一般不会因移民而产生较为显著的异质性,因此在模型估计中表现较为不显著。

　　第二,婚姻状况。从调查来看,100%对象都是已婚,这点已经从表面上决定了在后续参与决策制定中,婚姻状况的影响极小,因为他们不需要为“婚姻”而付出额外的支出成本。因此可以一致进行相关的工作或生产决策。在一般意义上非自愿移民地区农村家庭在婚姻方面还是比较传统,未婚的不算家庭是共识。因此可见,上述数据验证的模型还是具有可操作性的。

　　第三,受教育程度的影响也较为不显著。此点与先前的预期是相反的,主要是因为非自愿移民群体的受教育程度普遍较低,可见在大多数群体都拥有较低教育水平时,教育水平对于群体的效用就被弱化且会被中和。

表 4-5 **Variables in the Equation**

	B	S.E	Wald	df	Sig.	Exp(B)
性别	3.398	0.435	5.179	1	1.002	29.90
年龄	0.071	0.627	3.212	1	0.000	1.073
受教育	2.187	0.693	7.199	1	1.023	8.908
从业	1.980	0.814	8.396	1	0.012	7.242
家庭人口	1.763	1.714	6.155	1	0.000	5.829
子女	2.159	0.414	6.095	1	0.002	8.662
子女教育	1.793	0.505	11.421	1	0.003	6.007
常量	−23.183	5.748	11.607	1	0.000	8.545

数据来源:本书的调查数据库

从上述的模型回归结果分析,除了上述三个变量的不显著性之外,其他变量还是比较显著地影响着非自愿群体是否积极参与到当地的经济建设中去。具体表现为下面几个特征:

第一,年龄特征要素在移民群体对制度参与过程中起到引导性作用。因为在移民过程中群体特征都是以年龄来划分的,且都在行为决策方面能够体现群体特征。而对于年老群体而言,其表现出参与行为一般比较积极,因为该群体面临的风险是较大的,移民后获得就业和稳定的收入机会相对较少,因而该群体是属于风险厌恶的。在参与当地的生产建设层面上,他们往往会积极参与,他们不愿意把更多的时间花在相关利益"争斗"方面,因为群体对风险预估具有一致性,即采取积极的态度参与到国家的相关移民制度和政策的实施,且在各方面可起到配合、推广和引导作用,引导更多群体参与到项目建设中,以实现大多数群体效用的最大化。

第二,"家庭人口"一直都是农村地区家庭观念中的重要组成部分,所谓的"人多力量大"正是基于此。在移民过程中风险产生的重要因素就是个体的生产能力和资本储备的不足,而家庭人口数量越多,个人可预测的风险就可以由多人分担,而且个体资本积累之后会形成较大规模的资本,在移民过程中会一定程度分担脆弱性风险。调查中得知,很多人口较多的家庭,子女的务工收入并没有因为移民而发生改变,有可能移民后会离工作地点更近,更便于工作,反而促进家庭收入水平的提高。因此家庭中人口数量越多,尤其是劳动力数量越多,其可得收入越多,在制度和政策推广过程中享受的效用水平亦越高,其参与到当地经济建设的积极性也越高。

第三,家庭中"是否有子女"变量的影响较为显著。农村家庭中子女的存在不仅是精神层面的成果,对于一个普通家庭而言,子女的存在更多地体现在对未来更高生活水平的预期上。因此对于有子女的家庭,他们在移民过程中主要表现为积极型,因为更多的冲突不利于子女的成长和教育。在移民后他们更关注移民制度或政策对于子女的影响,为了更好地保障子女的教育,他们会积极参与到当地的经济建设。而没有子女的家庭一般会以个体利益最大化为决策基础,一般会选择相对狭隘的视角分析制度或政策,一旦有不利于自身利益最大的因素,他们会将其扩大并加以传播,影响其他群体的决策。

第四,与"子女拥有情况"相类似的是"子女教育水平"也是影响个体或群体参与行为,或者是影响群体风险效用损失规避的重要因素。因此家庭中子女教育水平越高,其获得信息的数量和准确性就越高,就能够以更正确的视角和分析方法来考量移民制度和政策,而且在衡量各种行为利弊之后,会进行理性地决策。这种决策往往表现为对制度的响应和对政策的支持,这种支持和响应都是群体内部一致性的结果。与强制性的一致性表现不同,他们会自己去学习相关知识来提升对制度的了解程度,而且会以积极的态度参与到当地的经济建设和社会稳定的维护中去。

2. 剔除部分变量的模型分析

在 Logistic 模型分析中,往往会遇到变量的显著性不够的问题,会涉及相关变量筛选问题,因此应用上述的强制分布法无法准确测度要素的影响范围。本书在此使用逐步回归法,在统计分析中此种方法主要表现为三种形式:一是顺向选择模式,这种模式是在既定截距模型假定的基础上,在一定显著性水平下,将自变量逐个纳入分析模型中,逐个进行回归分析;二是逆向选择模式,首先将所有的变量纳入分析模型中去,然后根据显著性水平的要求,逐渐删除不符合要求的变量,实现模型分析的要求;三是混合性选择模式,这种模式顾名思义将前两种方法进行有机的结合,而且还根据一定的显著性要求,对不符合要求的变量进行删减,更大程度地减弱外界因素对于变量的影响。

为了进一步了解逐步回归法的检验规则,笔者简单论述 SPSS 软件的分析工具的可供选择方法。可选变量进入估计模型时主要是根据似然率卡方值来判断是否可选,另一种是 LR(极大似然值与卡方分布值的比重),还有一种就是怀特检验(Wald Test)。在众多的方法中,第二种方法更为有效,不仅能够很好避免要素之间的共线性,并且能结合第一种和第三种检验方法的优点,最后的检验结果与实际符合度较高,因此成为众多学者研究的选择之一。

在本书论述中,笔者主要使用的是前置(Forward LR)逐步筛选方法,即将可选的变量引入估计模型方程中去,依据的标准是比分统计量的值,以极大似然估计原则下的似然值与卡方值之间比值作为筛选变量的最重要指标依据。并且将显著变量加入估计模型中标准设定为0.05,表示当将变量选入估计模型时,其 F 值的概率值为 0.05;而删除不合理变量的标准则为 0.1,即模型在分析过程中直接删除 F 值为 0.1的变量。

具体逐步回归分析结果如表4-6所示。

表 4-6　**Variables in the Equation**

	B	S.E	Wald	df	Sig.	Exp(B)
Step(a)X1	2.429	.427	32.441	1	.000	11.352
Constant	-4.581	.719	40.608	1	.000	.010
Step(b)X1	2.246	.468	23.008	1	.000	9.449
X2	.902	216	17.379	1	.000	2.464
Constant	-7.652	238	38.174	1	.000	.000
Step(c)X1	1.923	.504	14.540	1	.000	6.842
X2	1.240	.338	13.472	1	.000	3.455
X3	.993	.243	16.721	1	.000	2.698
Constant	-10.952	1.784	37.704	1	.000	.000
Step(d)X1	1.978	.620	10.184	1	.001	7.231
X2	1.964	.550	12.773	1	.000	7.128
X3	1.383	.348	15.827	1	.000	3.986
X4	1.117	.260	18.462	1	.000	3.057
Constant	-13.211	2.153	37.644	1	.000	.000
Step(e)X1	2.423	.702	11.921	1	.001	11.278
X2	2.399	.644	13.887	1	.000	11.015
X3	1.556	.370	17.726	1	.000	4.740
X4	2.358	.841	7.854	1	.005	10.573
X5	1.065	.272	15.344	1	.000	2.902
Constant	-16.357	2.776	34.725	1	.000	.000
Step(f)X1	2.756	.820	11.299	1	.001	15.738
X2	1.066	.322	10.952	1	.001	2.904
X3	1.815	.710	6.544	1	.011	6.142
X4	1.359	.401	11.480	1	.001	3.890
X5	3.411	.998	11.688	1	.001	30.297
X6	1.149	.307	13.978	1	.000	3.156
Constant	-20.177	3.600	31.417	1	000	.000
Step(g)X1	2.936	.864	11.553	1	.001	18.841
X2	1.327	.379	12.287	1	.000	3.770
X3	1.438	.737	3.803	1	.051	4.210
X4	1.643	.481	11.661	1	.001	5.171
X5	2.087	.870	5.758	1	.016	8.058
X6	2.854	1.091	6.843	1	.009	17.353
X7	1.246	.349	12.746	1	.000	3.477
Constant	-22.668	4.289	27.928	1	.000	.000

注：上述的 X1-X7 变量分别表示"年龄""性别""受教育水平""就业状态""家庭人口数量"
　　"子女状况"和"子女教育状况"；a 表示加入 X1 变量，b，c，…，g 都具有类似情况。
数据来源：本书的调查数据库。

从表 4-6 的分析状况来看,上述的 X1-X7 变量都在显著水平上给移民制度和政策产生了较大的影响,并且很大程度上对个体或群体的参与风险效用产生重要影响。上述七个变量中除了年龄要素变量对应的概率统计变量比值超过了 0.05 显著性水平的差异值外,其他变量的 Wald 的比值都在 $\alpha = 0.05$ 下,具有较高显著性水平,而且此时的卡方分布 χ^2 的临界值为 3.841,这种状态体现了变量在参与到模型估计过程中都与 Logistic 的模型之间保持较高的线性关系。在检验过程中,模型表现出较高的拟合度,各项指标表现较为优秀,其中整体模型卡方分布对应的 P 值显著性小于 $\alpha = 0.05$ 的值,显著性水平可以有较高调整空间;H-L 统计指标值为 3.682,远远小于卡方分布统计量的值 20.21,且 Negelkerke R^2 为 0.981,非常接近 1,显示出模型收到外界干扰变量的影响较小,总之,模型与数据之间拟合程度较高。

在上述逐步回归分析方法支撑下,此阶段的结论为:

第一,在逐步回归的情况下各项指标的影响效用更容易表现出来,体现出政策制度的实施效用对参与群体来说具有正向效用。表现比较明显的是"性别"和"婚姻"两个变量,在前面的研究中,此两个变量对风险效用测度和损失规避,以及政策制度的积极效用并不明显。逐步回归分析过程是一项制度和变量的剔除与更新过程,很多变量的单独效用较低,但是联合效用却体现得较为明显。

第二,传统的年龄、子女数和人口数量等要素的影响较为明显,主要表现在系数值的变大且能够较大程度改善个体的参与质量。在参与过程中,个体或群体随着信息获得程度的加深,在各种决策性事件上的表现更为明显,并且能够在很大程度让制度和政策的效用在其可预期范围内体现,实现参与效用的最大化。

第三,除了传统高度影响变量外,个体受教育程度变量在此产生了较为显著的影响,主要是因为教育在很多层面表现为环境需求特征。移民要对涉及个体切身利益的制度实施细则、补偿机制和相关法律等因素进行了解。在此过程中,"受教育程度"体现出较高的正向影响效用。在政府大力推动下,移民群体可以通过其他途径来获得教育投资,提高效用获得的方式和路径。

第三节　实证研究结论

实证研究是基于实践需求和理论基础,因此其研究的结论性观点可以用以指导实践的开展和政策的制定。在大量数据分析、拟合检验和模型匹配过程之后,笔者将对结果进行提炼,形成三大部分的实证研究结论,以供参考和研究使用。

一、个体内生性特征是"资本"损失效用的影响要素

在前面论述中,笔者已经重点研究了资本的被剥夺或失灵是非自愿移民群体在移民过程中或移民后风险产生的主要原因。而资本的被剥夺和失灵是个体内生性特征引起,如年龄层次、性别和受教育程度等。内生性特征主要是指个体天生具有的特征,或者在一定环境获取但是未来无法改变的事实性特征。这些特征一旦形成在很长一段时间内会保持不变,且对个体其他行为决策或者特征的形成具有直接或间接的影响。在本书研究中,此三个内生特征对个体制度或政策参与过程产生了较大影响,且也很大程度地影响个体或群体的风险态度。而此过程也是个体或群体"资本"失灵过程,在此角度可以判断出个体内生性特征是"资本"损失效用的影响要素。具体可以表述为:

第一,年龄分类可以用于分析个体的人力资本积累程度、社会资本的范围和物质资本的存量情况。理论上,年龄越大个体储备的物质资本和社会资本的量就越大,在移民发生和其过程中抵御风险的能力就较强。但是正是因为前面的资本储备较多,一旦生态环境发生变迁,其脆弱性风险的概率也会更大,风险发生时的损失相应也会更大。

第二,性别对于资本失灵的影响主要体现在家庭中决策主体的选择。家庭在行为决策时一般都表现为以某个人的决策为主要参考。并

且在很多情况下,男性决策权较多,这在调查地区的表现较为明显。因此男性在移民过程中资本失灵的概率较大,因为其承担家庭的主要收入来源,且在移民后重新构建资本要素,也要花费大量的成本,因此性别的表现也比较明显。

第三,受教育程度对于人力资本影响效用的表现较为明显。由于移民前家庭受教育程度普遍较低,人力资本积累程度也相对较低。在移民过程中,对制度和政策了解更多的家庭可能会损失较小。这种现象会改变很多家庭对于教育的关注。并且在此过程中,人力资本积累还表现为群体的生产及经营经验的积累,若具有较大优势则表明个体或群体的人力资本效用较高。

二、个体外生性特征是风险规避行为选择的影响要素

本课题研究的一个核心词汇就是风险规避,因为个体可测和未测风险是很难通过个体独立来分担的,因此群体性共担风险成为一种趋势。在此过程中,个体会根据不同要素来制定自身的风险规避方案和采取具体的行为。笔者在上述实证研究过程中发现,家庭人口数量、子女状况及其子女教育状况等是移民群体的外生性特征,而此三个变量对于个体或群体风险规避行为的选择是有较大影响的。

这种影响主要通过不同的风险态度形成。家庭人口数量是直接影响个体或群体风险态度的主要因素。人口多的家庭,因为资本存量较大,损失弥补路径较多,多表现为风险偏好。相反,人口较少的家庭,其资本积累程度较低,在移民过程中产生的风险概率亦较大,且发生风险的弥补路径较少,他们一般都是风险厌恶群体。

从上述理论分析中可知,异质性的风险态度使群体在相关规避行为的选择上表现出较大程度的差异性。在经济学层面,理性个体的风险态度主要分为三类,且都在非自愿移民群体中有所体现,分别是风险偏好、风险中性和风险厌恶。三大类别的群体在规避行为方面表现出异质性:

第一，风险厌恶群体由于自身没有办法弥补风险的效用损失，他们在处理风险方面多采取保守型策略。他们会在一定可选范围内积极支持政府的制度政策，而且会以最快速度融入当地的生产和生活，使最小成本支出获得效用最大化。保守型行为主要包括：防范型生产方式、合作型社会关系处理方式和融合式家庭生活理念。

第二，对于那些对风险概念认识不足的群体而言，他们属于风险中性群体，他们的决策行为主要是根据群体一致性决策的倾向而定。这种决策方式在长期来说是收益和成本相互均衡，在短期内可能呈现出较大的波动性。其决策行为主要分为三种：集体性生产行为、个体式"投资"行为和灵活性就业方式。

第三，风险能够带来损失，同时亦能产生一定的收益，风险越高，可能的收益就越高。与上述群体风险态度不同的是，喜欢风险的移民群体在整个群体中占有一定的比重，他们会积极规避风险和保障效用弥补。极端行为有一定概率能产生高收益，当然也可能发生相应的风险。由于天生喜欢冒险，风险偏好型移民群体喜欢以这种方式来实现其在移民过程中的效用最大化。

三、非自愿移民群体内外特征综合影响着移民制度政策绩效

从上述实证研究过程不难看出，各个变量对群体是否积极参与到当地的经济建设影响较大。参与到当地经济建设的行为实质上是对制度或政策的绩效的肯定。因此，从此视角可以分析出，非自愿群体内外特征的综合效用是评价移民制度政策绩效的关键变量。

因此制度政策制定和实施的科学合理性不仅仅表现为制度本身的科学性，而且要体现在参与群体的特征层面，例如融合的群体年龄层次、性别比例和受教育程度，以及家庭环境和子女特征等，都可以成为制度完善的重要依据。从目前我国的移民制度和政策的推行情况来看，大多数群体还是比较支持的，但这并不表示制度绩效水平较高。笔者在此未给出相关评估（后期学术研究将继续讨论），但是从宏观层面

分析可以判断制度制定和实施过程并没有充分考虑到本课题研究的相关变量。此种情况并非是说制度不科学,而是为了说明制度政策的改善还是有一定的空间。随着工程型移民的增多,如何完善制度、扩大制度覆盖群体规模和受益范围,以及提高经济绩效和民生福利等,还需要很长一段路要走。笔者期望本课题研究在未来制度改善过程中能够起到一定的参考效用,具体细节举措内容笔者将在对策建议部分详细给出,以期达到预期目标。

第五章 国外非自愿移民贫困风险规避政策与启示

本部分将通过对世界银行非自愿移民政策、亚洲发展银行非自愿移民政策和典型国家非自愿移民政策的分析,得到一些对我国非自愿移民贫困风险规避的有益经验与启示。

第一节 世界银行的非自愿移民贫困风险规避政策

世行(World Bank Group)是世界银行集团的简称,"世界银行"这个名称一直用于指国际复兴开发银行(IBRD)和国际开发协会(IDA)。这些机构共同向发展中国家提供低息贷款、无息信贷或赠款。世界银行作为一个国际组织,其使命是帮助在二战中因战乱被破坏的国家的重建。到现阶段,世界银行的主要任务是资助国家规避贫困,各机构在减轻贫困和提高生活水平的使命中发挥了独特的作用。众所周知,在很多国家的一些发展项目经常需要占用或者征用土地,在实践中,多数项目需要在特定的地点或地区进行,而该区域的居民长久以来的生产生活使其不愿意或者不能够通过自愿出售土地的办法使项目开发人获得所有必要的土地,这时,政府往往会通过法律途径获得土地。近几十年来,发展中国家尤其是亚洲与发展有关的人口迁移的数量大规模增加,此类迁移每年影响发展中国家的人口超过1000万。尽管政府在一定程度上会为损失的土地或其他固定资产提供相应的补偿,但单一的赔偿不足以防止移民群体的贫穷化与其经济行为能力的减弱。同时,因这些项目而移民导致的环境问题也极为明显,基于此,世界银行有针对性地提出了一系列解决方案和政策。

一、世行非自愿移民政策的基本内容

世行非自愿移民政策的宗旨是:提高或至少恢复因世行项目被征地而受负面影响的人的收入水平和生活水平。但由于许多地区没有合理有效的安置规划方案、安置目标不明确、安置方法不恰当、财政预算不充足,结果对项目移民或移民接收地区的原住民造成了严重的影响,甚至对环境造成了恶劣的破坏。世行从20世纪80年代初就开始有意识地思考此类问题。尤其是世行的移民专家,开始着手制定较为完善的移民安置政策。从80年代起陆续发布一系列政策文件,这些政策文件体现了世行援助项目的基本精神,对移民安置工作的任务、目标、内容、过程等具体要求作出更为详细的规定。这两个文件的出台,为工程性非自愿移民的可持续发展奠定了制度框架基础。

(一)非自愿移民政策的目标和原则

世界银行的移民政策的基本目标,是保证工程的移民能从工程项目中得到实惠、保证移民从工程中受益,凡有可能,必须避免或尽量减少非自愿移民。要把移民安置区域的建设纳入地区和国家的经济发展计划中,系统、全面地通过各方、各地的协同努力,使项目移民的生产条件和生活水平高于迁移以前,使其真正成为水利水电工程项目的受益者而非受害者,成为开发利用水利资源的动力而非阻力,以促进水利水电建设和整个国家经济的和谐有序发展。因此非自愿移民政策的基本原则包括但不限于:

第一,探讨所有可供选择的工程设计方案,尽可能避免或减少非自愿移民数量。例如,重新选择道路或降低坝高,可能大大减少移民数量。

第二,如不可避免移民,应作出相应的移民安置规划,移民活动应作为可持续发展方案来构思和执行,其安置应实行开发方针,为移民配置充足的资源,让移民充分享受工程的效益。作为工程设计的一个重要组成部分,移民安置规划属于工程的前期筹备工作。移民安置应做到:(1)搬迁前在总搬迁费用中补偿移民损失;(2)在搬迁至进入安置区域的途中予以支持和援助;(3)帮助移民依靠自身的努力改善原有的生活标准,提高获取经济收入的能力和生产、生活水平,至少使其真正恢复到搬迁前或超过项目动工前的水平,尤其要注意有利于部分极端贫困移民的需求。

第三,应鼓励社会团体参与规划和实施移民安置工作,建立形式适当的社会组织或社会团体,最大限度地支持和利用移民中及安置区居民中现有的组织团体。

第四,应使移民与安置区居民在社会经济等方面融为一体,减少利益冲突。应在进行移民安置区域规划之前,把移民安置在工程受益区域内,并同安置区的原住民进行座谈协商。

第五,土地、住房、基础设施等固定资产及其他赔偿实物,应补偿给受不利影响的原住居民、少数民族和牧民,他们可能认为对该工程拥有用益权或对土地和其他资源的习惯权利。对这样的群体,不应因缺乏合法的土地所有权而妨碍补偿。

(二)世行的任务及项目选择

世行的主要任务可以划分为非自愿移民项目的动工前后两个阶段。

非自愿移民项目的动工前:世行通过包括(1)帮助相关部门制定和评估移民安置方针政策、法律法规及专门的规划;(2)对加强移民机构和职能方面提供技术和财政援助;(3)直接给移民安置投资项目贷款等形式,对借款人提供帮助。有时,世界银行即使没有向引起非自愿移民的主体工程投资,但仍能向移民安置项目提供移民安置贷款。另外,责任经理应把世界银行的移民政策通告借款人。工程动工之前,责任经理应组织其下属的银行工作人员、研究人员及法律工作人员,评价政府关于移民安置的政策、经验、机构及法规体系。责任经理特别要保证避免或尽量减少非自愿迁移,考虑移民安置的法规。

非自愿移民项目的动工后:世行通过包括(1)监督和指导当地相关部门妥善安置非自愿移民;(2)监督和指导当地政府为移民的一切财产损失提供补偿,帮助移民改善或至少恢复他们原有的生活、生产及收入水平;(3)对项目动工之后可能造成的环境、生态和非自愿移民的生产、生活问题进行评估等方式,对项目相关主体提供帮助。

世行的项目选择,主要是指非自愿移民在安置规划时可以提供移民贷款的情况,而安置规划是否恰当则由合适的社会、经济、技术及法律专家进行审查;移民安置规划专家应调研可能的移民安置地点并考察其适宜性和合理性;至于大规模移民,还应包括来自第三方的技术和环境评价部门的专家。这些可以获得贷款资助的项目主要包括:(1)作为主体投资项目的一个组成部分,该项目引起搬迁并需要安置移民;(2)如果一项独立的,带有一定条件限制的移民安置项目规模较大,则与引起搬迁的投资项目同等对待。这种处理方法,能更好地引起国家和世界银行的注意,使其有效地解决移民问题;(3)作为一个移民部门的投资贷款,若预先并不知道每项子工程的移民安置特殊要求,借款人就需要预先制定移民安置政策、规划原则、移民机构设置、设计标准,这些均要满足世界银行贷款条件的原则和要求。应提出全部迁移人口的估算数及移民安置费用,以及对所推荐的移民安置地点的评价。移民实施机构应审查部门投资贷款的子工程项目,以保证与本指导书的一致性,并由世界银行分别审查批准。对于移民安置工作较多的国家,应致力于健全移民政策、机构及法律条款。上述工作应作为发展中国家及地区同世界银行管理机构交换意见的组成部分,并应在经济工作、部门工作以及国家政策性文件与简报中有适当的反映。

二、世行非自愿移民安置规划的内容与重点

非自愿移民安置规划是世行非自愿移民政策的重点内容,也是难点内容,对于非自愿移民,应对每一安置工作的可行性方案预先做好详细而系统的规划。安置政策的基本目标是:移民生活水平至少要保持安置前的水平,而且还要改进移民的福利待遇,此外还要使移民区的居民也能享受某些利益。但各国各时期的具体执行措施也有差别,主要取决于各国各时期的经济能力及据此制定的立法条例。世界银行利用并发展了人类学和社会学方面关于移民安置工作的专门知识,创立了移民安置工程。安置工作应考虑移民可能在人种起源、文化习俗等与其他地区有明显差别,故在移民安置工作中必须考虑上述因素,提出适当的处理方案。移民安置是一项复杂、困难的工作,需要提供专门的技术援助,如专家、规章制度及政策说明等。

(一)非自愿移民安置规划的基本内容

1. 基本原则

世行项目的非自愿移民安置基本原则主要包括:

第一,规划是进行移民安置工作的一项重要的前期工作。移民的搬迁安置要有详尽合理的规划方案,世行强调移民工作方案中的公众参与,以期令作出的安置规划和搬迁计划在经济、技术、社会和组织上具有可行性。

第二,坚决采取一系列措施保护搬迁者的生命权、财产权、文化权和基本人权,尤其是做好移民中的如特困群体等脆弱群体的安置工作,尽量减少工程项目对该地区原住民所造成的经济损失。

第三,移民安置与环境保护相结合,务必做好移民安置区的环境保护与监测工作。

第四,应对移民搬迁安置工作进行专项监督评测,聘请国际咨询专家进行咨询服务,并对移民的搬迁安置过程进行全方位的监理监测。

第五,高度重视培训工作的重要性,把培训工作贯穿于移民搬迁安

置的始终。

第六，建立健全移民组织机构，包括政府组织和非政府组织等多方主体，在主导力量上保障移民工作的顺利实施。

2. 工作步骤

首先是初步调查，应查明安置工作的主要情况，即安置规模、政策、方法及基本要求。在此阶段工程师应审阅工作设计方案，尽量减少移民人数。比较坝高或库容与移民人数的关系，当坝高减少很小就能大大减少安置人数和费用时，就应合理调整坝高。

其次是编制规划，包括重建移民安置区的生产基地，说明资源情况，提供就业机会，为重建移民区的经济发展提供必需的手段及基本设施。收集各行业受工程影响的原始资料，为工程规划者制定工程效益的基本指标提供资料。说明安置区社会经济的详细情况，每个实施步骤的日程安排、经济费用等。此外，要对规划作出初步评价，说明规划是否切实可行，包括编录淹没浸没损失，确定移民可利用的土地，说明开发计划，合理赔偿数额，确保移民重建社会经济的能力，以及为安置工作制定详细的组织措施。

最后是安置工作的实施，这是决定性的阶段。移民安置时间表必须与大坝施工时间表相协调。移民前必须做好各种准备工作，如土地、村址、住宅和基本公共设施建设等。根据过去安置工作的经验，把移民安置工作安排在水库蓄水前一年才开始，会造成突击安置，这是不妥当的。如发生意外情况，就可能会延迟水库蓄水时间。

3. 内容及标准

无论在哪个国家或哪个地区，只要大规模迁移人口不可避免，就必须有一个详尽合理的移民安置规划方案、时间进度安排和财政经费预算。制定移民安置规划旨在改善或至少恢复移民的经济基础。经验表明，仅仅在经济上通过补偿现金货币这种形式来弥补移民的损失，是远远不够的。自谋生路的安置方式可以构成移民安置规划的一部分，而对于以农为业的移民，则应该优先考虑以土地为基础的安置补偿方式，若不能提供适宜的土地,则可考虑提供如就业或自谋职业等非土地基础方式的机会补偿。通常来说,虽然世界银行不会为征用土地而贷款,但能为移民安置提供土地改良贷款。

移民安置规划的细节内容和标准,特别是对于数量大的移民安置,会随着情况的变化而变更,一般应包括方针目标的阐述,一份工作大纲以及对下列条款做好计划安排。这其中包括:前期的移民安置组织机构和法律条款、社会经济调查与优选安置地点;中期的社会团体参与和移民融入、财产损失估价补偿与土地使用权流转、培训就业及信贷支持、住房和公共设施;后期的环境保护与监理、规划实施与监督评估。上述工作,皆应纳入财政预算并预列经费,计划安排应同主体工程工序相协调。安置规划对每项工作的执行进度应精确无误,使移民和安置区居民能够确知得到妥善安置的准确日期。

(二)移民安置规划的前期工作

1. 移民安置的组织机构

借款人承担移民安置职责。移民安置管理组织机构的建立必须在工程启动之前,并对其提供充足的人员、经费和物资。当承担具体建设的单位缺乏移民安置规划设计的经验时,应加强主管移民安置的组织机构:一方面可以在工程建设单位内建立移民安置的专门机构,这样可促进其他行业机构参与移民工作;另一方面可以将移民安置任务委托给当地政府,他们了解当地实际情况,与移民有共同语言并有能力动员当地民众,而且能有效地将移民与安置区原住民融合。此外,还可以考虑非官方组织对移民安置规划的参与,并参与实施和监督管理。

移民工作是一项具有社会科学和自然科学双重属性的系统工程。移民规划能否有效地实施,在很大程度上取决于负责移民工作的组织机构。在工程项目中应设立专门机构负责移民工作,包括行业机构和地方政府组织,地方政府可以动员当地的技术力量,了解当地资源,能讲当地方言,对搬迁者负有高度责任。在移民机构中应有足够的工作人员以完成搬迁工作以及社会经济的重建工作。

移民规划是一项综合性很强的工作,涉及农林、畜牧、水利、交通、文化卫生等广泛领域,也涉及迁移区和安置区两个地区居民的各个方面,这些都并非一个专业,一个部门能胜任。因此,大型水利工程的移民规划必须有工程学、社会学、经济学、政治学和人类学等多方面的专业人士参加。采取自上而下、相互结合,行政官员、技术人员、当地居民三方主体相结合,现场规划和室内规划相结合等工作方法。各有关专业部门和有关地区要分工明确、通力配合,才能把规划工作做好。在工程设计早期聘用专职移民安置顾问,通常是由人类学家、社会学家和社会地形学家为主组成的特别咨询团,他们熟悉移民引起的社会变化,有相当的社会学知识,再辅以经济的、农艺的以及其他专家,这种设计施工的土木工程人员和移民安置的社会工程人员的合作能较全面考虑问题,有助于消除偏颇而制定出较好的设计和实施方案。

实施移民规划的组织在政府组织之外还应包括非政府组织。在任何政府组织机构中都有某些固有的缺点,实施过程中,安置规划的组织能力都会因非政府组织的参与而得以加强。根据工作的灵活性和接近居民的能力,非政府组织在补充官方组织机构不足方面能起巨大的作用。官方机构应努力提高非政府组织的活力,尽可能地支持和利用移民的社会和文化机构,鼓励在社区产生新的领导人,增强移民参与工作的意识,刺激地方积极性。

2. 移民安置的法律条款

确定为移民安置规划服务的法规体系,包括:运用评估学方法确定国家产业支配权的范围,以及与其相关的补偿性质和类别;关于移民安置执行机构的职责的法规;明确土地权利归属和登记注册程序;涉及土地赔偿、调整、使用和环境保护、水资源利用等各方面的法规;移民的社会福利相关法规。

3. 社会经济调查

水库淹没处理设计及其实施的一个重要步骤,是对水库及其影响地区以及下游地区进行经济调查。水库项目造成的实物损失调查,需查明水库项目开发淹没或影响对象的数量与质量,为论证工程规模、计算淹没损失、分析经济影响、编制安置规划等方面提供一手数据和基础资料。

移民安置规划应以移民安置规模与经济影响的最新资料为基础,社会经济调查除了收集家庭的基本信息,还应查明:移民的数量;受影响居民的所有基本收入来源,如非农收入、财产性收入等;财产受到损失的移民范围;受影响的公共基础服务设施;能协助拟定和实施移民安置规划的正式或非正式的社会组织,如公众组织、宗族团体等;移民对各种安置方案的态度。在社会经济调查中,应尽早地登记受影响家庭成员的姓名,防止区域内其他居民的道德风险。

4.优选安置地点

就农村和城镇居民来说,对几个可能安置移民的地点进行鉴定是关键点,并对选定的地点划明界线。世界银行主张"以地换地",尤其是对生计强烈依赖于土地移民来说,安置区的生产能力和生产条件应大于等于原地区。对农村移民而言,采取灌溉开垦、发展经济作物、集约化生产等农业生产新技术,能使有限的土地提供更高的生产潜力,在人口密度高的地区更应如此。

在选择安置地点的过程中,对于农村移民,可用非农收入来补充农业收入;对城镇移民,在安置地应能保证获得近似的就业机会、基础设施、公共服务或生产机遇。因此,借款人应做到:列出移民安置搬迁的时间表和预算、制定移民迁移相关法律法规;为移民安置地点作出制度安排和提供技术支持;为防止土地投机买卖,必要时可在移民安置区内暂停土地转让。

(三)移民安置规划的中期工作

1.社会团体参与和移民融入

大多数移民愿意作为原有社团的一部分搬迁,愿意同邻舍和亲族一道搬迁,这样可以提高移民安置规划的可接受性。以组团形式集中安置可缓解移民引起的社团解体,减少分散,维持原有社团的组合方式,保持进行宗教文化活动的机会(庙宇、朝圣中心等),如有必要,则可搬迁这些文物。

移民搬迁之前,至关重要的是要让非自愿移民和安置区民众均能参与移民规划。起初,移民安置的意图可能会遇到阻碍。因此在移民安置规划准备工作中,应将关于移民和安置区受影响的民众的权利、义务及选择方案系统地向他们说明,与其磋商,取得他们的合作、积极参与和响应。他们也应能够从一些可接受的安置方案中作出选择。这些措施可直接实施,也可通过正式和非正式的领导人及其代表实施。经验表明,地方上的非官方组织往往能提供有益的援助,并能保证社会团体积极参与。此外,社团参与管理(例如工程建设单位和社团经常召开双边会议),使工程建设人员在移民安置的规划和实施过程中,能考虑移民和安置区民众所关心的问题。特别要注意为本地居民、少数民族、缺地农民及妇女做好计划安排。

移民规划应缓和移民安置工作对安置区居民的影响并加以说明,应向安置区的社会团体和地方政府通报移民规划情况并与之磋商。任何提供给移民的原属安置区居民的土地或其他财产,应迅即给安置区居民予以补偿。当土地、供水、森林、社会服务等生活需求增加时,或给移民提供的服务及住房条件优于安置区居民时,在安置区居民和移民之间可能会产生一些矛盾。安置区社会团体的各种条件和服务应得到改善,至少不至于恶化。为移民和安置区民众提供良好的教育、供水、保健和产销服务,形成一个良好的社会环境,便于他们融为一体。从长远观点来看,足够的投资有助于避免新老居民之间发生冲突,并能保障工程建设的顺利进行。

要达到妥善成功地安置移民,就需要把移民机构的职权任务适时地转移到移民自身。否则可能产生依赖。移民机构人员有限,可能不适应连续的监理工作。必须鼓励地方领导人承担环境保护和维护基础设施的责任。

2. 财产损失估价补偿

受损失财产的估价方法一般采用重置成本法。常用的有利于补偿实施的措施有:在权利的行使和行政的程序方面,如土地使用权、登记注册和安置场地占有权时,应注意法规制度的健全适用;估价和补偿办法及规定的信息公开;明确移民安置资格的标准,如住户仅受到部分财产损失,但经济上不能维持生计等情况;道德风险的规避,防止不法人员乘机取利,早期的移民人口登记可以解决此问题。此外,如社会服务系统、市场供应渠道、渔牧场及林区等,难以进行估价和补偿,因而须寻求可被接受的等效物质资源补偿,如提供谋生机会、灾害风险规避、女户主的国家土地赔偿等;对于某些弱势群体,移民安置规划还须考虑土地配置效率,或提出可供选择的生活门路,建立健全相应的社会救助等社会保障制度,从而保障他们的可持续生计。

3. 土地使用权流转

移民安置规划应考察主要的土地使用权和转让制度,包括公用土地以及无资格条件下的用益权等制度(这是被地方上认可的土地分配制度)。在制定补偿法则和程序时,其目标是使习惯权利和合法权利尽可能等同起来。规划报告应说明,在工程项目所在地区内,由于土地权属制度不同而引起的问题,包括:对于依靠土地为生的居民,其补偿的合法条件;对不同土地权属类型的估价方法;由于超量获取土地产生争端的申诉程序。规划内容应有指导土地调查的规则,以及工程建设初期土地使用权的规定,还应预计需要转让和获取土地的时间安排。

4. 培训就业及信贷支持

一般而言,保障移民的利益不可能仰仗全面经济增长。因此非农业移民需要审慎地选择工作,在没有足够土地提供给农民的地方也应如此。如有条件,安置规划应借助主要的移民安置资金,尽可能开拓新的经济活动。开展职业培训,指导就业和安排工作,在主体工程项目中就业,或在移民安置项目中就业,开办企业,鼓励在安置区内合伙经商,为小型企业及水库水产养殖提供贷款并扩展生产,优先考虑在公共部门就业等均应量力而行。

5. 住房和公共设施

要为住宅、基础设施和社会服务的建设提供充足的资金,考虑到人口增长因素,安排好各项设施场地开发与各类工程建筑设计,以期保证迁移后的移民团体至少具有原有的经济活力和社会活力。对移民的心理需求来说,自建房屋往往比承包商营造房屋更受欢迎、更为合用。因此,要为施工场地准备适当的基础设施,向相应的社会团体提供各种便利条件,如规划模型设计、建筑材料、技术援助及建设津贴等。

(四)移民安置规划的后期工作

1. 非自愿移民安置规划的实施与监管

移民安置与主体工程应在时机选择上相匹配。非自愿移民安置规划的后期工作包括规划的执行、监督管理和安置的效果评价。借款人(项目组)在工程准备期即应制定监理计划并使用该计划,从而达到预期效果。对于工程管理者来说,监理是一种预警体制;对于移民来说,监理是使其知道自身在移民安置中的需求和作用。因此,监理和评估单位应当在资金和人员上予以保障。实施机构内,需要配备独立的监理工程师,以保证得到的信息完整、客观。大规模移民安置需要进行年度和中期检查,在完成一切移民安置工作和与之有关的开发活动之后,借款人(项目组)要对部分移民期继续进行安置效果监控,并向世界银行提交评估报告。

2. 环境保护及管理

环境评价审查过程中,通常把引起非自愿移民的工程项目列为"A"类项目,其主体工程的环境评价应包括移民安置的环境影响。移民安置规划必须同环境评价相配合,确定移民安置区的界线,计算单位面积土地上增长的人口密度。在农业规划中,如果进入移民安置区(例如移民迁移水库周围,或下游控制区)的人数太多,则诸如滥伐林木、过度放牧、土壤侵蚀、环境卫生及污染等环境问题就可能恶化。安置规划一方面应包括适当的调节措施,如培训监护人员,另一方面应有可供选择的安置区。城镇移民也会引起人口过密的问题（如交通运输、供水、卫生系统、保健设施紧张等）。通过环境评价提出具有调节缓解作用的建设性环境管理措施，可能对移民及安置区居民提供好的机会和利益（工程投资用于植树造林，不仅能恢复被水库淹没的森林，而且能提供劳动就业）。如果移民安置规划在环境影响方面不能通过，那么就必须寻找其他的安置区或扩大安置范围。

三、世行非自愿移民政策的制度安排

首先，世行与移民有关的项目本身要根据世行的环境评价政策进行环境筛选和评价，对可能造成的环境影响应列入项目成本。世行对未开发地区的政策一般是设法避免未开发地区的消失，如世行在通常不愿资助应予特别关注的原生地的项目；即使有充分的理由证明开发野地的正确性，则在其价值上"就低不就高"；如需开发使用野地规模较大，则有关项目中应列入管理未开发地区的内容来补偿因开发而造成的损失。

其次，严格遵守程序规定有利于环境和生态的保护。世行的非自愿移民政策着重强调公众的参与和独立客观的司法审查制度，要求借款人必须编制一份世行能够认可的具体程序框架，着重说明移民参与的形式和过程，包括项目当局是否能够与移民进行充分有效的沟通协商、是否能够认真听取移民和安置区原住民在整个移民安置规划与移民安置实施期间对移民安置工作的意见与建议等。除此之外，世行对借款方的法律评估还包括对工程性非自愿移民适用的法律和行政管理程序等。

（一）决策参与机制

让自愿移民群体及社区、接纳安置的社区参与到移民安置活动计划的制订和决策中来，是世行援助项目的前期准备工作中必不可少的部分。项目鉴定评估期间，借款方（项目组）会确定该项目可能引起的非自愿移民的规模和数量；项目设计要尽量避免出现非自愿移民或最

大限度地减少移民；必须移民的，移民安置计划须在世行向项目贷款前完备。要求该计划必须与移民协商，且必须保证被安置移民从中获得利益；被安置移民必须维持其先前的生活水平和生产能力或者有所提高。移民安置规划或移民安置政策体系应当采取措施确保移民获知在移民安置问题上的选择权等，能够了解技术上和经济上的可行的方案，并参与协商，并享有选择的机会。

（二）信息公开机制

借款方和世行保证信息公开，以便每一个人都能适当地获得关于环境、移民的资料（见表 5-1）。其中：借款方（项目组）向移民群体及安置社区公开的信息应当及时准确，从而确保可以就移民安置方案与他们进行协商；向世界银行公开的信息应当真实完整，能够体现作为项目评估的重要条件，相关的移民安置文件应在移民和地方非政府组织间发放，其格式、风格和语言应易于理解。

表 5-1　借款方（项目组）信息公开主要内容

信息公开主体	信息接收主体	信息内容	公开目的
借款方（项目组）	移民群体、安置社区	移民安置方案	提供参与规划、实施和监测移民安置的机会
	世界银行	移民种类、规模和移民工作方式等	纳入项目概念文件（PCD）和项目信息文件（PID）中
	世界银行	移民安置文件草案	审查并确定项目评估文件的充分有效，批准后通过世行公共信息中心公开

（三）监测评估机制

借款方负责对移民安置文件中规定的活动进行充分的监测和评价，项目结束时，借款方进行评价以确定移民安置文件中的目标是否实现；世行根据国家有关移民的相关法律、行政法规和世行有关业务政策，定期督导移民活动的实施，以确定其是否和移民安置规划文件中的内容相符,进行的持续调查、检查、监督和评估工作。如移民实施机构进行的内部的移民监测活动和由第三方的移民监测评估机构进行的外部监测评估活动。

（四）申诉机制

世行的政策根据《里约宣言》①的相关规定,要求移民计划的设计应包括一个系统的法律框架,一旦发生争议,必须有可利用的法律程序进行申诉。第一,申诉机制作为国别援助战略的内容之一,国别援助战略是世行提供贷款的重要依据②。第二,为项目移民群体及安置社区建立对移民安置方案异议的相应的、便利的申诉机制。第三,项目启动前要明确政策安排,为保证借款人的承诺,要求借款人对于大规模移民安置工作的项目实施法律框架;如果项目涉及非自愿移民,借款方(项目组)要评估有关移民安置的法律框架,以及政府和移民实施机构的有关政策;同负责实施移民安置的机构讨论移民政策和移民安置中的机构、法律和协商等方面的安排包括当政府或实施机构的政策与世行政策不一致时的解决办法。第四,借款方制订的关于确定移民获取补偿和其他帮助的资格标准和程序,须具备向项目移民、受影响群众或非政府组织(NGO)进行有意义协商的条款。

四、世行非自愿移民项目可能产生的问题

在全世界因发展而导致的迁移中,由世行融资的项目比重较小,但很重要。其重要意义远远超过了世行融资项目下非自愿移民安置的规模。世行的各项安置政策提供了一个移民安置模板:明确的目标——收入的恢复——程序与方式的创新,包括良好的安置效果、重新发展计

---

① 《里约宣言》原则 10 规定:"应让人人都能有效地使用司法和行政程序,包括补偿和救济程序"。

② 世行程序规定:如果借款国有一系列涉及移民的项目,世行与该国政府和行业之间的对话应该包括与移民有关的政策、组织机构、法律框架等事宜;世行工作人员应当将以上事宜反映到国别经济调研和国家援助战略中去。

划与时间表等多方面内容,这与借款人的通常做法是有明显区别的。多数借款人往往会根据土地征用权法,运用行政权力进行强制迁移和土地征用,或只局限于经济补偿所失去的财产;与此不同,世行的政策更在于以人为本、以恢复移民的生产能力和生活标准等方式来加以补偿。随着世行以人为本的可持续发展型安置政策的接纳程度的加深和认同感的增加,其指导意义将大幅改善其他融资项目的大量的非自愿移民安置的状况。与此同时,世行投资项目的非自愿移民可能产生的问题主要包括对安置地区的环境影响和对移民自身的健康影响两个方面:

(一)对移民安置地区的环境影响

对接纳移民安置地区的环境影响是指:由于移民安置计划的准备不足或借款人的误导行为,致使接纳移民安置地区的环境遭到破坏。

一方面,农业移民迁往城镇。世行成立初期,发展中国家多处于农业社会,农业人口比例过半;而时至 2000 年,这些国家的城市人口占本国人口的比例过半,其中许多是因世行贷款项目的实施被迫迁入城市的。这些非自愿移民由于没有一技之长而无法在城市立足,只能长期地生活在极端贫困之中,其居住的棚户区或贫民窟成为城市重要的污染源和犯罪源之一,同时也对这些非自愿移民的代际传承造成了极端恶劣的后果。

另一方面,移民至未开发地区。改变对这些地区的土地、水域的使用方式而未认真地预测和衡量它在环境上和经济上的后果,加上政府的不当宣传甚至误导等都可能导致环境遭到毁灭性破坏。

(二)对移民健康的影响①

世行投资项目对非自愿移民健康可能产生的影响主要体现在生理

---

① Satish Kedia 在《Tehri 水电大坝项目对非自愿移民健康的影响评估》一文中指出水电大坝建设对两类人的健康有影响:那些滞留在已筑坝的水体周围的人们和那些为配合大坝、排水区及相关建设而迁移的人们。仍滞留的人们被认为由于其生态和经济的改变,受到大坝建设的间接影响。移民则由于人口密度增加、接触新的疾病、饮食习惯的改变以及压力和其他适应新环境产生精神问题而受影响。即移民遭受生理和心理健康方面的威胁。

健康和心理健康两个方面。

在移民的生理健康方面：由于水库的淹没和大规模迁移等多方面原因，可能在库区和安置区内滋生多种传染病。（1）发展性的活动引起外来人口的增加，增大了原有的人口密度，同时破坏了原有的均衡状态，如大坝及安置地区的建设工作可能为病菌的传播滋生有利的环境，从而方便了传染性疾病的传播。（2）移民群体迁移到新的安置地，面临着新的环境、新的气候、温度和湿度等条件，打破了他们身体自身的均衡，从而使其身体易感染疾病。（3）移民进入人口稀疏、或者未开发的新地区，由于这些地区的卫生条件很差，可能使他们染上新的疾病。（4）移民对安置地的某些寄生虫没有任何的免疫能力，一些移民刚到安置地时会因水土不服等原因病得很严重，从此面临着健康状况欠佳的持续状态。

在移民的心理适应方面：移民及适应新环境的生理及心理压力使得移民的健康恶化。移民面临着要求快速适应新的生态系统还常有新的经济环境、社会环境或文化风俗环境的压力，也可能患上生理及精神上的疾病。而精神的压力比生理好坏更能影响移民的安置地融入。

第二节　亚洲开发银行的非自愿移民
贫困风险规避政策

亚洲开发银行（简称"亚行"，Asian Development Bank）是亚洲和太平洋地区的区域性金融机构，它并非联合国的下属机构，而是联合国亚洲及太平洋经济社会委员会（联合国亚太经社会）赞助成立的机构，亦同联合国及其专门机构有密切的联系和往来。建立亚行的宗旨是通过发展援助帮助亚太地区发展中成员消除贫困，促进亚洲开发银行标志地区的经济和社会发展。亚行对发展中成员的援助主要采取四种形式：贷款、股本投资、技术援助、联合融资相担保。

一、亚行非自愿移民政策的基本目标

亚洲开发银行（以下简称"亚行"）移民安置政策目标是保证因工程发生的移民能从工程中受益，帮助移民努力至少恢复到或提高他们以前的生活水平。主要包括：第一，项目应该给人们带来的是更高的生活水平，特别是对那些贫困人口以及其他弱势群体。第二，确保项目按照亚行的社会保障政策执行。其主要原则是：不应有人因为项目受到损害，特别是当其他人受益的时候。

二、亚行非自愿移民安置规划的内容与重点

亚洲银行在正式评估项目之前，其技术部门要求收到合格的"移民安置行动计划"，这份计划的要求要高于国内可行性研究阶段的移民安置规划，这也是编制亚洲银行贷款项目移民安置行动计划的难点之所在。亚行所要求的"移民安置行动计划"的主要内容有：组织机构的分工与定位；库区资料盘查与社会经济调研；移民、社区的参与、安置区的融合；法律条款；安置区的可选方案及确定；财产损失估价及补偿；土地流转；有关培训、就业和贷款的机会；住房、基础设施和社会服务；环境保护和管理；实施进度、监测和评价。这些要求大致与世行项目的要求类似，同时加入了基于亚洲各国实际国情的标准。

亚洲银行对移民安置实施进度、监测和评价的要求是"移民安置计划的进度与主体投资项目的实施进度一致"，这一点也类似于世行贷款项目的要求。也即，移民安置规划中所有活动的每项时间安排，都应有初期的调查与准备；实际搬迁工作和搬迁后的社会经济活动计划也需予以时间刻度上的明确；对于何时能收到移民与安置区居民融合等预期效益，也应当规定一个达标的具体日期。在安置规划的后期，亚行还要求借款方在项目准备期间作出移民安置的监测和评价工作等安排，并在工程监理期对移民工作加以监测；其中，移民监测需要独立的第三方监测部门承担，以保证其提供的信息材料客观完整。

三、亚行非自愿移民政策关于贫困风险规避的制度安排

同世界银行类似,亚行规定借款方为移民安置的主要责任人。借款人必须在工程筹备期间建立负责管理移民安置的相应的组织机构,并向这类负责机构提供充足的人力、物力、财力等资源保证。亚洲银行对移民机构的设立提出的方案建议有:(1)在项目单位内设置专门移民安置机构;(2)将移民安置委托给地方管理机构;(3)邀请非政府组织(NGO)等社会组织团体介入移民安置的规划、实施与监测。亚行特别强调移民安置工作中的公众参与,要求在整个项目筹备、实施过程中和搬迁后的生产、生活恢复过程中的公众参与,以便信息及时有效地沟通,从而获得安置区原住民与移民间的合作、参与等反馈意见;在制定移民安置规划时,要向移民公开和介绍移民所拥有的权利及可供选择的方案。亚行认为,成功的移民安置应及时有效地调动移民本身的积极性和责任感,将移民责任和从安置机构转交给移民本身。

亚洲银行规定无论资金来源如何,移民安置的所有费用都要纳入主要投资项目的总费用概算中(见表5-2)。

表5-2　亚洲银行移民费用一览

费用项目	主要内容	其他内容
赔偿	土地、房屋及其他征用财产的费用和丧失收入的赔偿	项目区域内人口调查、测量和估价研究费用
移民	移民安置区征地、建房及当地基础设施费	必要的研究费,移民搬家运输费,过渡期补贴,对受影响居民的赔偿及环境保护费用
重建	支持移民恢复收入和改善居住条件的活动费用	附加的当地发展项目、新的服务、农业推广、培训、创造就业机会及贷款
管理	人员、办公室、技术辅助,社团参与活动、通信及类似项目的费用	
公共财产损失	国家公路、桥梁及需要重建的国家和地区基础设施的费用	

四、亚行移民政策的意义

亚行的移民政策对我国的工程移民政策有着诸多的指导意义,且两者在很多方面是高度一致的。我国的移民政策更加符合国情民情,因此其可操作性更强。比较而言,我国和亚洲银行的移民政策大致相同,尤其体现在尽量减少移民的数量、移民生产、生活的妥善安置、使移民生产和生活水平等于或高于原有水平,并努力使其能够在原有基础上有所提高。亚行在移民安置政策方面特别强调公众如移民和非正式团体的参与及对脆弱性群体的特殊照顾。相比而言,我国的移民政策更加提倡开发性移民,并着重强调了移民安置补偿方式的组成主要来自国家层面的补偿与移民自力更生的政策。

一方面,在移民安置规划的编制和计划方面,亚行对移民安置规划的要求要比我国可行性研究阶段的要求高。在编制亚行援助贷款项目的移民安置计划时,首先需要领会亚行移民政策的基本原则与内涵,将亚行移民计划要求的相关内容反映在移民安置计划的报告里,如公众的参与程度、移民的负责机构、移民补偿信息的公开、相关法律的内容与程序、资金的财务管理等内容。尽管上述内容在中国工程移民规划的实践中也是必须考虑的,但中国相关政策对可行性研究阶段规划报告在习惯上并不对这些内容做具体的要求和规定。值得欣慰的是,中国的移民安置规划中,对移民的安置去向、移民的生产出路、移民的生活体系恢复等方面内容的要求已加深,可基本满足亚行对移民安置行动计划的要求。

另一方面,在安置计划的监测评估方面,中国可以借鉴亚行的非自愿移民政策相关规定,做第三方独立的移民项目监督与评估,并结合该项目的实际情况,参照参与式农民评估模式评价子项目的进程与变化。

第三节　典型国家非自愿移民
贫困风险规避政策

移民安置是水库工程建设中不可回避的问题。世界已建在建水库的总库容超过 60000 亿立方米,水库建设造成大面积土地淹没,移民达到数千万人。中国是一个人口密集的发展中国家,同等规模工程的移民量要远远高于世界上其他国家。以水利水电工程为例,全球移民量最大的工程均在中国(见表 5—3)。研究和借鉴世界其他国家水利水电工程移民的经验,对于中国不无裨益。

表 5—3　世界部分特大水利水电工程移民数量　　（单位：人）

工程名称	所在国家	完工时间	移民数量	工程名称	所在国家	完工时间	移民数量
Aswan	埃及—苏丹	1967	120000	Kossou	象牙海岸	1972	75000
Itaipu	巴西—巴拉圭	1991	65000	新安江	中国	1960	291484
Pong	印度	1974	150000	三门峡	中国	1960	402882
Tarbela	巴基斯坦	1976	96000	丹江口	中国	1973	390000
Hirakud	印度	1958	110000	小浪底	中国	2001	201400
Ukai	印度	1972	52000	长江三峡	中国	2012	1130000

世界各国的移民安置政策依各国经济发展和社会文化的不同发育程度,可以大致归纳为两类:一类移民安置政策以非洲为代表。在非洲,由于部落文化和氏族文明的延续,多数库区移民有一种群体意识,强烈地要求与其邻居和亲属住在一起,所以当地政府会考虑采用整体搬迁、集中安置的移民政策,如尼日利亚的凯恩基水库、科特迪瓦的科苏大坝、加纳的沃尔特水库和埃及的阿斯旺高坝的移民规划都是如此。大多数发展中国家的移民政策可以借鉴非洲的移民安置经验。还有一类以美国为代表的移民安置政策,当地移民管理机构通常以一户或一个农场为单位考虑,支付给移民一定经济补偿后(一般是货币形式的

经济补偿），由移民自由选择去向。这类移民安置政策将移民安置的重点放在房屋建设上而不是社区提供新的就业机会和土地补偿制度上。此类移民安置方式更适合于有一定的技术特长、受过一定的高等教育和具有较强谋生能力的家庭或个人。

一、移民的生产、生活恢复政策

（一）库区征用、征收土地的补偿

水库建设征用土地面积应比淹没面积大。水库淹没的土地面积主要取决于大坝水位和调节周期。对征地来讲，除淹没部分外，还有水利工程建筑物占用的土地，后者大约占5%—9%。另外，根据苏联和其他一些国家的资料，浸没区和库岸再造区的面积一般为淹没面积的6%—10%，沿岸设施用地面积为淹没面积的10%—15%。有些国家征地面积远大于水库面积，特别是美国田纳西流域的17座水库，实际淹没面积为203万公顷，而征地面积达470万公顷，为前者的2.3倍。

由于各国政治经济制度和水权、地权的法律不同，水库建设中征用土地和其他不动产的方法互有差异。在英国，水库建设由所在河流的流域委员会主管。在瑞士，并未制定过统一的联邦水法和土地法，各州都有各自的地方条例，当库区影响到几个州时，要分别处理。美国虽是个土地自由买卖的国家，但只要经过法律程序，可以实行强制征购，甚至没收充公。田纳西流域匹克威克水库的征地中，自由收买的占91.1%，强制征购的占7.8%，没收充公的占1.1%。在市场经济国家，收购地价以当时当地房地产市场的价格为基础，根据买卖双方的协约计算。苏联和东欧各国，土地一般属国家所有，水库用地及其补偿视作国土资源利用方式的调整和改变。但具体做法也不尽相同。在捷克，除国有土地外，仍有一部分属私人所有，需分别对待：国有部分实质上是从一个主管部门转入另一个主管部门，由政府决策，给予补偿；而私有部分，则由州或区政府承办赔偿事宜。赔偿可以是购买，支付现金，或经与地主商量，以地易地。类似的情况还有波兰，规定凡持有土地所有权证明的农民,其土地按质论价收买。

(二)对非自愿移民的土地赔偿

水库移民大致分为两种:农业的和非农业的,后者包括从库区拆迁企业的职工和城镇居民及农村手工业者。非农业人口随企业和城镇搬迁同时解决,下面着重说明以土地为生产手段的农业移民的土地赔偿。从技术上讲,可行的农业生产计划是恢复农村移民生产体系的主要途径。而在农业生产计划中,土地是关键因素,因为大多数移民可能成为农民或农业劳动者。重建移民的生产力主要取决于是否有土地。制定合理的补偿标准,实质上是正确处理国家、地方和个人之间的利益关系问题。

不同社会制度的国家,处理方式极不相同。在西方国家,居民具有较大的流动性,政府主管部门虽受理赔偿事宜,但并不负责安置工作。通常支付给移民一定的款项后,由移民自己决定去从;或在别处购地从事农业,或以此作资本,另谋生计。有些如法国、日本、西班牙、希腊等国家,给予移民购买新灌溉区土地的优先购买权和折扣购买的权利。而美国在田纳西流域水库建设过程中,也曾采用帮助移民寻找发现和购买经营新农场的措施。德国在建设奥凯尔水库时,政府则采取帮助移民规划建造新农场的做法以确保移民的土地赔偿。日本道平川大坝工程中,政府采用"年付金方式",向水库移民支付赔偿金,又被称之为"协力感谢金",政府向每户移民协定每年向其支付50万日元,并在30年还清。这种年付金方式所需的费用来自于水库建成完工后从受益部门收入中提取的红利。

发展中国家的情况各有不同,差别亦极大。如埃及阿斯旺高坝,其土地分配根据移来前是否从事农业生产而定。如原来有土地并以农业为生的,每户分配5费丹(1费丹约为4200平方米);如原来无土地,也不是进行农业生产的,则分配2费丹。巴基斯坦的曼格拉水库建造时,也为移民划出了大片新垦土地,每户可得0.5英亩水田或4英亩旱地。对于水利工程建设用地,泰国《土地法》规定:"政府应对所占土地实行补偿并负责新居住地建设,补偿费用包括土地费、房屋修缮费和粮食作物损失费等"。印度特里坝农业安置方案中规定,分给每户 0.9 公顷完全开发的农耕地,即使他们原有的土地不足这些,对无地的劳动者也同样对待。墨西哥对水库移民可提供 10—11 公顷土地,但需付款(通常并不便宜,达 1000 比索公顷),唯一的优惠条件是允许分期付款,第一次付 10%,其余部分在以后的 10 年内还清。菲律宾马加特工程中,采用如下方法分配农用地和宅地:(1)根据以前农民地产的分类、土地的生产率和其他关键因素将移民分成小组;(2)为每个组指定一块与他们先前持有的条件大体相同的土地;(3)对每个成员的地块分配,通过抽签进行。在苏联,因水库淹没或因建库施工时占用土地而给原土地使用者造成的损耗和农业生产的损失,均应遵照《苏联及各加盟共和国土地法大纲》第 18 款、第 19 款,和据此颁布的《关于因国家与社会需要征用土地对土地使用者的损耗和农业生产的损失的补偿办法》予以补偿,属于损耗补偿的包括:建筑物拆迁及在新址恢复或重建的费用,果木园林,防护林及其他人工培育的多年生植林;属于损失补偿的有:因建库等使土地使用者丧失等值面积土地的开垦费。土地损失补偿费还应包括在新垦土地上进行土壤熟化和提高肥力的费用。

大规模移民的工作经验表明,只给现金补偿通常是远远不够的。世界银行的政策要求补偿应包括因迁移而蒙受的一切损失(包括住宅及其他不动产,失业和丧失各种生产劳动机会)。补偿应做到公平合理,真正反映市场价格和补偿物的价值,并足以重建社会生活,保证移民在农业或其他部门谋求生计。因为补偿的现金一般不是生产性投资,另外,这种补偿往往不足。如果不给移民土地或找不到带来收入的机会,则最后可能导致移民强占公地,或破坏其他工程设施。

例如在渠道堤岸上耕种,侵占流域区的土地,或过度放牧。在补偿费用完以后,移民就陷入贫困。世界银行坚定支持贷款者"以土地补偿土地",并希望这一方法能一贯地加以实施。

（三）公民私有住房的拆迁、复建

移民安置中的另一重要问题是移民公有、私有住房的拆迁复建。在不同国家，各个工程对这一问题的处理各具特色。

世界银行认为，以开发为目标的搬迁态度应该是努力提高新居住地的住房标准和加强基础设施，而不仅是停留在原来的水平上。房屋迁建补偿费可按原有房屋数量和标准给予合理补偿。对远迁的移民，可按房屋类型的新造价补偿，近迁的移民可按原房屋拆迁复建的补偿价给予旧料拆运，材料补充和人工费等，对附属建筑物均按原有数量和标准给予补偿。由于人们更喜欢自己建造的房屋，因此一项有效的方案就是提供准备好的村庄地址，建筑材料和一些基础设施，由移民根据自己喜欢的模式建造较大且更有益于健康的住所，向移民提供专家绘制的新房屋的蓝图，供移民选择。国家和社会需要征用土地时，在征得公民同意后，建设单位或土地的其他占用者应向公民支付所拆除的私房和其他建筑物的货币补偿，补偿标准按估价标准确定。根据户主的要求，也可按现有标准分配给户主及其家属新的住宅，此时，便不再补偿被拆住房和其他建筑物的价值。搬迁和复建住房及建筑物的造价按国家基本建设预算规程确定。在迁建住房的过程中，建设单位或其他土地使用者不仅应给迁建户及其家属安排临时住房，而且在永久性住房交付使用时，还应负担将户主财产运到临时住地及永久住地的运输费用。若迁建户愿意自行迁建住房及建筑物，则可与建设单位或其他土地使用者就搬迁、复建房屋和建筑物，以及与此有关的补偿费用签订单独的合同。自行将其私有住房和其他建筑物搬离水库淹没区，对拟建房屋的迁建户，应准予他们按批发价购买建材。

在审定可能布置居民点的基础上，进行各选址方案的技术经济计算论证。以土地为基础的移民，新村的生产潜力及位置优点至少应相当于原来的村庄，世界银行鼓励"以土地换土地"，至少提供与损失土地相当的替换地。在村址选择时，必须注意利用非农业收入补充农业收入（渔业、采集森林产品、季节性有偿劳动）。对城市移民，新村址应保证类似的职业、基础设施、服务设施和工作机会。要考虑移民的种族、文化渊源、生活习惯。例如,苏联将部分山区居民安置到相当好的平原地区,因生活不习惯,移民又重返山区。应考虑迁入人口和接受地人口的比例,防止因人口密度增加而对接受地的自然资源产生过大的压力。村址选择时还要注重环境卫生问题、居民的愿望和意向。

印度规定,政府除了补偿移民的财产损失外,还应出资搬迁所有受工程影响的村庄或人口及他们的各类财产,并将他们都安置在工程受益地区。政府征收水利工程淹没线以下村庄的农业耕地和住宅用地,然后在受益地区按照受益地区与蓄水区土地之间所确定的比率来征收土地,用于补偿移民的耕地和宅地。在工程受益区内征收土地的原则是,向拥有一定数量以上的土地所有者征收,土地越多征收越多,但土地所有者有权选择较为贫瘠的土地作为被征收的土地。

(四)移民生产的恢复

恢复安置区生产是搞好移民安置,特别是使移民能稳得住的关键。按照传统农业生产体制来看,大部分安置地的土地面积都比较匮乏。因此,在安置地原有农业发展规划的基础之上,应当结合当地具体的自然环境条件和经济发展状况,论证土地开发和荒地开垦的可行性,采取有针对性的措施加强农业生产的恢复和农业技术的推广,在财政上加大所需费用的投资。众所周知,移民的生产恢复需要一定的时间过程,尤其是移民所得到的耕地较贫瘠,需要改良土壤,并调整产业结构。对大多数移民来讲,过渡时间一般不少于 1 年,有时甚至可以达到 5—6 年。

能够尽快使移民的生产得以恢复的措施主要包括:第一,智力开发投资。智力开发起码可以解决两个方面的问题:一是解决与移民转行就业或创业相应的劳动、生产技能问题。原来以种粮食为主的农业移民,迁移后可能会改种果树等经济作物,或者从事水产养殖业、畜牧业,或者由农业转向非农的二、三产业。对于文化素质较低的农业移民,需要更新现有的劳动技能掌握新的劳动技能,以适应再就业对劳动技能的要求。二是提高移民的文化素质和科技水平,如在现有的耕地上精耕细作、科学种植、采用和推广先进科技成果,提高生产率,因地制宜地发展多样化经营。因此,项目所在地政府应当建立健全农业技术培训机构,对移民进行培训。第二,移民优惠政策与优惠贷款。通过合理有效的渠道供给规模性农业活动所需的生产资料、生产工具和生产资本等。第三,水库沿岸开发利用。一种比较有效的解决大批移民的就业问题的思路,如开挖鱼塘、发展渔业、种植经济作物、饲养牲畜等方式,可以在土地矛盾比较突出的地方发展渔业。第四,安置剩余劳动力。因项目淹没耕地后,农村剩余劳动力增多,因此,需要兴办适量的非农产业,以安置农业移民中的剩余劳动力。允许移民中的剩余劳动力在城镇就业,鼓励富有创新精神的移民自主创业,在库区修建和经营娱乐场地,如水上度假村、生态浴场、垂钓场等观光点或其他旅游资源的开发①。

二、移民政策规避贫困风险相关法律保障

非自愿移民政策的法律框架可以从两个角度考察:一种是从纵向角度,即国家扮演一个管理者的角色,依其强制力从管理社会和居民的角度制定法律或政策,依靠现有的或新制定的行政或法律手段进行贯彻执行;另一种是从横向角度,即国家作为与移民平等的民事主体,赋予其"侵占必偿还"的法律人格,与水库工程移民进行交易和谈判,这时项目当局的行为则受民法原则调节与制约。世界各国对移民问题的立法角度一方面体现了该国政治文明的程度,一方面各国移民政策的差异也体现出政府与社会的强弱势态。一般来说,强政府、大政府制定政策时纵向的集权思想色彩浓郁,而弱政府、小政府制定政策时横向的公平民主思想色彩浓郁。个别国家针对项目移民相关政策还没有专门的法律规则,仅仅通过政府官员的命令下达来传递政策,这是最强烈的

---

① 钱磊:《我国水库移民非营利组织研究》,河海大学学位论文,2008 年。

纵向思维。

总体来看,各国的移民政策的法律框架应当全面完整,包含该国的根本法宪法,基本法如民法、经济法,专门法如合同法、财产法、征用法和环保法等多方位的相关法律。在具体移民的法律保障方面,有的国家用一般法指导,有的国家用专门法指导,有的国家甚至为某工程单列立法指导。

（一）印度

据估算,印度因工程建设大概迁移了 2500 万人口。1894 年制定颁布的《土地征用法》(The Land Acquisition Act,1894)①是指导印度移民安置工作的主要法律,该法律始于英国殖民统治时期。印度独立后对该法进行了多次修订,目前使用的《土地征用法》(The Land Acquisition Act,1985)仍是印度有关国家公共目的或具有公益性质的公司土地征用和移民安置的最具高效力的主要法律依据。该项针对移民安置的专门法共设 8 章 55 条,基本涵盖了土地征用的全部流程(见表 5-4)。

表 5-4　印度土地征用的流程

土地征用的流程	具体内容
征地公告	一旦某块土地可能被用于公共目的或公司占用,必须要在官方媒体刊登公告,使有关人员得知征地信息。该法规定,土地包括土地的滋生物和土地的附着物
标的聆听	标的聆听相当于中国现行的各种听证会。任何与被征土地有利益关系的个人或代表均有权聆听征用人关于土地征用的用途、性质及其他必需信息。一旦土地被征用,原地主有权获得相应的补偿。一旦征用计划获得通过,即应公开宣告
利益主张	政府官员应通知利益相关者在特定时间和地点提交土地损害赔偿要求。一般要求提供近三年获得的或可能获得的土地收益(产量、地租、租金、利润等)

① India,The Land Acquisition Act,1894.http://dolr.nic.in/hyperlink/acq.htm.

续表

土地征用的流程	具体内容
损害调查	政府官员应对上述损害赔偿请求进行调查
最后决定	政府官员应就土地征用作出最后决定。该决定应送达相关法院和每一位利益相关者
获得土地	原居民迁出，工程展开

（二）土耳其

土耳其关于土地征用等不动产征用的指导法律来自于国家层面，该国于1983年颁布了《土耳其征用法》①。与其他国家的相关法律相比，该法具有三个重要特点：（1）公共工程的认定。强调一项工程的开发与建设是否符合公共目的或公共利益，而想要符合公共工程的认定并非是一件简单的事情，需要多个机构共同讨论决定此项工程的性质。（2）不动产的估价。由专家委员会会同法院委员会实地调研考察，并确定将被征用的不动产，对其进行估价和测算，并听取和参考相关人员的意见与建议。（3）重视专家的作用。为了保证对该项目评估的公平、公正与客观、准确，《土耳其征用法》要求每个地方都需要设立一个评估专家委员会，该委员会隶属于全国工程师与建筑师协会，邦一级应由15—25名专家组成，而地方一级由15人组成。

土耳其的移民安置法律依据是《土耳其安置法》②。其特点是：（1）涵盖多种类型移民。如回归移民、国际难民、流浪者定居与工程移民在土耳其均受《安置法》的调节。（2）重视农村发展。土耳其农村事务部对为了改善生活、生产条件而同意整体迁移的村庄制订迁移建设计划并设立专项基金予以财政支持。（3）鼓励非农产业。如果移民愿意从农业转移到非农产业，只要他们经过了规定的培训就可按专业技

---

① Turkey,Turkish Expropriation Law,1983.http://www.ifc.org/ifcext/btc.nsf/.

② Turkey, The Turkish Law of Resettlement. http://www. ifc. org/ifcext/btc. nsf/Content/Turkey.

术人员对待。

（三）巴西

巴西国民的财产管理、交易和征用相关的法律依据来自于巴西《民法典》①。其中规定土地是最重要的不动产，包括地面、地上和地下资源。地下资源和水电的开发需要巴西政府的执照，受巴西宪法的调节。

可以看出在对待移民安置问题上，印度和土耳其的法律依据主要来源于经济法等一般法；而巴西的法律依据则来源于民法等基本法。

三、移民政策的计划安排与组织保障

移民是一项系统、复杂、严谨的工作，必须有周密的行动计划指导移民全过程。移民计划的详略粗细反映了工程项目当局对移民工作的重视程度。移民安置计划既可以是整个工程计划的一部分又可以是单独的一个计划。移民计划应在时序上比工程进展优先一步，也即应当具有超前性。

阿斯旺移民计划被纳入国家的五年计划，并动员了中央和地方两级政府的力量。政府在阿斯旺省新建了 5 个工厂，以期能够实现安置移民的职业转换、安居和发展。整个移民投资占工程总投资的 8%，约合 7656 万美元。埃及政府组织成立了调查组，负责调查清楚库区的所有社区和家庭的基本情况。纳赛尔总统和莎菲副总统代表埃及政府，亲自视察库区并向移民发表讲话，强调了移民安置的两项基本原则：一是保证实行免费教育和医疗；二是加强分散社会的团结。埃及还成立了努比亚人移民联合会，按照计划，移民定居点的排顺与迁移前相同，只不过在原地名前加了一个"新"字，如亚丁当改名为新亚丁当。埃及政府还在新移民区修建了大量的学校、医院、邮电局、体育场、消防队、

---

① Brazil, The Brazilian Civil Code(in Portuguese).http://www.planalto.gov.br/ccivil_03/leis/L3071.htm.

商店等公共设施用以完善社会服务。

移民工作的复杂性、烦琐性、细致性和具体性,要求必须要有专业人员和专门的机构承担。根据世界各国不同的实践特点,可以将移民机构分为三种模式:一种是负责工程开发与建设的当局内部设立移民工作部;一种是由国家主导设立独立的第三方移民部门,负责移民工作,但与工程开发建设的组织无关;还有一种是地方政府负责设立第三方移民机构,负责工程移民。世界上一些政治文明程度较高的国家,还会积极吸收因项目开发而受影响人群或社会非正式组织进入移民安置机构,参与移民安置规划和实施工作。

土耳其政府由国家主导成立的移民机构具有常设性和代表性。在土耳其,土地征用和移民被认为是两种不同的活动范畴,由不同的国家部门进行管理(见表5-5)。

表5-5　土耳其移民机构功能分布

部门	职责	法律依据	移民过程中作用
国家水利工程总局 Devlet Su Isliri,DSI	土地征用	《土耳其征用法》	征地和移民安置过程
国家乡村事务委员会 General Directorate of Rural Affairs,GDRA	移民	《土耳其安置法》	落实、实施

与土耳其不同的是,巴西政府的移民机构具有临时性和随机性。如巴西图克瑞水利枢纽工程在开工前期,国家并无专门的移民安置负责机构,现有政策规定的补偿范围狭窄,补偿水平不高,并且项目负责部门要求居民必须迅速与图克瑞工程管理局签订合同,没有任何协商的余地。正是由于这种强制性的霸王条款和工程当局工作的粗糙,导致大量项目移民的普遍不满。于是,自1981年起,该地区出现了多次大规模的移民游行示威,各种移民组织也纷纷成立,用游说、调查、申诉等手段维护移民的利益。为此,项目开发当局建立了一个公平委员会,

也称之为巴西政府的特别移民机构的设立,主要负责开展与移民的对话、协商和谈判。该委员会成功地解决了 2247 例移民申诉案件中的94.39%,仅剩极小部分移民问题尚未解决。1994 年,在仍然持续的移民抗议活动的影响之下,巴西联邦政府又成立了一个跨部的专门委员会,用于解决剩下 126 户移民的安置问题并使问题得以圆满解决。这充分说明在移民安置过程中,是否有一个专门负责解决移民安置问题机构的重要性。

印度则把负责处理移民安置问题的国家监理委员会设在中央农村发展部土地资源局,由农村发展部部长兼任主席,其他国家部门如国家计委、水资源局、社会正义授权部等部委局的秘书组成工作人员,国家监理委员会还在农村发展部土地资源局设立了一个负责处理日常事务的常务机构。

很多国家还成立了专门的监督机构对移民过程进行监督管理,有的甚至是独立的第三方监督机构,并吸收了大量的非政府组织的参与。这样的组织设置,一方面可以保证移民工作的顺利落实,一方面也能够防止移民过程中的贪污和浪费等腐败行为的出现。移民监督机构依其独立性,还可以分为内部监督和外部监督这两种基本模式,其中:内部监督是工程当局、移民当局的自我监督管理,这种监督来自于当局内部,是一种非独立的监督机构,效率普遍不高,饱受争议。外部监督是成立独立的第三方监督机构,这个机构不受制于工程当局的制约,其组成人员可以包括各方面的代表,如政府代表、司法代表、移民代表、安置地居民代表、工程代表、非政府组织代表等多方主体的参与,代表来源的广泛性保证了工程项目移民安置各个阶段监督管理的公平、公正和有效。

四、健全移民政策的补偿安置措施

补偿标准和补偿方式是移民的补偿安置政策中的重点和难点。各国的移民补偿标准差别巨大,这与各国的政治环境、经济水平和社会力量对比有着非常密切的关系。移民补偿的理论依据可以大致划分为三类：第一，生活水平标准，也即搬迁前后的移民在精神和物质生活水平上面应当大致相当，这些移民不应出现因迁移而贫困化的趋势；第二，重置成本标准，也即以重置成本计算损失的财物并予以补偿，一般采用物质补偿方式，如"以地补地、以房补房"；第三，市场价值标准，也即以市场价格对居民财产进行收购，给因项目而受损失移民予以货币形式的补偿。但是，各国在制定具体的补偿范围和补偿标准时，对于是否补偿移民的无形资产或精神损失等规定仍具有相当大的差别。

从各国的移民安置模式来看，可以将现有的模式大体分为三种：一是本地外迁安置，这种模式适合后部空间大而移民数量少的工程，迁后移民的生存手段主要依靠水库的水产、水电、水费；二是整体外迁安置，又称之为"移民开发"或"移民建镇"，这种安置方式需要大块的待开发的可生存的空间，适合于国土面积辽阔、人烟相对稀少的国家；三是分散外迁安置，这种安置方式适合于空间狭窄而人口密集的国家。目前大多数国家的移民安置更多的是采取分散迁居的办法，对于移民来说，这种模式有利有弊：进入现成社区，直接享受相应的公共服务和基础设施为其利；但可能会存在移民难以融入安置地社会环境，或者受到安置地原居民的排挤为其弊。

印度是一个人口密集的国家，与中国一样，它的补偿方式和标准的制定必须要考虑到这一具体国情。印度政府以货币补偿方式作为征用土地补偿的主要方式。该国法律法规明文规定移民补偿应全面、足额、及时和分配合理①。全面是指对因土地征用而造成的所有损失需进行全部补偿，不仅包括被征用土地本身，还包括土地的滋生物与附着物；不仅包括如房产、建筑物等有形资产，还应包括如企业的商誉、供销渠道和市场容量等无形资产。足额是指对因征用土地而对移民所造成的

---

① 段跃芳：《印度水资源开发过程中的非自愿移民问题》，《南亚研究季刊》2006年第4期。

损失损害,征用补偿数量应足以支付其重置成本。同时还要求相应的补偿款项应到位及时,且分配规则可以兼顾全部利益相关者。

埃及的阿斯旺工程对水库移民的补偿方式,采取了土地与货币补偿相结合的方式,约60%的家庭重新获得耕地,其他40%的家庭则获得了相应的货币补偿。

巴西是一个地广人稀的国家,国内具备十分广阔的安置移民的空间,所以政府对移民的补偿标准相对来说是比较高的。城镇居民不但每户可以获得补偿一栋新的建筑,还可以免费取用用于房屋装修的有关材料,而部分带有后花园的移民原住房,工程项目当局也会安排类似的设施在他们新的安置地。对于农村移民来说,补偿标准是每户50公顷土地和1座小木屋;政府为了方便移民耕种和建房,还将帮助移民清理出一公顷的土地。

五、后期恢复支持与文化风俗保护

因国家发展的需要而被迫迁离故土的非自愿移民,无论在物质上还是精神上,原有生活生产的均衡都被打破,他们有可能需要承受巨大的痛苦或贫困。国家的移民政策不能只注重如何使其搬迁或给予一次性的经济补偿,更应该是"扶上马,送一程"。所谓"送一程"主要是指移民安置后期的政策支持,包括移民安置后的职业技能培训、就业机会安排、融入心态调整、生态环境改善和社会融合等方面工作。对此,不同的国家或者不同的工程有着不同的政策。但显而易见的是,没有强有力的移民后期政策支持,移民的贫困化风险将大为增加,进而会引发社会的动荡以及相关的经济、政治风险。

印度政府对于移民安置后期政策的支持,主要来自于其农村发展部在2004年颁布的《受工程影响家庭的移民与恢复国家政策,2003》,该文件对工程移民的后期安置复原相关问题作出了全面具体的规定。如,各工程项目都必须成立移民与恢复委员会,该委员会负责对工程移民的安置恢复相关工作进行全面系统的监督。该委员会由部落代表、妇女代表、志愿组织代表、主要银行代表等多方主体组成。各联邦还需成立心理安抚机构,对工程项目移民中出现的精神痛苦和心理落差予以慰藉和调整。

埃及则对阿斯旺大坝的工程移民给予长达 10 年的后期援助支持,使阿斯旺地区发生了巨大的变化。埃及政府在阿斯旺地区提供了大量的工作机会,甚至吸引了众多来自于首都开罗市和亚历山大市的人们,他们都愿意到此地寻求工作机会。埃及政府还帮助当地移民建立了提供移民子女教育的高中和大学,用于提高移民群体的生产技术水平并保留移民群体原有的文化传统,并鼓励移民积极参政议政。埃及政府对阿斯旺移民经过 20 多年的扶持与发展,使绝大多数移民已经能够站稳脚跟,尤其是移民的新生子女已经能够顺理成章地融入当地社会。他们的生活水平和生产能力不但超过了移民前,而且甚至超过了安置地的原住民。

由于工程开发等项目的移民也会造成大量文化遗产的损毁。一般来说,可以将文化遗产分为两类,一是物质文化遗产,由于被淹没、原住民遗弃等原因造成的物质形态遗产损毁。因此,应当将这类文化遗产完整有序地搬迁,并确保在搬迁途中不致发生损坏。如,阿斯旺水坝的建设评估认为,水库的兴建,将会导致尼罗河西畔的娜芙尔塔丽王后神庙和拉美西斯神庙被淹没,为了避免物质文化遗产的损毁,埃及政府决定将其切割成多块,将其从库区搬至 160 米开外的地方重建。还有一类是非物质文化遗产。如一些民族的民俗习惯和生活方式,原本只能在这片区域中的原住民中代际相传,搬迁后极易改变或消失。同样是在阿斯旺工程移民过程中,埃及政府为保护努比亚人的民俗习惯和生活方式,不仅将该民族移民依照部落整体性搬迁,且其定居次序也与搬迁之前相同。

第四节　经验与对我国的启示

大型的开发工程往往对一个地区甚至一个国家的国民经济具有重

大的经济和社会意义,但开发工程所带来的非自愿移民不仅对移民者的经济和文化产生很大的冲击,也破坏了当地和迁入地的社会经济结构,对国民经济也造成了不良影响,引发受影响的项目区和受益区及国家长远利益的冲突。为避免和减少这种消极影响,世界银行于 20 世纪80 年代颁布了相关政策,成为处理工程项目中移民问题的基本原则。通过介绍国外水库移民的经验,结合世界银行关于工程建设中非自愿移民的政策,可以得出如下启示:

一、移民规划的失误与移民问题的认知

非自愿移民是水库建设中最棘手的问题。特别是在许多发展中国家,由于宏观规划管理能力低下和政府财政能力虚弱,移民与开发工作中经常出现失误。移民安置中的失误主要表现在以下方面:一是忽视移民问题。当土建工程规划看不到移民安置的社会需要时,就可能出现重工程设计,轻移民工作的所谓工程偏见现象。一些水库,由于忽视或缺少移民规划,致使移民的社会地位和经济收入不能恢复,带来严重的经济、文化和政治后果。二是移民安置规划失误。移民安置计划不周全和解决问题不恰当造成社会不稳定。如菲律宾北部奇笠河工程四座坝址被迫放弃,正是因为移民安置规划的不当遭到了高原部落反抗与抵触。印度苏伯哈塔克哈坝发生抗议示威,是因为移民对安置计划存有争议。三是忽视农业恢复问题。有些移民安置工作缺乏适当的社会经济规划,只考虑征用地的赔偿,没有考虑当地居民生产的破坏情况。四是没有考虑移民未来的谋生途径和方法。当安置区地少人多,土地矛盾突出,而移民安置机构对移民就业不予考虑时,就会出现社会不安定的局面。如世界银行援建印度的一个工程,给移民盖了很漂亮的住房,建了整齐的街道,笔直的马路,比原来条件强得多,可移民迁入后发现既没有了土地,也没地方就业。五是低估移民人数,移民费用不足。如东非一个水电站,根据本国资料,移民 400 户 2000 人,而世界银行调查农业人口至少 1.5 万人。肯尼亚基布安水力发电站淹没的迁移人数在全面普查时比初估人口高 1 倍多。亚洲一个贷款国采用 15 年前的资料,使移民人数低估了 80%。六是忽视移民安置对当地环境及原有居民的政治、经济和文化影响。

就其性质而言,移民是一种发生在移民者身上的社会—文化—经济过程,而不仅是发生在自然环境上的过程,移民问题的社会性和文化性,远远超过其经济性和环境性。在原来的生产体系和生活方式受到破坏、社区结构和社会网络解体的时候,移民的心理失落感是非常强烈的。原有的社会团体消失,社会凝聚力严重削弱,产生新的社会不安定因素。总之,移民是一个带有很大破坏性的痛苦的过程,处理移民是一项非常艰巨的任务,即使移民人数较少,低估移民问题也是一大错误。总的原则是移民安置优先于工程的建设,在工程项目规划开始,不仅要充分考虑移民的规模和复杂性,而且要把移民作为工程的重要组成部分和优先考虑的工程来看待,而不能只作为附属项目。在以往的开发工程中,由于缺少详尽的规划或规划落实不力,或移民资金得不到保障,而导致工程失败的教训并不少见。

水库淹没首先是对土地资源利用产生影响。淹没土地的面积可据水库的正常蓄水位及其范围内的当地地形来确定。各大洲水库的淹没面积大概为:欧洲 450 万公顷,亚洲 850 万公顷,非洲 400 万公顷,澳洲 30 万公顷,北美 1300 万公顷,南美 550 万公顷,全世界总计约 3800 万公顷以上(1989 年资料)。水库建设要淹没大片有用土地,并可能产生某些间接的不良影响,主要是:永久淹没部分农业用地;临时淹没、浸没部分土地;可能改变农业生产的自然环境,如不利的小气候,动植物群落,取、引水条件等;丧失某些农业生产或农村生活上有用的非农业土地和其他自然资源,如树林、矿藏等;破坏或影响土地的耕作制度;由于交通道路网、居民点、农产品加工企业、供应基地的改变或搬迁,给生产、运输甚至文化生活等方面带来损失和不便。当然,水库建设也有可促进农业发展、为农业创造更有利条件的一面,主要是可发展新的灌溉区,或提高已有老灌溉区的保证率,从而大幅度提高单位面积的产量,以及使原被周期性洪水淹没而不能耕种或产量极低的土地得到利用或改善等。但从局部看，从近期看，水库淹没对土地资源的影响是现实的，也是巨大的。

如果说水库淹没对土地资源的影响主要表现在经济和生态上的话，那么水库淹没对居民的影响则是多方面的，也是极其深远的。移民人数取决于水库大小及库区人口的密度。少则每平方公里几人到几十人，多则上百人、上千人。除人口特别稀少或特别稠密的水库以外，一般大型水库的移民为 10—40 人每平方公里。但在人口稠密的国家，如印度、巴基斯坦、埃及等国家要高很多，可达 500—1000 人每平方公里以上。

移民安置是水库工程建设中不可回避的问题。世界已建在建水库的总库容超过 60000 亿立方米，水库建设造成大面积土地淹没，移民达到数千万人。从水利工程建设的历史发展来看，早期的河流开发所造成的淹没损失比较大；随后，水利水电建设在选址时逐渐转移到人烟稀少的区域，加之移民安置的规划设计上和政府政策的主导思想上逐渐重视减少淹地和移民，对浅水区采取保护措施，使得库区淹没损失程度有了巨大的改观。从地区来看，移民人数较多的工程主要分布在亚洲及非洲国家，发达国家无论新建大型水库工程还是库区移民人数都大大少于发展中国家。

在大型工程中，移民是需要解决的最严重的社会问题之一。大批移民搬迁不可避免地对周围环境造成巨大的压力和影响。移民问题既是经济问题，也是一个复杂的生态问题，同时又是一个社会问题。由于工程和水库淹没占地，毁坏了生产资料，使原来的生产系统解体，损失大批财物，丧失收入来源，移民原来的生产技术难以适应新的环境，带来了移民长期贫困的危险，并使一些移民暂时处于食品不足的状态。大型项目造成的非自愿移民迫使居民放弃他们的各种不动产权，包括住房、土地、经济机会（比如附近的工作）和公共服务设施，另外还有非经济财产权，例如庙宇、墓地、公共建筑物等。在城市居民的搬迁中，由于破坏了与顾客、供应商的联系,可能会给商人、小业主、街道小贩、家庭工业等带来一些特殊问题。财产所有者的财产给他们带来的收益可能会远远超出给他们的补偿。一些无形财产的损失,如靠近家族团体,去教堂和其他文化场所的机会,就业机会等无法计算。所放弃的生产资料也许难以用实物取代,比如在人口密集地区,就难以让他们得到失去的土地。

如果把移民与文化问题联系起来,那么搬迁就会对人们产生特殊的社会文化影响。研究表明,强制性搬迁可能造成心理压力和社会文化压力的增加,移民可能会产生一种举目无亲的无助感。原有的社会结构和社会网络被破坏,原来关系紧密的社会团体被分散,导致社会凝聚力大大减弱;移民甚至不得不改变原有的文化特征和传统风俗习惯以适应新的生产、生活环境,进而对能否融入安置地、是否能够开始新的生活抱有抵触情绪和怀疑态度;迁到一个完全陌生的新区域,移民担心能否与新的环境和谐相处等。所有这些压力必然导致移民内心的伤痕累累,如迁离故乡的伤感,对可能发生的事情产生焦急感,以及移民对当局的依赖感。移民不愿远离故土是带普遍性的。承担特殊风险的脆弱群体是土著居民、无地和半无地者。对于贫苦、收入仅能抵支出的小农和无地者来说,因迁徙而忍受生活艰辛、离乡背井之苦特别严重。此外,在没有大片土地可以安置的移民而采取插入式安置的情况下,经验表明,接受地的居民可能把移民看作廉价的劳动力,从而剥削他们。

除外迁移民本身受到影响外,对搬迁接受地的原有居民也会产生影响。由于大批移民迁入,引起接受地人口密度增加,超出其土地和其他自然资源的承受能力。通常建库后沿岸四周两公里范围内的人口密集将大为增加。

如苏联雷宾斯克、齐莫良等水库近岸区的人口分别增加到27万人和13.7万人,密度达到1万人每平方公里。亚洲一个工程把四个村庄的1500—2000个移民和6000—8000头牲畜强制迁到一个已有300人居民的村子里,造成人口过载。移民和当地居民为了更多地利用资源而产生竞争乃至冲突的事常有发生。开始时当地人对移民可能作出友好的反应,但随着对土地、用水、服务设施等需求的增加,严重的冲突就可能增加。当移民在人数上占优势时,他们可能侵占当地原住民的土地等资源。如果只给移民们提供优越的设施和住房,则当地人会产生妒忌感,不利于移民和当地居民的团结。移民们和接受地居民之间的社会、经济和文化融合是一个缓慢的过程,它不能通过行政手段完成。但是,重建一个有效的新社区和新的社会结构,这一过程又是必不可少的。如果制定有利于团结的政策性计划,则这一过程可缩短。

二、世行移民政策与中国相关法律完善

水库移民不仅是一个工程建设中的问题,也不仅是一个经济补偿问题,更是一个社会问题。库区土地的征收和补偿,移民的安置和补偿,政府、工程单位以及居民的法律权利和业务等,应当以立法形式加以规范。美国对所有因公共工程造成迁移所进行的不动产征收和重新安置补偿,有《不动产征用法》。日本对于水库移民的淹没补偿,早期实行的是 1953 年经内阁会议审议通过的《电源开发的淹没损失补偿纲要》,1962 年内阁会议又批准了《取得公用土地的损失补偿标准纲要》。我国在这一移民立法方面的迫切性是显而易见的。

中共中央在党的十一届三中全会之后决定加入世界银行,将国际金融组织贷款作为中国对外开放的重要起点。30 多年来,中国成为该组织最大的项目借款国之一,累计贷款达 4100 多亿元人民币,受援项目的总金额超过 10000 亿元人民币。国际金融组织的贷款援助以促进中国改革开放为目的,在许多关键领域提供了卓有成效的发展援助。一方面国际金融组织的贷款是"推进器",对中国的改革、开放和发展起到了重要作用;另一方面中国奇迹也为全球经济发展和全球一体化做出了增长、贸易、减贫和发展四大贡献。国际金融组织与中国的合作是一个成功的"合作、互利、共赢"的关系而非简单的借贷关系。世行对中国的作用和影响也与之类似,其中重要的因素是世行环境政策对

中国相关法律法规制定的影响。

世行的移民安置中环境政策的鲜明特点就是重视非自愿移民的权利,对移民权利维护主要表现在确保其充分参与社会的权利和相对完备的社会保障措施。在中国,受制于传统集权思想和计划经济思维模式的影响,在环境法律政策的制定与实施中,常常忽视了非自愿移民的权利维护。而世行环境政策在这方面的经验为中国的相关立法实践提供了一些启示:第一,在《中华人民共和国环境保护法》中应加入保障非自愿移民享有相应权利的条款。第二,在大型工程项目的建设中,应注重与非自愿移民之间进行的密切协商,使移民群体能够参与到相关法律法规和政策的制定中来,听取他们对工程项目建设的相关意见、重视对他们切身利益的保护。第三,应当建立起非自愿移民的申诉渠道和司法保障机制,一旦他们的合法权益遭受侵害时,可以获得全面而及时的救济①。

在进行规划时,应当了解的内容包括:需要征地的范围、数量和质量、移民人数,这是决定规划任务范围大小的重要依据;移民们当前和未来的生产、生活水平,人口(数量、构成、增长率等),工农业产量,收入,住房(面积、结构等),卫生状况,自然资源(包括潜在资源),这是决定规划水平和标准的重要依据;国家已颁发的有关方针政策,如《土地管理法》《环境保护法》《森林法》《渔业法》《草原法》《移民安置条例》等,以及各级政府制定的实施办法。这是进行规划的政策依据。

三、以人为本与移民参与规划制定

世界银行反对纯福利的办法,因为这样会给移民带来无能力感。所有的移民计划同时必须是一项开发计划,在每项工程中都要预先对各种方案进行系统、仔细的规划,绝不能不采取合理的措施避免使移民

---

① 金慧华:《世界银行非自愿移民政策探析——以环境保护为视角》,《社会科学家》2009 年第 6 期。

陷入贫困之中。但过去往往把移民仅作为救助和福利工作对象对待，并没有寻求开发目标。而现在应当作为提高移民生活水平和发展地区经济的机会来对待，尽管这样做比以前更费钱更困难，但却可以保障移民生活和生产的可持续发展。这种认识上的差别会导致在移民设计、规划、资助上采取不同的方法。以开发为目标的移民意味着社会基础设施、学校和卫生设施、就业机会及住房等都要纳入规划，如有可能应考虑到两代人。移民计划，必须以重建和发展为目标。

在制定移民计划时，还应充分考虑到移民的文化特点和这些特点对移民的社会心理影响。开发计划必须为移民提供重建经济和社会的资源和机会，使他们成为自食其力的生产者，这在发展中国家尤为重要，因为他们不开发新的项目就没有能力资助迁移人口。在重建过程中，土地是关键因素，因为大多数的移民会成为农业劳动者。

当迁入地的人口密度过大时，这会成为一个严重问题，因此，在一开始就应从基本的土地指标出发，设计出合适的周详的解决办法。即使在有耕地可提供的情况下，也需要为部分移民设计出不是以土地为基础的其他可供选择的方案。在土地资源缺乏的情况下，这种选择就更不可缺少了，更需要为那些想从事工业或服务业的移民创造机会。

我国水库移民的特点是：一是移民人数多，很集中，大多为农民；二是受环境容量限制，安置难度大。早期水库移民安置，一般都采用单纯补偿的办法，不论就地后靠或外迁安置，都是一次性补偿，补偿标准也较低，库区建设与工程建设相脱节，移民安置和生产发展相脱节。移民被安置在经过规划的安置点。移民安置政策类似于发展中国家的安置政策。我国以谷物为主要粮食作物，把土地作为生存的基础，因此为移民提供足够的土地是至关重要的。移民安置政策以土地为基础，采用"以土地补偿土地"的政策。另一方面，我国人口众多，耕地有限，大多数村庄人口稠密，土地矛盾日益尖锐。移民安置政策逐渐转向"以土地为基础"和"不以土地为基础"的策略的有机结合。如三峡工程，采用开发性移民政策开发各类种植业，发展养殖业和农产品加工业，开辟旅游景点等,设立培训中心,进行人才培训。

移民与迁入地居民的关系取决于是否建立了良好的交流机制。移民问题的另一角色就是迁入地的居民,实践中往往忽略了他们,而到移民工程实施时才发现这是个棘手的问题。由于在迁入地很难找到"空闲的土地",接受地的人口密度陡增,超出其土地和自然资源的承受能力,随着土地、水、服务设施等需求的增加,严重的冲突可能日益增加。若提供给移民比较优越的生活条件,则安置地的原住民可能会产生强烈的嫉妒感;而若移民的条件不及当地居民,移民则会感到社会的不公正和政策的不公平,也难以快速融入安置地的生活生产。因此,应公平公正地对待移民和安置地原住民,使两者之间在一种团结的社会氛围中和谐相处。移民与接受地的居民社会、文化、经济的融合是一个缓慢的过程,它不可能完全通过行政的手段来完成。因此移民计划不仅要考虑移民者的集体意愿,还要让受益地区(迁入地区)的居民参与进来,以实现移民者与社区的融合,减少和克服移民的阻力。迁入地的选择,除了要考虑当地的人口密度外,还要考虑种族构成、政治气候和传统习俗;受益人数(迁入地人口)和移民人口之比也很重要,一般来说这一比值应小于10∶1。

政府的责任是维护移民的权利和迁入地原有居民的利益,如果一味用家长式的帮助政策,就会削弱移民自食其力的责任感,产生依赖综合征。对移民的未来作出关键性的决定时,规划机构有义不容辞的责任要求移民参与,要发挥移民者自身的积极性和责任感。这样做可以增加对移民的需要、选择和资源的了解,防止作出付出昂贵代价的错误决定,减少移民的抵触情绪。由于人们通常尊重传统的地方组织和民间组织,这些非政府机构了解移民的需要,其作用不可忽视,凡有可能,在移民规划中都应争取他们的参加,以加强动员和合作。必须注意新居住地的社会组织,尽可能支持和利用移民的社会和文化机构,激发移民的主动性和积极性,充分发挥移民自我管理在移民过程中的作用。为了防止移民在行政上产生依赖性,取得移民工作的最大成功,应当克服移民机构在决策中的官僚倾向,把责任从移民机构转移到移民者本身,这将有助于增强移民参与工作的意识,激励移民的积极性,缓和移民工作中的冲突和矛盾。

四、补偿最大化与损失最小化

对移民的补偿应包括土地、房屋、财产和经济机会(主要是城市居民)等所有损失,补偿的计算,既要包括静态的,又要包括动态的;既要包括有形的,又要包括无形的。在补偿方式上,世界银行的移民政策强调,处理大规模的移民,只给以现金补偿是远远不够的,大多数情况下,所有的补偿都用到了眼前消费中去了,没有能力购置可以给他们带来收入的生产资料和其他收入的机会,从而导致他们陷入贫困之中。由于人们更喜欢自己建造的房子,因此一个可行的方案就是提供准备好的地址、建筑材料和一些基础设施,让移民们根据自己的要求建造房子。移民规划中要有足够的移民资金,只给予补偿和救济是不够的,应包括重建生产和生活所需的全部费用。移民费用是工程项目获得的经济效益和社会效益所应支付的成本。

世界各国普遍认识到移民安置的重要性,采取了一些减免措施。例如在规模上缩小即将兴建的一些工程,或在更上游或支流上建较小的工程予以替代;在条件允许的地方,沿库边浅水区建围堤,在不妨碍水库正常运行的情况下,保护一定数量的耕地;将工程布置在人口稀少的地区。上述各种表现,都是工程项目在设计初期本着"尽量减少非自愿移民和淹没补偿投资"的损失最小化原则。苏联把水电站配置在人烟稀少的极北部和高山区,就大大减少了移民数量。此外,在坝高和移民数量之间进行比较选择,可以使坝高降低不多而移民人数大大减少。在居民和耕地较少的峡谷地区建高坝水库,在居民和耕地多的地区则进行低水库开发。

修建水库的目的在于充分发掘和使用项目地的水利资源,水库淹没补偿方面的投资是水电工程总投资的一个重要组成部分,也是占支出比重较大的一个部分。水库淹没补偿包括但不限于：上游土地的大量淹没补偿，库区居民的迁移安置、公共部门如交通、邮电、电力、厂矿的损失补偿、迁建安置费用补偿等。应当根据淹没实物对象的数量与质量确定淹没补偿投资的数额，并应当恢复受淹没经济主体的原有经济作用、经济利益以及经济发展机会。由于各国及各地区条件不同，淹没补偿费用率差别是很大的。日本在研究比较已建的 15 座水电站的淹没损失补偿问题时，创造了一个"淹没补偿费用率"的概念。

$r = X/Y$

其中，X ＝ 水电站的淹没补偿费，Y ＝ 总投资，r 为淹没补偿费用率。

当 r 越低，则淹没补偿费用越小，对工程修建有利，当 r 越高，则淹没补偿费用越大，对工程越不利。

各个国家的水库淹没补偿费用率不能一概而论高和低，其中该国的自然条件和社会条件等因素的影响比重较大，中国和瑞典在这两方面有着较大的差异（见表 5-6），在客观上也可以反映我国水库淹没补偿费用率较高的一个原因。

表 5-6　瑞典与中国淹没补偿费用率比较

国家	水库数量	自然条件、社会条件	水库淹没补偿费用率
瑞典	1500	天然湖泊众多，人口相对稀少	1%—5%
中国	46	人口密度较大，开发程度较高	16.1%

第六章　本题研究结论与政策建议

　　此章节是本书研究的最后一章,主要包括两大类内容:一是对前面的理论、实证和经验研究之后进行总结;二是在研究结论基础上对现行的非自愿移民体系构建、移民对象的融合方略和政府安置模式创新等方面给出建设性政策建议,以期能够为政府移民的相关政策提供可行的依据。对非自愿移民的行为、方式、效用、安置策略和模式等方面的研究有一条主线:如何从移民视角出发帮助其在生存、生产和生活三个方面享受与其他群体一样的福利感知和状态。这条主线也是本章节行文的主要脉络,研究结论以前面章节的论述为基础。本章节主要内容为:本书研究的结论性观点和基于研究与实践相结合的政策建议。

第一节　本书研究的结论性观点

　　个体行为特征或决策形式,或者个体在某种行为中所表现出的态度很大程度上表示了个体对于其从事的某种行为的偏好或认可程度。本书研究是"非自愿移民",从概念上可以看出移民初始的态度是主观层面的非自愿,间接显示出个体对于政策或制度是不偏好或不认同的。理论上分析,一项制度安排未能得到实施对象的认可,那么此类制度应该废止,或应该修订完善后才能实施。但是经济发展过程需要某些个体或群体牺牲一些个体或群体利益来保障国家整体经济利益的实现，因此"非自愿移民"也必须提上国家发展战略层面，这也是本书的现实研究意义。在理论研究、数据验证性实证研究和国外发展经验的借鉴基础上，笔者梳理出五个方面的结论性观点，分别从非自愿移民的风险起因、三大资本失灵状态下移民风险规避行为和移民安置模式创新三个模块进行阐述。

一、非自愿移民与风险性决策

因为政府的工程性建设产生非自愿移民群体在进行决策过程中会产生很多风险，本书研究动机之一就是如何通过制度制定和机制设计来规避这些风险，以达到使这些群体的福利效用至少与移民前的水平保持一致的目标。在非自愿移民和风险性决策两个要素研究之后，笔者得到的观点有：

（一）非自愿移民群体风险来源于三大资本的失灵

笔者在第三章的理论分析中重点强调了非自愿移民群体之所以产生风险（或者在移民过程中发生，或在移民后发生），主要是由于群体在"非自愿移民"行为中"三大"资本存量的效用已经失灵，即失去原有的功效，主要表现为：

第一，物质资本的失灵表现在非自愿移民群体在搬迁过程中丧失了很多物质资本，例如房屋、耕地和不易携带的设置、工具和相关设备等，这些资本的损失主要表现为货币效用损失。移民群体可能在移民前拥有很多田地，或者拥有田地中种植的产物，其市场价值较高，而移民后其无法获得此类的种植机会，因此发生的"机会成本"亦体现了非自愿移民群体的物质资本失灵。此种情况的失灵会导致移民群体产生直接的经济性风险，有些群体会从"富有"到"贫困"。

当群体失去较多货币资本时，若其状态从"富有"转向"贫困"时一般群体是无法承受的；即使当地政府给予经济性补助，但移民群体的心理损失难以得到补偿，这时非常容易产生冲突，引发集体性的突发事件,若控制不力则产生的社会风险概率增大,继而其引起的社会效益的损失程度也会增大。而且在大量物质资本失灵后,群体在就业市场上的地位可能因此下降。由于没有一技之长,又没有足够的货币资本的支持,他们很难在劳动力上享有均衡的工作机会,因此非自愿移民群体因为物质资本失灵会产生失业风险,而此风险是国家一直在规避的重点风险之一,此种情况无疑增加国家宏观调整的难度和成本。

第二,人力资本的失灵使得移民搬迁群体的技术获取、特殊生产技能和工作经验等都在移民后的新区域内无法为群体带来收益,也可能因为移居迁入地后给其重新获取工作和发挥生产技能带来障碍。人力资本失灵使得移民群体的收入能力和渠道变窄,经济性风险会表现得尤其明显。而此类经济性风险是移民后家庭风险损失的最大引致因素,没有收入能力,或者收入渠道变窄直接导致群体对制度和政策的不满,继而可能导致集体性事件发生甚至出现违规行为,给迁入地的社会稳定带来了不安定因素,使迁入地的社会性风险增加。若解决不当又会导致财产和社会制度两个方面损失,近年来移民搬迁工作过程中的众多案例证明了这一点。

人力资本失灵亦可能影响群体下一代的教育问题,学习的知识在迁入地可能行之无效,这在少数民族地区表现比较明显。这种情况的持续会直接导致可能的文化冲突,文化风险因此而产生。与经济性风险和社会风险相比,文化冲突的风险引致的损失程度可能较小,因为移民群体中少数民族的比例相对较小,但因文化风险引起的政治风险却不可小觑。

第三,社会资本的失灵。本书中非自愿移民群体的社会资本的定义与一般意义上定义较为类似,只是在社会资本的表现形式上具有一定程度的差异。在非自愿移民过程中,群体的社会资本失灵主要表现为社交网络的断裂,其中包括村邻居、亲戚和同事关系的断裂等。他们可能因为迁移区域的位置相距较远,无法经常取得联系,有的甚至就此失去联系。此种断裂会给群体带来三种不适效用:经济联系的断裂可能会导致物质和人力资本损失,因为经济联系可以产生收益;社会关系的断裂导致群体心理缺失,亲人疏离是谁也不愿意看到的,而此种移民迁移的分散性很大程度割裂了亲情关系,容易让群体产生心理障碍。移民前生活环境是其与家人、邻居和亲人一起创建的,在新区域无法获得其他群体的支持会导致交际范围的单一化,使得群体在新区域的生存变得更为单调,无法拥有较为愉悦的心情,继而会导致生存、生产和生活处于不正常状态。在此状态下,群体的行为无法预测,因此可能会发生任何可能的风险,例如货币不足会去从事一些反生产行为,经济性风险、社会性风险发生概率变大;同时由于其心理层面的损失会直接导致其无心工作,在劳动力市场无法找到与其相匹配的工作,群体性就业难题凸显,失业风险大增。

(二)生计脆弱性与非自愿移民风险产生互为引致性因素

生计脆弱性是本书研究的核心词之一,它是用来衡量个体在环境变迁后期面对风险时所表现出的一种无法抵抗或无能力分散风险的一种状态。在非自愿移民过程中,个体在三大资本失灵的情况下,移民后初期往往表现出"生计脆弱性"。访谈中一位地方领导说:"移民群体很脆弱,一旦有新风险,哪怕是很小的风险,他们也会束手无策,无法面对和负担。"这种状态在移民后初期表现得最为明显,是由其面临的种种不适应所致,例如生活、语言、生活方式、地理环境和生活环境等。生计脆弱性与非自愿移民风险产生互为引致性风险,主要表现为:

第一,生计脆弱性会引致风险,非自愿移民的风险又会加剧移民的生计脆弱性。生计脆弱性引致的风险主要由三种风险构成:群体积聚型贫困风险、异质性风险和未测特质风险。此三类风险在非自愿移民过程中都有不同程度的表现,但在不同阶段的表现程度不一样。在移民后初期,由于生计脆弱性程度较强,三种风险综合影响程度较大,因为在群体最脆弱的时候,很多微小的风险都会被放大,来自主观心理层面的放大更会给群体带来极大的伤害,包括经济损失和心理损伤等。随着时间的推移,群体开始以自己的方式或在政府提供各种公共服务下会逐渐融入当地的生产和生活中去,此时脆弱性的引致性风险主要表现在积聚型风险和未测特质风险,因为个体小风险通过群体积聚后会放大,反过来又会对个体小风险起到增加效用。而此阶段的未测特质风险主要是迁移初期移民群体为应对新环境可能引致的风险,例如政府承诺的某项优惠政策没有得到实施或贯彻,此时可能会激发群体的愤怒情绪而引发相应的风险。此时产生的非自愿移民风险反过来会使移民区产生稳定、经济衰退等问题,这样又加剧了移民的生计脆弱性。

第二,生计脆弱性可以通过群体的收入波动程度来测度。在非自愿移民参与到迁入地生产建设中的时候,其收入水平是不稳定的,在某个时间段会呈现一定程度的波动,引致此变动的主要是由于其具有的"生计脆弱性"。这种脆弱性的程度由强变弱,收入水平波动表现为初期因生产能力和心理方面的负担等因素造成的生产收益性较低。不仅生产收益性较低,而且移民可能随时放弃生产而处于怠工状态,并增加患病风险,或在就业市场上受到不公正待遇。在从事农业生产的中期,其对未来生产和生活已经开始逐渐规划,且已经意识到若不参与劳动收入会更低,生活会难以为继,子女和家庭都会出现极大的贫困风险,甚至可能随时发生其他风险。在衡量利弊得失后,群体会以一种积极状态投入到生产中,其收益在某个时期内会出现急剧的增长,体现出较高的收入水平,但当慢慢适应了当地生产与生活时,若政府的相关政策执行出现问题,移民群体会由此再次产生逆反心理,这种逆反心理会直接导致其消极从事农业生产或以反生产行为来抵抗政府,这时的经济收入会降低。基于此,周期性收入变动是生计脆弱性的引致风险的表现之一,非自愿移民风险又会带来移民的周期性收入波动,进而使移民的生计脆弱性程度增加。

第三,生计脆弱性在很大程度上影响着群体风险态度。个体的风险态度一般表现为三种:风险偏好、风险中性和风险厌恶。这种风险态度与移民前的状态基本一致,但在迁移过程中若发生脆弱性引致风险,移民的风险态度就会发生变动。若个体生计脆弱性概率较高,但损失程度较低的话,他们的风险态度会基本不变。但若个体在移民过程中脆弱性引致的风险发生概率大且损失程度较高的话,他们的风险态度会发生较大改变,例如从风险偏好转向风险厌恶、风险中性等。若个体发生脆弱性风险的概率较小,但风险引致损失程度较大,他们亦会产生风险态度的转变,转变趋势主要是偏好于稳定和持续受益。

可见,脆弱性对于非自愿移民群体来说是常态。因为长期形成的生活和生产状态被人为地破坏,这种情况引起的脆弱性是无法在短期内弥补的,且可能导致群体一生的心理负担和压力。甚至可能对其子女也产生较大的负效用,例如教育体制的变化,或由于地方的歧视性教育政策导致移民群体的子女无法享受到常规的教育,可能因此而辍学打工。他们很难从根本上改变其社会和经济地位。移民生计脆弱性和各种风险发生代际转移,可能造成移民多代人贫困。

（三）生计脆弱性是移民生态变迁的结果之一

在非自愿移民过程中移民个体所有的生态发生了改变,而生态变迁中表现最直接的效用就是群体性生计脆弱性。移民群体在生态变迁过程中具体表现为:生存环境的改变、生产状态的改变、生活方式的改变、政治参与范围的改变和政策制度受益水平的改变等。每一种状态的改变都会导致移民群体的风险抵御能力减弱,继而引起更大程度的脆弱性,最终引致风险损失的发生。

第一,生存和生产状态的改变会导致群体的基本生活水平和模式发生改变。个体发展和成长的基础就是生活和生产,若此两种状态发生改变则直接会导致脆弱性程度在个体或群体身上加深。程度达到一定程度后会导致群体风险发生,此风险会直接影响到个体在收入和就业等方面的表现为弱势状态。这两种状态的改变会加速其他状态的改变,形成恶性循环。

第二,生活方式的改变可能是由于生产和生存方式改变所致。不管是何种原因导致此状态改变都可能带来移民群体的脆弱性程度加强,程度的加深会让群体在很大程度产生较强逆反心理和反生产行为。例如不参与公共生产,或者不积极从事农业生产,或者消极怠工和不搜寻就业机会等。此类反生产行为都在不同程度上凸显风险损失。

第三,政治参与范围和政策制度受益水平的改变。作为社会的个体不仅要实现经济收益与价值,更重要的是实现其作为公民的基本权利,例如政治参与权利。移民后群体很难再获得较多的政治性权利。如选举权,因为其对环境的不适应,无法更深入了解政治关系,移民只能有一定程度的政治参与。此外,社会制度和政策对于移民群体而言亦是非常关键的要素。若移民对制度和政策不了解或参与程度较低,他们从制度和政策中的受益范围和水平就会被抑制,而上述两种状态的改变会从根本上加剧移民群体的脆弱性。与其他状态改变效用相比,政治状态参与和制度受益状态改变引致的风险程度更为严重和深远。

二、资本失灵状态下的移民风险规避行为

如上所述,本书中笔者将非自愿移民群体风险归因为"三大"资本(物质、人力和社会)失灵与被剥夺。因此,本书结论的第二个方面表现在非自愿移民群体资本失灵状态下的风险规避行为。

(一)物质资本的失灵导致群体多样性的积极型风险规避行为

个体参与到社会的各个方面,如教育、就业和经商,最基本的目的是获得经济性收入,即物质资本。因此,失去物质资本的个体或群体亦表现出最高程度的"脆弱性",尤其是本身就"脆弱"的群体,物质资本失灵或被剥夺会加剧这种"脆弱"的程度。面对这种高程度的"脆弱性",不同的个体表现出不同程度的行为,但不管是何种风险态度,他们表现出的一致性决策行为是采取"积极型规避行为"。

1. 风险偏好群体的积极型风险规避行为

对于风险偏好群体而言,他们喜欢高风险高收益的行为。面对移民搬迁带来的物质资本的失灵和被剥夺,此类移民群体会采取创业性

行为,积极增加现有资本的存量。而对他们来说,投资型项目能引起其强烈关注与参与,即使在移民过程中有风险发生。根据自身效用最大化的条件来分析何种行为是理性或者非理性,需要个体或者群体积极了解项目选择的正确性和可行性。政府层面的投资项目主要分为:农村信用社经营性贷款项目、政府专项基金支持的农业开发型投资项目和经济性农业产业化项目等。

2. 风险厌恶群体的积极型风险规避行为

风险厌恶群体对于物质资本失灵和被剥夺的反应最大,该群体害怕风险,担心在风险中承担更大损失。非自愿移民项目已经对其物质资本造成了重大的损失,此种情况无法改变,此类群体也会表现出积极型规避行为,只是表现的形式和程度与风险偏好群体有较大的差异性。

在各级政府政策性移民政策倡导下,他们往往为了规避对抗带来的风险而采取积极主动配合的态度,这种反应的结果就是政策性移民进程会较为顺利。对于移民自身来说,效用最大化的条件是收益满足其最基本生活需求和生存条件(工作岗位提供等)。从政府公共项目平台搭建和自身生存能力平台搭建方面剖析,这类群体一般会选择公共型项目来提高生活质量和生存能力,实现其效用最大化。本书认为政府的公共类项目包括三大类:大型工程类建设项目、大型农地开发类项目和政策性融入型农产品实验项目等。此三类项目对风险厌恶群体最为有效,且能够极大满足其效用的提升。

3. 风险中性群体的积极型风险规避行为

风险中性群体在整个非自愿移民群体中是非常特殊的群体,他们的行为选择是无差异的。当其面临物质资本失灵和被剥夺时,他们首先要衡量自身的损失与周围群体损失之间的差异,若比较高,他们会有较重的心理负担,反之会负担较小,即使面临的是经济性损失。鉴于此,他们采取的积极型规避行为与上述两类群体的表现有较大的差异。

风险中性的移民个体或者群体主要对稳定性经营项目感兴趣,政府一般会以迁入地为平台构建小规模的经营性或者渠道性市场,采取工商与农业相结合的方式使得该移民群体积极参与到当地的经济建设中去,同时其收入现状也会有较大程度的改善,继而消除风险中性群体的"风险要素"。一般来说政府层面的经营性项目主要有:小商铺推荐与扩展经营项目、商品生产和组装与集散项目和延续性商品经营项目等。

(二)人力资本失灵引致移民群体的非技能型就业

由前论可知,移民后的非自愿移民的就业行为可以分为两种:技能型就业和非技能型就业。那么在移民后从事原有农业生产行为一般属于非技能就业行为,而转而进行务工(一部分)和经营小商业等属于技能型就业行为。在移民前,个体的人力资本存量产生效用或者经验积累人力资本功效决定他们是从事农业生产还是务工经商。

在移民过程中和移民后群体会因为前期积累的技术、经验或者经营的转移而导致其积累的人力资本失灵和被剥夺。面对这种损失,他们在迁入地农业生产方面会不具优势,缺乏技术性指导的情况会造成较大损失。或因经营环境和就业能力效用差异,导致群体在迁入地劳动力市场上不能获得与预期一致的工作。基于此,移民群体会从事比较简单的体力劳动,即从事一定规模的农业生产,而此类就业行为属于非技能型就业,这种情况是人力资本失灵和被剥夺下的特殊行为。

非自愿移民群体非技能型就业与当地居民非技能型就业之间存在的较大差异,主要表现为生产效率的低下。由于区域环境生态的变迁,移民群体在迁入地从事的农业生产难以拥有移民前的高劳动力生产率(世代务农所积累的经验等原因)。移民仅仅是在政府安置下拥有一定规模的耕地(这种耕地一般是调整出来的,大多比较贫瘠),而且种植的类型也可能受到政府的限制,所种植的农作物并非是最高效率的。由于缺乏相关的培训和经验,他们的生产效率普遍低于当地居民,这样会引致其生活水平的降低和收入减少,继而导致群体性逆反情绪等。

在此将人力资本失灵和被剥夺对移民群体的影响定位于非技能型就业并非完全如此,只是说从事非技能型就业的概率大于从事技能型就业。实际中存在一定比例的人群从事了技能型就业,例如后靠安置和与迁出地比较近的移民,在移民后仍然可以维持原有的就业状态,例如从事小商品经营等。但对于大规模的跨区域的移民,大多数的移民群体因为人力资本被剥夺,在移民区只能从事非技能型就业来维持基本生活。

(三)社会资本失灵引致移民群体流动性程度降低

与物质资本和人力资本相比,移民群体社会资本往往被忽视。实际上,移民群体的效用体系中,关系效用和群体行为效用占据很大比例,这表明社会资本对于移民群体的效用非常关键。受各种因素的影响,非自愿移民群体的关系网络往往被割裂,导致移民前积累的社会关系圈变窄,亲戚朋友分离,左邻右舍分散,若社会网络割裂的程度过高就会导致群体的感情积累和心理效用的损失。

1. 群体关系亲密程度降低减弱了社会资本效用

在移民群体发生迁移时,前期积累的较亲密的"群体关系"的效用会减少,而这是个体或群体生产效率或社会参与积极性的重要基础。因此"群体关系"亲密程度的减弱直接导致群体生产产出降低,对社会的贡献程度减弱。反过来,又会给群体重新获得更亲密的群体关系造成较大障碍。

群体关系亲密程度由群体中个体社会背景等要素的相似程度决定,拥有类似背景或者条件的个体可以获得进入某个亲密群体的通行证。作为特殊群体的移民群体,其个体之间存在一定程度的分化,例如政策接受者和政策不接受者,他们之间由于存在观念的差异,个体背景的差异,造成移民后同村人员之间利益分配不均,社会资本失灵的程度也不同。

2. 社会资本是群体移民选择何种就业方式的重要基础

上述可知,移民群体在其移民后的就业方式选择方面可能因为人力资本的失灵而多数从事非技能型生产。与人力资本的功效一样,社会资本的失灵亦会对群体就业方式产生影响。社会资本是个体或群体获得技能型工作的最关键要素,因为群体若缺失社会资本,其重新搜寻技能型工作成功的概率就会被降低。

在一定环境下,群体的社会资本的贡献率越高,则其他形式资本贡献率相对就越低。个体和群体所具有的人力资本存量和积累效用虽不易被观察到,但个体所具有的社会资本存量是有差异的,此差异也引致在社会资本失灵时的影响效用的差异。个体在移民前的社会资本积累程度越高,表明其技能型就业的概率越高,而移民后社会资本被剥夺,其损失程度也就越大,其搜寻技能型工作成功的概率就会变小。

个体进行社会资本积聚时的成本也是影响其社会资本积聚的行为因素,低搜寻成本与积聚成本会加大移民个体的关系型工作搜寻机会,例如与当地居民合作种植、积极参与政府实施的农业生产项目和通过相关渠道使其家庭成员获得更好就业机会等。可见,社会资本积累程度影响其移民后就业方式的选择。

三、非自愿移民群体的安置模式创新

对于非自愿移民群体而言,如何保障移民群体在安置地能够"稳得住,能致富"? 此问题的解决需要创新移民群体的安置模式。

(一)政府应按照群体特质来设计安置模式

移民群体在移民过程中会表现出不同反应,在应对行为风险方面表现出较大差异性。群体特征按照风险态度不同分为三种:冒险型群体、保守型群体和稳定型群体。因此,政府在安置此类非自愿移民过程中应该充分考虑群体特质。本书将此类安置模式界定为"稳定生产+项目支撑"模式,上述的三类移民群体,具体表现具有异质性。

1. 冒险型群体的"稳定生产+投资型项目"安置模式

在冒险群体中,为了维持家庭的政策运作,家庭中某些个体必须参与迁入地的农业生产,以保持正常生活需求的满足。而家庭中具有冒险个性的个体则参与到政府搭建的"投资型"项目平台。他们可以获得政府的资金、技术和政策支持,在一定范围或行业内创业,或者进行

其他创业的投资。

投资型项目能引起该群体强烈关注与参与，即使在移民过程中有风险发生。个体或者群体会根据自身效用最大化的条件分析何种行为是理性或者非理性，积极了解项目投资的正确性和可行性。如前所述，政府层面的投资项目主要分为：农村信用社经营性贷款项目、政府专项基金支持的农业开发型投资项目和经济性农业产业化项目。

2. 保守型群体的"稳定生产＋稳定就业项目"安置模式

相对于冒险型群体，在非自愿移民群体中保守型群体的比重相对较大，因为"三大资本"失灵导致大多数群体害怕再有风险，担心风险性决策行为会带来更大损失。因此政府在安置模式的创新方面要偏重于考虑保守型群体的实际情况，设计的安置模式要依据此类群体的偏好和风险规避行为的特征进行设计，最大限度满足此类群体的需求。此类群体的安置效率亦可代表整个群体的安置效用，它可以间接衡量整个移民项目工作的绩效水平，是关键性的考核指标。

保守型群体对于自身收益和成本的差距具有很强的敏感性，即使微小的变动都可能影响其决策行为，尤其是各级政府倡导的政策性移民。此类移民往往为了规避对抗带来的风险而采取积极主动配合的态度，移民进展也会更顺利。移民效用最大化的条件是收益满足其最基本生活需求和生存条件。从政府公共项目平台搭建和自身生存能力平台搭建两方面剖析，这类群体一般会选择公共型项目来提高其生活质量和生存能力。政府搭建的公共类项目包括三大类：大型工程类建设项目、大型农地开发类项目和政策性融入型农产品实验项目等。

3. 稳定型群体的"规模化生产项目＋稳定就业项目"安置模式

稳定型群体一般属于风险中性群体，对于移民，他们的态度主要取决于群体中大多数人的行为。就安置模式来说，他们希望通过劳动来获取报酬，又希望政府创建大规模的生产项目，群体既可以从中获得福利，又能稳定就业，获取双重效用。此类群体效用的实现方式主要体现在：参与当地集体性企业（包括规模化的农业生产项目等）；参与政府提供的稳定类型的小商品经营项目。

风险中性的移民个体或者群体主要对稳定性经营项目感兴趣,政府一般会以迁入地为平台构建小规模的经营性或者商业性市场,采取工商与农业相结合的方式使移民群体积极参与到当地的经济建设中去。这样做可以较大程度地改善其收入现状,并消除风险中性群体的"风险要素"。一般来说,政府层面的经营性项目主要有:小商铺推荐与扩展经营项目、商品生产和组装与集散项目和延续性商品经营项目。

(二)移民群体的安置模式影响移民融入的程度

对于移民群体而言,政府的一些举措在某些方面可能起到一定的负效用。但事实上,政府在移民过程中是遵循一定原则的,在安置方面是经过缜密思索的,例如安置区域的选择、分散安置还是集中安置等。此类举措在移民群体完全接受之前可能会引起一定范围的反抗。由此可见,安置模式的设计,其设计路径的合理性和科学性一定程度反映了国家对于移民工作的重视程度。

纵观世界范围内移民政策和具体措施,不同的国家或地区的移民群体安置都具有不用的模式,但不管是什么模式,只要是根据群体特征和需求两个层面设计的安置模式一定是符合群体效用最大化的。但并非说某种安置模式仅仅适合某种群体,某类群体的安置可能涉及多种模式,或者需要多种模式的组合。之所以重视安置模式设计和创新主要是因为安置模式在很大程度决定了群体在迁入地的融入程度,成功有效的安置模式是移民群体融入迁入地的最有效路径。原因如下:

第一,移民对于迁入地从初期的陌生到后期熟悉主要是由其参与当地生活和生产的程度决定的。安置模式涉及两个基本要素:保障生活和促进就业。这两个要素是衡量某个阶段某个区域移民群体安置效用或绩效的关键指标。

第二,安置模式的有效性和合理性能够促进原本对搬迁不满意的移民群体更多更快地融入当地。原因是移民可以从不同安置模式中获得资本、物质或精神要素有所不同。由此可知,安置模式的设计离不开对群体偏好和需求的了解,不同个体的偏好和需求都有差异,结合实际的安置模式才能是最有效的。

第三,移民群体融入度是整个移民工作取得较高绩效的基础,而安置模式又是移民工作的关键要素,两者之间存在内部一致性。做好安置模式的设计与完善工作是整个移民工作成功的关键,亦可以成为其他类似工作的借鉴。

第二节 基于研究与实践结合的政策建议

在实地调查、理论研究和论文写作的过程中,笔者深深体会到本书研究的困难性和深刻性。困难性体现在研究过程上,而深刻性则体现在本书研究对当前区域性移民政策较强的指导意义上。前面的章节已经充分论述了非自愿移民行为特征、风险态度、规避行为和政府能够提供的风险规避方案等。本节将在前面章节的研究基础上,结合"帕累托最优"效率原则,设计移民风险规避政策。

本节主要包括三个模块,分别为政府层面效率性制度与绩效评估机制设计、执行层面控制与监督机制设计和移民群体层面风险规避的政策举措。

一、政府效率性制度与绩效评估机制设计

本书研究对象为非自愿移民群体,该群体是由于国家大型建设所产生的,因此国家政府要首当其冲成为保护该群体的关键主体,不管是政策制度制定层面,还是实际安置过程,国家相关部门一定要亲力亲为,才有可能真正实现移民群体在移民后的效用最大化。一项移民举措成功与否很大程度上取决于移民制度和政策,换言之就是制度和促进政策是否具有效率。在发生相关风险,或在移民过程中出现突发性事件是否有抢救性办法,当然,还要考察一项移民的制度安排在工作结束的一定期间是否具有科学合理的评估机制,用以修订和完善制度,保

证制度实施的高绩效。

为保证制度取得预期效果,西方国家在制度实施过程中,政府往往采取两种措施:一是评估政策制度本身的效率性,二是评估制度实施后的绩效。两者分别从制度实施前和实施后两个维度来保障政策制度的低风险和高收益。鉴于此,在我国非自愿移民政策中也应该考虑政策制度的效率性及制度的绩效评估机制。

(一)制度的效率性与绩效分析框架

经济学视角的制度效率主要是从投入与产出比这个指标来衡量的,若比值大于1,表示此项投资是具有效率的,反之则无效率。而对于一项制度或政策,就不能借用此评价标准来评价其是否有效,此种情况往往会用到"帕累托"最优效率评价指标。"帕累托"最优效率评价指标旨在衡量制度或政策实施后对于实施对象及其周边群体的福利改善程度,只有当满足实施对象效用感知和不减少周围群体的福利效用时,才是"帕累托"最优的,否则该项制度或政策仍有"帕累托"改进空间。而这种评价方法与制度绩效评价方法有较为相似的内部构造,在制度绩效评价领域,主要用到的指标就是"参与效用评估"理论,构建参与效用比较指标,将制度实施后的参与者与非参与者在一定时间内的效用感知进行比较,可以评价制度实施后的绩效水平。

1. 制度的帕累托最优效率

假设一定比例的移民群体在移民过程后一段时间的成本?支出为 c,并且参与到当地政府的就业安置和生产,且获得一定收入。按照劳动力市场情况定义个体的价格为 r,群体对于生产和就业的制度需求程度为 D,其概率密度函数为 $f(\cdot)$,分布函数为 $F(\cdot)$。在国家制度实施之后,群体只有一种可选择路径参与到制度提供的相关生产和就业项目或举措中,参与制度后的目标收益定义为 t。若其不享受制度所提供的各项措施,参与劳动力市场的价格为 v。生产产出的数量记为 q。那么一项制度或政策是否有效,可以通过 $P(q) = \{\prod(q) \geq t\}$ 的最大化是否实现来判断。

在给定数量 q 情况,下群体随机参与制度和政策预期随机利润为:

$$\prod(q) = (r - c)\,q - (r - v)(q - D)^+$$

$$= \begin{cases} (r - v)\,D - (c - v)\,q; D < q \\ (r - c)\,q; D \geqslant q \end{cases}$$

在制度实施后,是否可以保证移民群体参与者效用最大化,就是评价制度"帕累托"最优的指标,而效用最大化又直接表现为个体目标收益获得的概率。依据上述移民群体参与制度后获益的概率密度函数,可得其从制度中获得收益的概率情况:

$$P(q) = \begin{cases} 0; q < \dfrac{t}{r - c} \\ 1 - F\!\left(\dfrac{(c - v)\,q + t}{r - v}\right); q \geqslant \dfrac{t}{r - c} \end{cases}$$

2. 移民制度绩效评估框架

假定 Y_{1i} 表示政府层面实施第 i 项移民制度或政策预期的潜在收益,Y_{0i} 表示政府层面没有实施的第 i 项非自愿移民制度的潜在收益。对于移民地区的移民群体,其有两种状态,一种是积极参与(风险喜好群体),另一种是不参与甚至抵制(风险厌恶群体),分别设置为二维虚拟变量 D_i(1 表示参与,0 表示不参与)。则整个移民地区的预期收益为 $Y_i = Y_{0i} + D_i(Y_{1i} - Y_{0i})$。

$E(\cdot)$ 表示影响移民制度政策实施因素的预期效用且为连续变量,则 $E[Y_i] = \int yf(y)\,\mathrm{d}y$,其中 $f(y)$ 是 Y_i 的密度函数。面积较大且容纳移民数量居多的地区的一起效用 $E(\cdot)$ 可以界定为政策实施的平均期望效用。利用参与和非参与效用比较来衡量制度绩效评估的方法,可以避免单纯政策实施收益之间比较引致的误差或者偏见。则可用主要参与群体和非参与群体之间在其后收益的数学期望值作为效用比较指标:

$$E[Y_i/D_i = 1] - E[Y_i/D_i = 0] = E[Y_{1i}/D_i = 1] - E[Y_{0i}/D_i = 0]$$
$$= E[Y_{1i}/Y_{0i}/D_i = 1] + \{E[Y_{0i}/D_i = 1] - E[Y_{0i}/D_i = 0]\}$$

$$(6-1)$$

为了进行比较,本书引入常量效用模型(Constant-effects model)来对相关变量进行回归估计,其中 $Y_{1i} - Y_{0i} = \alpha$(α 为常量),对参与制度的移民群体有影响的要素向量为 X_i(与 D_i 相关),则有

$$E[Y_{0i}/X_i, D_i] = X'_i\beta \qquad (6-2)$$

其中 β 为回归系数。上述等式包含两个部分:一是 Y_{0i} 是 D_i 在条件 X_i 下的独立性均值;二是给定 X_i 下的 Y_{0i} 条件均值函数是线性的。则对移民制度绩效进行检验的条件为:

$$E\{Y_i(D_i - E[D_i/X_i])\}/E\{D_i(D_i - E[D_i/X_i])\} = \alpha \qquad (6-3)$$

并且结合条件独立性假设,将以上公式进行转换得:

$$E[Y_{ji}/X_i, D_i] = E[Y_{ji}/X_i], j = 0, 1$$

则制度对于参与移民群体和非参与移民群体绩效比较值期望为:

$$E[Y_{1i} - Y_{0i}/D_i = 1] = E\{E[Y_{1i}/X_i, Di = 1] - [Y_{0i}/X_i, D_i = 1]/D_i = 1\} = E\{E[Y_{1i}/X_i, Di = 1] - E[Y_{0i}/X_i, D_i = 0]/D_i = 1\}$$

因此,预期效用估计函数为 $E[D_i/X_i]$ 是向量 X_i 的函数,并且可能与等式(6-3)相等(Angrist,1998)。最后得出实证检验的框架为:

$$Y_i = \sum {}_X d_i X \beta_X + a_r D_i + e_i$$

其中 β_X 表示 $X_i = X$ 时的回归效用,a_r 表示回归参数。

(二)移民与政府之间信息不对称情况下制度效率性分析

制度的效率性和制度绩效评估的本质都是为了平衡移民与政府之间信息不对称引致的效用差距。因此有必要分析此层面的制度效率性,由于政府是制度的制定者,对于制度实施过程中的问题和参与者的选择都会有较多信息,且能够在一定程度上控制制度实施的进程。而移民群体只能在既有范围内选择参与还是不参与,两者之间对于制度本身及相关实施过程了解的信息之间存在巨大差异。而这种差异性会

直接影响到制度实施的效率,也在很大程度上对参与者的效用产生影响。

　　假设移民的某项政策研究制定出来之后有两种状态: L(表示不推行)和 H(表示积极推行), π 表示制度制定出来以后预期产生的效用, $\underline{\pi}$ 表示最低水平的预期效用, $\bar{\pi}$ 表示最高水平的预期效用。移民制度的某项政策实施时的效用分布函数和密度函数分别记为 $FH(\pi)$ 和 $fH(\pi)$,未实施时效用分布函数和密度函数分别为 $FL(\pi)$ 和 $fL(\pi)$,而上述两种状态下的效用分布函数满足对于所有的 $\pi \in [\underline{\pi},\bar{\pi}]$, $FH(\pi) \leqslant FL(\pi)$ 都成立。且移民制度政策在一般情况下实施成本大于未实施成本,即表示为 $c(H) > c(L)$,另外 $s(\pi)$ 表示制度实施对象的最优参与行为,即保障其参与效用最大化。

　　那么移民制度政策效率性分析就转换为在制度实施情况不确定状态下,参与者即移民群体对制度的认可程度来表示,即最优 $s(\pi)$ 的实现过程,具体可以由两种状态下最低和最高效用预期之间比较来体现,此种表达方式与移民制度政策制定的初衷是保持一致的,因为国家层面制度的设计主要是用来提高经济发展水平,继而才能改善移民群体福利效用,即"帕累托"最优情况的出现:

$$\max_{s(\pi)} \int v(\pi - s(\pi)) fH(\pi) \, d\pi$$

$$s.t.(IR) \int u(s(\pi)) f_H(\pi) \, d\pi - c(H) \geqslant \bar{u}$$

$$(IC) \int u(s(\pi)) f_H(\pi) \, d\pi \geqslant \int u(s(\pi)) f_L(\pi) \, d\pi - c(L)$$

　　为了保证移民制度和政策在约束条件(移民地区不确定性和群体特征差异)下达到效用激励相容情况,假定 λ 和 μ 分别代表约束条件和激励条件的拉格朗日系数[①]。则政策实施状态下最优化问题为一阶

————————

　　① 　张维迎:《博弈论与信息经济学》,格志出版社、上海三联书店、上海人民出版社 2008 年版,第 248—249 页。

条件：

$$- v'f_H(\pi) + \lambda u'f_H(\pi) + \mu u'f_H(\pi) - \mu u'f_L(\pi)$$

整理之后变为：

$$\frac{v'(\pi - s(\pi))}{u'(s(\pi))} = \lambda + \mu\left(1 - \frac{f_L}{f_H}\right)$$

二、执行的控制与监督机制设计

有效合理且科学的制度要想获得预期绩效或效用必须具备两个条件：一是参与对象的认可或满意度；二是执行过程的控制与监督。制度实施获得预期绩效，两者缺一不可，且在某种情况下两者之间是相互影响和相互渗透的。认可和满意的一个层面就是对政府制度实施者工作方式、工作态度的满意或认可，鉴于此，笔者认为，执行层面的控制与监督机制是保证移民政策制度实施过程中实现效用最大化的重要举措。

（一）移民制度政策控制与监督机制的特征

对于任何一项正在实施或已制定暂未实施的移民制度，必须要保证其控制和监督机制的有效有力，若没有监督机制，执行方会因为"偷懒"①成本较低而选择执行无效率或其他道德风险的行为。按照经济学的定义，政府工作人员是理性决策人（我们这里排除政治性约束功效），上级颁布一项制度或政策需要其执行，是全力执行还是敷衍了事？其决策困境主要取决于制度实施后是否会影响区域政府的绩效，制度政策本身是否与当地的相关政策或既得利益群体发生冲突，经济发展和社会稳定的均衡是否因为制度或政策的实施而产生变化。鉴于上述分析，我们将一项制度控制和监督力度作为保证解决区域政府种种考虑的关键所在。可以借助"效率工资与监督"②的分析范式，构建

---

① 这里"偷懒"的引入主要表示在没有监督的情况会拖延政策执行的时间和进度，而表面上敷衍上级。

② 张维迎：《博弈论与信息经济学》，格志出版社、三联书店和上海人民出版社2008年版，第295—298页。

分析移民区域政府的效用激励程度与监督之间的博弈模型,以期了解一项优质制度辅助控制与监督机制要具备何种特质。

考虑一个简单的区域内移民群体与移民制度项目之间关联的静态模型,假设移民群体为风险中性,其对于一项移民制度的预期效用函数为:

$$U(w,a) = w - C(a)$$

其中 w 表示移民参与制度后的预期收益, a 表示个体面对一项移民制度政策时的态度, $C(a)$ 表示移民群体态度下成本支出函数,该函数具有 $C' > 0$, $C'' > 0$ 和 $C(0) = 0$ 的性质。为简化研究,假定移民群体对于一项移民制度政策的态度有两种:不愿意参与($a = 0$)和愿意深度参与($a = 1$)。政府主管部门对于下级政府执行层面的奖惩依据主要来源于实施和未实施两种状态的绩效,假设基层移民制度政策实施者在执行过程中没有按照要求规范执行,其被上一级发现的概率为 p ,那么其预期效用函数为 $U(w_0, 1) = w_0$,其中 w_0 表示移民迁入地基层政府在不执行制度时的预期收益,因为其不执行制度只能是目前现状的效用,还没有扣除被发现不执行后受到惩罚的损失效用。若基层政府积极创新推行政策,则其总效用为 $U(w, 1) = w - C(1)$ 。因此在不确定制度实施环境下(有的环境使得制度无法执行且给实施者带来巨大损失),此种情况下政府制度控制监督机制的效用就能够体现出来,间接用基层政府不执行制度政策预期效用来表示 $pw_0 + (1 - p)w$,政府层面只有保证此预期效用的值较小,且能够给基层政府带来负效用,或让其感知到不实施制度政策带来的是负效用,此种情况显示的是制度的控制监督机制较强。但是由于区域限制和信息掌握的不完全,基层政府在执行移民制度政策的收益概率为:

$$w(p) \geqslant w_0 + \frac{C(1)}{p}$$

考察移民制度是否具有一个或一系列完善的监督和控制机制必须使得上式呈反向变化即:

$$w(p) < w_0 + \frac{C(1)}{p}$$

基于上述描述,我们认为一项控制与监督机制较为完善的制度应具有三个特征,细化为移民制度则具体表现为:

第一,制度实施层面程序简化且经手的责任主体较少。此特征是在执行成本上减少重置风险和扩大制度实施的范围。因为在制度实施过程中,很多群体对于制度是有既得利益的,保障制度在一定时间内符合其利益最大化要求是其对制度态度的关键影响因素。因此制度实施后经手的主体越少,可以减少因为既得利益者的利益受损而产生执行不力的风险。此种特征是保证初始的成本最小化,即 $C(1)$ 最小,亦保障 $w(p) < w_0 + C(1)/p$ 成立。但实际上我国制度颁布与实施过程相当复杂,而此点仅是笔者的一点预期,是一种制度执行层面的建议。

第二,制度的后期激励措施较多。如果基层政府在安置移民范围上扩大了预期范围,就给予其政治层面和经济层面的奖励。俗话说,要让一个人替你工作的最好办法就是用"钱"收买(前提是他喜欢并缺钱)。对于地方政府而言,官员们对于政治前途和经济利益看得较重,因此此举有可行之处。而此举的激励主要是提高执行主体主动实施的概率 p 值,而 p 的变动可以在很大程度保证 $w(p) < w_0 + C(1)/p$ 的成立,继而达到预期目的。

第三,提高制度实施过程中实施对象(移民群体)的参与程度。提高参与程度,一来可以通过相关信息渠道宣传制度细节和实施过程,让移民群体对政府的执行进行评价,从而增加基层政府不实施被发现的可能性。这是一种间接的监督方式,此种方式可以取得双重功效(减少政府的监督程度和提高移民群体的满意度);二来可以使更多移民群体参与到制度中,提高制度覆盖面,即使得 w_0 变得更大,使得 $w(p) < w_0 + C(1)/p$ 成立的概率变大。

(二)控制与监督机制具体表现

如果环境在某段时间具有稳定性,诸如假定在移民迁入地移民群体可以很好地融入当地的生活与生产环境,且在与政府沟通中表现出较为理性等。在这种稳定性外部环境下,控制与监督机制的表现形式主要有三种:

第一,关于制度实施时突发事件的处理机制

在制度设计与实施过程中必定有部分群体会失去利益且蒙受较大的经济或其他形式的损失,这类群体会表现较为强烈的抵抗性,采取制造混乱、鼓动联合其他群体进行相关阻碍性活动等行为,这类突发性事件在移民过程中发生的概率更大,调查中基层领导反映他们最怕的就是移民"闹事",他们会在第一时间到达现场并解决相关问题。因此可见,突发事件处理机制是控制性与监督性的具体表现之一。

第二,关于移民群体诉求及其不满要素的解决机制

个体对于制度的预期或政策具体实施路径的差异性表现较大,移民群体对于制度效用的需求状态则亦保持较大不同。尤其是对于一项本身违背个体理性决策的制度安排,实施对象对于实施过程中的问题是有不同看法且其诉求需求是较强烈的。因此,制度设计应该有保障实施对象诉求的正常沟通渠道和机制,保证实施对象效用最大化就是要让其对制度信息了解更多,即可以提出相关建议和意见,而政府的制度实施者要能够"兼听",而不是"偏听"。

第三,关于制度修订、完善与补充的举措机制

制度制定和可行范围是与当时的时间、环境和经济等相关要素相一致的,但是这些要素在某段时间之后是会发生变动,某些要素的变动更为显著,例如执政群体变动。所谓"一朝君子一朝臣"说的就是制度制定和实施群体变动对制度理解、执行和保障方面都会有不同理念和方法。因此制度设计之初应保证制度能够在一定范围内具有稳定性,且具有弹性,因为其可遇的环境要素是不稳定的,即使发生要素变动,其效用预期也应是保障对象的效用最大化,而不是实施者的利益最大化。

三、移民群体风险规避的政策举措

政府层面能够保证制度效率性、可评估性和控制与监督性,但是对于个体是否认可、接受和参与制度,政府层面是无法保障的,因为个体需求差异性比较大,满足此部分群体不一定能够满足另一部分群体等,但是不管何种特征的群体,他们对于"非自愿移民过程"都会有同一种行为:风险规避。因此风险规避层面的政策举措设计可以说是覆盖全面群体的举措,能够最大限度满足群体预期效用。在前面我们已经初步研究了不同群体风险规避行为,并设计了风险规避措施,但这些政策举措仅仅是宏观层面的制度设计。接下来重点从移民群体自身效用出发来讨论风险规避的政策举措。

(一)依据心理承受能力选择适宜性就业行为

根据前面章节描述,移民群体会因为过程的困难性而变得较为或极为"脆弱",此种情况的发生概率较大。排除移民过程中三大资本失灵的影响,心理承受能力波动是导致其产生风险的另一重要因素,只有当群体在决策后的心理状态与决策前的心理状态保持平衡,其效用才可能达到最优。一旦环境发生改变,个体会通过自我心理调节、掩饰、伪装或适应去实现这种平衡,因为理性个体了解这种不平衡会导致无法弥补的效用损失(钟兴国,1987 年)。

移民群体的心理承受能力鉴别和变动受到一系列因素影响,例如个体特征、社会环境(经济发展水平、稳定性和持续性)、内生性文化要素、风险态度和价值观念等。这些要素的综合性影响使得移民群体在一项移民制度面前通过决策时的"心理紧张程度"体现出来,"心理紧张程度"是间接反映移民群体心理承受能力的,并且两者之间关系是呈倒"U"型分布,如图 6-1 所示。

考虑到移民后群体一定会以某种就业状态来改变自身的福利水平。参与就业状态,一般会有两种选择:非技能型工作和技能型工作。除了上述论证的三大资本对群体选择何种就业状态有影响外,不同程

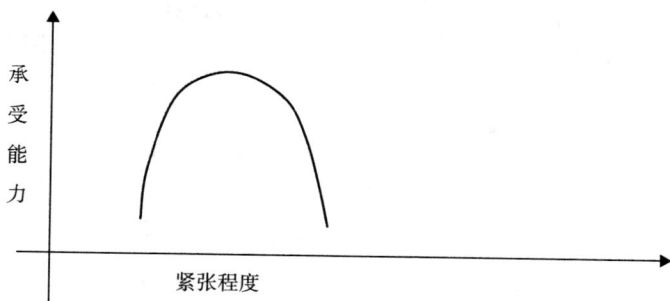

图 6-1　移民群体心理承受能力与紧张程度关系

度的心理承受能力也会导致不同形式的就业状态的选择。从心理承受能力层面分析适应的就业行为主要受到三种要素的影响：智力水平、经验水平和紧张程度等。具体的移民群体心理承受能力为：

$$f(x,y) = ky(\alpha x^2 + \beta x)$$

其中 f 表示移民群体的心理承受能力；k 为常量系数；x 表示群体面对一项新制度要进行决策时的紧张程度；y 表示移民群体的受教育水平，因为教育程度越高，其在新制度下决策时紧张程度越小。而此信息可以用来表示一定心理承受能力对应一定就业状态，大致可以分为：高心理承受能力的群体最佳选择是技能型就业状态，体现在较高教育投资层面；中等心理承受能力可以试图进行两种形式就业方式转换，在这一过程中可以衡量自身的效用表现来做出最终决定；低层面心理承受能力群体的最佳选择是非技能型就业状态，因为非技能型就业状态的风险系数较低，且群体在发生风险时可以有足够的能力化解。当然这里论述的三种形式的就业状态是在假设个体心理状态影响因素一致的情况下才能发生，若个体的就业状态影响要素不一致，最佳就业状态可能有一定变动。虽然这里描述的是理想情况下的表现，但对其他决策环境中具有可借鉴性和参考性。

（二）依据群体偏好选择性构建社会网络

社会资本是移民群体在移民过程中损失较为严重的资本形式之

一,且社会资本获取路径和程度是移民后群体获得较高收入和适宜就业状态的关键性要素。由于环境影响,移民后群体很难再获得移民前的社会关系圈。这里所讲的并不是说群体无法与当地居民建立一种良好的互相包容的关系,在某些地区,当地原居民对移民群体表现出较高程度的包容性,主要表现在农业生产层面的帮助、经验帮扶和技术指导,这种状况的持续可以使群体尽快建立新的社会网络,并可以在新的社会网络中获益,亦可获得新的身份和就业状态(例如参与到当地居民开办的工厂等)。

个体的偏好因为特征、风险态度和面临的决策环境不同而具有异质性和程度差异性,因此在其构建新的社交网络时要考虑很多因素,其中影响最大的因素是整个移民群体对当地居民和政府的态度。若态度是友善的,则个体根据此偏好可以迅速且高质量构建新的社交网络,在群体性偏好一致情况下的效用更好,因为集体决策程度和沟通能力强于个体的决策效用。若态度是抵抗的,对于个体来说他们改变这一偏好的可能性较小,即使个体与当地居民相处很好,也不会很快构建新的社会网络,因为其社交行为会带来群体性反对和歧视,可能会失去其在整个移民群体中的相关地位,使其心理层面损失扩大,亦导致其参与生产的效率降低,最终影响个体的收入渠道、水平和福利效用。

此点说明了个体在构建新社交网络时要重点考虑群体性偏好,依据偏好选择是否构建或构建效率、程度和水平才能够获得集体的支持和预期最大化效用。

(三)依据出台的制度来获得更多政府层面的支持

相对处于"弱势"地位的移民群体可以依靠的一项重要支撑点就是国家颁布的有关移民群体享受各种制度、利益和权利的制度政策,而此点往往被很多人忽视,因为他们只关注其目前的收益和损失,并没有将未来生活纳入其考虑范围之内。事实上,此点是移民群体面临移民事件而处于不同风险状态重要的内在原因之一。制度政策的制定会充分考虑到实施对象某种风险的损失,并对此风险损失提供相关支持补助,尤其是国家层面的制度举措。因为国家主体是以国民生计水平和质量作为政绩评价的重要指标。对于移民群体而言,如何有效了解政策实施的初衷和目标是其维护自身权益的有效路径。而且在很多看似冲突的方面,制度会有合理的解决措施,若正确利用就可以避免很多显性冲突,规避冲突后的双方损失。由此可见,知晓和了解政府制度政策是十分重要的。

对于移民群体有效利用国家和区域颁布的移民制度和政策,我们认为有三条重要的路径:

第一,随时随地了解国家相关政策。通过报纸、广播和电视等多种途径获得相关信息,了解现行国家主导政策,尤其是对弱势群体的倾向政策。此类信息了解程度的加深可以帮助移民群体对现行政策进行分析,发现其中问题和挖掘自身需要的信息。与现有处境相比,可以更好地与政府相关部门进行沟通和获得政府相关部门支持,改善目前的收入状态、渠道,改善收入水平等。

第二,积极与当地政府相关部门进行沟通。一般情况下只要不是恶意的以破坏为目的的沟通都会得到区域政府的支持,因为移民安置地区政府绩效考核中移民是占据一定比重的,积极和常态性的沟通可以极大改善政府在整个移民群体中的形象,为下一步的安置和政策推行打下群众基础。而移民个体的沟通会更有效地将其现状告知政府,在一定程度上了解政府的下一步举措,可以影响其下一步关于改善移民群体政策中个体需求因素等。总之,积极的沟通可以融合移民群体需求与区域政府资源供给,可能获得较大规模的就业和生产支持。

第三,有条件的地区组织移民群体的自治型组织(可应许范围内)。这种组织具有一定意义上的民间组织特征,但不参与政治性事务,主要职责在于以移民群体利益最大化为基础进行相关生产、生活和就业方面的培训,加强与上级沟通等工作。参与组织的个体可以结合自身实际情况来提供相关意见和建议,且在建议和意见被采纳时可以获得较多组织帮助,包括经济性和社会性帮助等。此类组织的一个重要作用就是负责与当地政府相关部门进行联络和沟通,沟通内容包括:生活现状、问题与需求,政策落实情况和效果,生产与就业状态和需求等。

当地政府应积极参与到这类组织的建立和管理中,让其区域移民在生活和生产方面拥有一个重要依托。由于移民群体对新环境的不熟悉,在生产和生活方面表现出较大差异,移民个体可以通过此类组织找到一种形式的归属感,通过参与活动而改善福利感知,推动移民群体尽快融入当地环境,并且在融入过程中改善生活、生产和就业状态,实现效用最大化。

四、展望

综上所述,在相关机制设计、政策举措和制度实施的策略等方面的建议论述完之后,留给笔者一个新的问题"这些政策是否要具有弹性",鉴于此,笔者在后续工作实践和研究中将继续关注非自愿移民群体的状态,并将此研究升级到动态跟踪研究。

在未来很长一段时间内,国家战略变化会产生更多类似群体,但由于环境不同和时代差异性,其特征和需求都有很大差异,如何保证非自愿群体在移民过程中面临的风险损失最小化和保证制度政策实施效用的最大化是一个"新课题"。所谓的"新"指的主要是:新环境、新制度、新特征、新对策、新路径。"新环境"——生态环境的保护已经成为国家低碳战略的主要举措;"新制度"——低碳战略下相关移民政策制度更具有"福利性"特征,保证群体效用是以合理经济增长方式获得的;"新特征"——越来越多新生代群体开始成为移民主体,他们倾向于以技能型就业来获得收入,因此国家的安置模式要随之而变的更具有弹性;"新对策"——对于上述种种新变化最关键的步骤就是提升制度决策质量,以群体特征、效用预期和环境等特征来分析制度的实施地区特征,以辅助保障和弹性路径为新方式来实施制度政策;"新路径"——

传统移民管理是以区域政府为主导,新环境中要改变思路,让中央政府监督和控制整个过程,防止区域政策道德风险引致福利效用损失,保障移民群体各种损失能够得到最大限度的补偿。

关于非自愿移民前后状况的调查问卷

《关于非自愿移民前后的生活满意度状况的调查问卷》

调查时间:_____年____月____日 调查地点:_____

移民时间:_____年____月____日 问卷编号:_____

亲爱的朋友,您好:

感谢您在百忙之中参与我们的调查。我们是湖北省委党校公共管理部课题组,正在进行一项关于丹江口水库移民在安置地的生活状况的调查,目的是了解你们在移民前后的生活满意度,最终形成相关的论文写作。本次调查不记姓名,调查资料课题组严格保密,调查结果仅限于学术研究,希望您能够积极参与并配合。谢谢!

一、基本信息状况

A1:您的性别( )1:男 0:女

A2:您的民族( )1:汉族 0:少数民族

A3:您的年龄( )1:18—29 2:30—39 3:40—49 4:50—59 5:60 或以上

A4:您的职业( )1:务农 2:工人 3:教师 4:个体经商 5:其他

A5：您的教育程度（　　）1：小学及以下　　2：初中　3：高中（中专）4：大专及以上

A6：您的家庭总人口数（　　　）

1：1 人　2：2 人　3：3 人　4：4 人　5：5 人及以上

A7：移民前您家庭收入主要来源（　　　），移民后主要来源（　　　）

1：外出打工　2：本地种植业　3：养殖业

4：个体经商或服务业　5：运输业　6：加工业　7：其他_____

A8：移民前您家庭总收入为（　　　），移民后总收入（　　　）

1：小于 2000 元　2：2000—4000 元　3：4000—6000 元　4：6000—8000 元　5：8000—10000 元　6：10000—20000 元　7：20000 元以上

A9：移民前家庭谋生的方式（可多选）为（　　　），移民后为（　　　）

1：传统种植业（粮食和棉花等）　2：现代种植业（水果等经济性作物）

3：水产养殖　4：运输　5：手艺（如建筑、木匠等）

6：加工业（面粉等）　7：服务业（缝纫、美发美容等）

8：个体经商　9：其他_____

A10：移民前家庭月支出为（　　　），约为月总收入的_____%；移民后为（　　　），_____%。

A11：移民前家庭总住房面积约为_____m²，移民后的总面积为_____m²

二、移民前后资本拥有状况调查

B1：移民前后总体收入变化的感觉（根据您的真实感受在相应框内打"√"）：

	非常满意	比较满意	不满意	非常不满意
自身感觉				
与移民前相比				
与同移民相比				
与原住民相比				

B2:移民前您所在地的教育状况（ ），移民后状况为（ ）

1:仅仅有小学教育机构 2:拥有小学和初级中学教育机构

3:拥有小学、初中和高中教育机构 4:拥有小学、初中、高中、中专等教育机构 5:拥有所有级别的教育机构

B3:移民前您家庭子女的教育状况（ ），移民后状况为（ ）

1:小学教育及以下 2:小学—初等中学教育

3:初等中学教育—高等中学教育 4:高等中学教育至中专

5:大专 6:本科及以上

B4:移民前您遇到较大资金需求时的处理方式（可多选）为（ ），移民后的情况为（ ）

1:自身的资金积累 2:子女 3:亲戚们

4:同村人员（非亲缘关系）5:信用社贷款

6:更高层次银行贷款 7:政府扶持等惠民措施 8:其他_____

B5:移民前您家庭社会关系状况（ ），移民后状况为（ ）

1:与同村人（非亲缘关系）关系一般 2:同村的关系密切,互帮互助

3:亲戚朋友在附近,能够相互照应 4:工作关系在附近,能够相互联系

5:能够享受居住地政府各种惠民措施 6:能够参与到居住地政府的各项活动,扩大社会关系圈 7:需要帮助时能够迅速得到多方面的支援

B6:移民前您家庭成员外出务工状况为（ ），移民后状况为（ ）

1:家庭主要劳动力都外出务工 2:家庭收入主要来源于外出务工

3:外出务工得到更多的社会认可机会 4:得到政府的外出务工政策帮助

5:通过政府的帮助将外出务工经验进行积累并形成自身的优势

三、移民后可能性风险状况调查

C1:您及您的家人搬迁后能够_____迁入地的自然环境,如气候、温度等。

1:完全适应　2:很大程度上适应　3:基本适应

4:有点不适应　5:完全不适应

C2:您及您的家人对迁入地的饮食习惯能_____

1:完全适应　2:很大程度上适应　3:基本适应

4:有点不适应　5:完全不适应

C3:从您现在居住地到集市、医院、超市和学校的状况为_____

1:很方便　2:比较方便　3:有些方便,有些不太方便

4:不大方便　5:很不方便

C4:您觉得当地的社会治安状况如何?　_____

1:很好　2:比较好　3:一般

4:不够好　5:很不好

C5:迁入地获得类似技能培训的机会如何?　_____

1:很多　2:一般多　3:与以前保持一致　4:基本没有

C6:迁入后,在农业生产技术上需要帮助时的处理方式为_____

1:向原居民求助　2:向技术人员求助

3:向同乡求助　4:自己摸索　5:放弃

C7:迁入后,您接触的新朋友中,当地居民状况为_____

1:很多　2:较多　3:有一些　4:极少　5:没有

C8:迁入后,您和您的子女与当地居民和移民之间关系如何(根据您的感受在相应框内打"√")

	非常亲密	比较亲密	一般来往	很少来往	从不来往
您与移民					
您与当地居民					
子女与移民					
子女与当地居民					

C9:您认为迁入后与当地政府管理部门之间是否存在矛盾( )

1:是 2:否(直接填写 C11,不填写 C10)

C10:您认为迁入后与当地政府部门之间存在矛盾体现在( )(可多选)

1:与当地政府之间沟通不顺畅 2:搬迁时遗留下的问题(如补偿条件等)

3:政府重视程度方面 4:工作人员态度问题

5:当地政府搬迁政策的落实方面

C11:您认为迁入后,最大的风险体现在哪方面( )

1:物质方面 2:精神方面 3:社会关系方面

4:自然环境方面 5:其他_____

四、迁入后移民生存能力状况调查

D1:您认为迁入后生活质量状况如何( )

1:比以前好很多 2:与以前相同

3:比以前差很多 4:时间较短,未有可比性

D2:迁入后生活质量状况的改善或恶化的因素主要有(可多选)( )

1:收入来源(丰富)变窄了 2:社会关系网(扩大)缩小

3:积累的种植经验(起作用)失效了 4:(容易)难适应当地的生活

5:农业生产技术能力(提升)下降了 6:社会关系处理(容易)很难

7:其他_____

D3:迁入后,您希望得到哪些方面的能力提升(可多选)( )

1:传统种植技术 2:现代种植业(经济性作物)3:水产养殖技术

4:传统服务业(缝纫和美容美发等) 5:加工制造业

6:个体经营方面 7:其他_____

D4:迁入后,您或者您的家人是否有机会接受相关的技能培训( )

1:是　2:否

D5:迁入后,您的子女是否能够继续接受到相关的正规教育
(　　)

1:是　2:否

D6:迁入后,您是否有动力付出百分百精力到当地的经济建设中
去(　　)

1:是　2:否

五、迁入后移民风险规避能力初级状况调查

E1:迁入后,您或者您的家人是否遇到较大的风险事件(　　)

1:是　2:否

E2:迁入后,您或者您的家人遇到较大的风险事件时,处理结果您
觉得满意程度如何(　　)

1:非常满意　2:比较满意　3:满意　4:不满意　5:非常不满意
(未解决)

E3:若您成功解决了发生较大风险事情,解决问题主体或者起到
帮助的主体有哪些(　　)(可多选)

1:自己解决(包括儿女的帮助)　2:亲戚朋友(亲缘和非亲缘)
3:政府

E4:迁入后,政府是否提供了实质性的帮助(　　)

1:是　2:否(直接填写 E6,不填写 E5)

E5:迁入后,政府提供了哪些实质性帮助(　　)(可多选)

1:生产资金　2:生产技术　3:优惠政策(例如,子女教育政策等)

4:生活关怀(例如:节假日的慰问等)5:组织开展和鼓励移民参与
各项融洽关系的活动　6:其他_____

E6:您认为要规避较大风险事情需要哪些方面的准备?(　　)

1:资金　2:人际关系(亲戚朋友)　3:移民政策　4:技术(侧重个
人掌握的技术能力)5:政府支持(除资金和政策外)6:其他_____

六、移民后生活状况的综合满意度调查

F1:迁入后,您和您的家人对现在的生活环境的满意程度为( )

1:非常满意 2:比较满意 3:一般满意 4:不满意 5:非常不满意

F2:迁入后,您和您家人对现在的工作环境的满意程度为( )

1:非常满意 2:比较满意 3:一般满意 4:不满意 5:非常不满意

F3:迁入后,您和您家人对现在娱乐环境的满意程度为( )

1:非常满意 2:比较满意 3:一般满意 4:不满意 5:非常不满意

F4:迁入后,您和您家人对现在教育环境的满意程度为( )

1:非常满意 2:比较满意 3:一般满意 4:不满意 5:非常不满意

F5:迁入后,您和您家人对现在政治参与环境的满意程度为( )

1:非常满意 2:比较满意 3:一般满意 4:不满意 5:非常不满意

整份问卷填写完毕,再次感谢您的参与和耐心的填写!

祝您生活和工作顺利!

参考文献

一、著作

［1］《马克思恩格斯全集》第 19 卷，人民出版社 1971 年版。

［2］《马克思恩格斯选集》第 1 卷，人民出版社 1995 年版。

［3］［法］托克维尔：《论美国的民主》（上卷），商务印书馆 1997 年版。

［4］［美］福山：《公民社会与发展》，转自曹荣湘：《走出囚徒困境—社会资本与制度分析》，上海三联书店 2003 年版。

［5］［美］普特南：《使民主运转起来》，江西人民出版社 2001 年版。

［6］［印］阿玛蒂亚·森：《贫困与饥荒：论权利与剥夺》，王宇，王文玉译，商务印书馆 2004 年版。

［7］Michael Cernea：《移民与发展——世界银行移民政策与经验》，河海大学出版社 2002 年版。

［8］Micheal Cernea：《移民、重建与发展——世界银行移民政策与经验》，河海大学出版社 1998 年版。

［9］T.Downing：《风险—责任在发展性移民中的分布》，《移民与社会发展国际研讨会论文集》，河海大学出版社 2002 年版。

［10］阿图尔·考夫曼：《当代法哲学和法律理论导论》，郑永流译，法律出版社 2002 年版。

［11］陈阿江：《中国水库移民的贫困与发展问题—非自愿移民与扶贫关系的个案研究》，《移民与社会发展国际会议论文集》，河海大学出版社 2002 年版。

［12］陈绍军、郑宇辉：《水库移民的特点及风险分析》，《移民与社会发展国际研讨会论文集》，河海大学出版社 2002 年版。

［13］程瑜：《白村生活：广东三峡移民适应性的人类学研究》，民族出版社

2006 年版。

[14]崔广平、周淑清:《水库移民权利保障研究》,河南大学出版社 2008 年版。

[15]邓大松等:《中国社会保障若干重大问题研究》,海天出版社 2000 年版。

[16]邓培全:《水库移民可持续发展模式》,黄河水利出版社 2003 年版。

[17]《非自愿移民业务政策 OP4.12 及附件》,《世界银行业务手册》2002 年 4 月。

[18]复旦政治学评论第二辑:《制度建设与国家成长》,上海辞书出版社 2003 年版。

[19]葛剑雄、吴松弟等:《中国移民史》,福建人民出版社 1997 年版。

[20]国家统计局:《中国城镇居民贫困问题研究》课题组和《中国农村贫困标准》课题组研究报告,1990 年。

[21]贺明:《生存权论》,林浩译,法律出版社 2001 年版。

[22]户作亮、陈绍军、许佳君等:《水库移民安置与管理》,宁夏人民出版社 2004 年版。

[23]国土资源部地籍司规划院联合调研组:《集体土地产权制度与征地补偿分配机制关系专题调研报告》,2002 年。

[24]景天魁:《基础整合的社会保障体系》,华夏出版社 2001 年版。

[25]景跃进:《当代中国农村"两委关系"的微观解析与宏观透视》,中央文献出版社 2003 年版。

[26]劳动和社会保障部社会保险研究所组织翻译:《贝弗里奇报告:社会保障和相关服务》,中国劳动社会保障出版社 2004 年版。

[27]李惠斌:《什么是社会资本》,转自李惠斌、杨雪冬:《社会资本与社会发展》,社会科学文献出版社 2000 年版。

[28]李淑梅:《失地农民社会保障制度研究》,中国经济出版社 2007 年版。

[29]罗伯特·伊斯特:《社会保障法》,中国劳动社会保障出版社 2003 年版。

[30]罗传贤:《行政程序法论》,五南图书出版公司 2000 年版。

[31]罗晓梅、刘福银主编:《重庆移民实践对中国特色移民理论的新贡献》,重庆出版社 2004 年版。

[32]迈克尔·M.塞尼:《移民与发展:世界银行移民政策与经验研究》,河海大学出版社 1996 年版。

[33]迈克尔·M.塞尼:《移民与发展》,河南大学移民研究中心译,河海大学出版社 1996 年版。

[34]迈克尔·M.塞尼:《移民、重建、发展》,河海大学出版社 1998 年版。

[35]迈克尔·M.塞尼编著:《把人放在首位——投资项目社会分析》,王朝纲、张小利等译,中国计划出版社 1998 年版。

[36]穆怀中:《社会保障国际比较》,中国劳动社会保障出版社2002年版。

[37]施国庆、陈绍军、项和祖、荀厚平:《中国移民政策与实践》,宁夏人民出版社2001年版。

[38]施国庆、陈绍军:《中国移民政策与实践》,宁夏人民出版社2001年版。

[39]施国庆:《移民学探讨—移民与社会发展》,河海大学出版社2002年版。

[40]施国庆:《水库移民系统规划理论与应用》,河海大学出版社1996年版。

[41]世界银行:《世界银行OD4·30导则—非自愿移民》,2000年。

[42]汤森:《英国的贫困:关于家庭经济来源和生活标准的调查》,阿伦莱恩和培根图书公司1999年版。

[43]王茂福:《水库移民返迁——水库移民稳定问题研究》,华中科技大学出版社2008年版。

[44]吴毅:《村治变迁中的权威与秩序》,中国社会科学出版社2004年版。

[45]徐勇:《中国农村村民自治》,华中师范大学出版社1997年版。

[46]燕继荣:《投资社会资本—政治发展的一种新维度》,北京大学出版社2006年版。

[47]约翰·罗尔斯:《正义论》,何怀宏译,中国社会科学出版社2003年版。

[48]约瑟夫·E.斯蒂格利茨:《公共部门经济学》,中国人民大学出版社2005年版。

[49]张宝欣:《开发性移民理论与实践》,中国三峡出版社1999年版。

[50]赵曼:《社会保障》,中国财政经济出版社2005年版。

[51]郑功成:《社会保障学》,商务印书馆2003年版。

[52]郑杭生:《社会学概论新修(第三版)》,中国人民大学出版社2002年版。

[53]郑杭生:《中国特色社会学理论的拓展——当代中国社会学的前沿问题》,《郑杭生社会学学术历程(下)》,中国人民大学出版社2005年版。

[54]中国国际工程咨询公司:《中国投资项目社会评价指南》,中国计划出版社2004年版。

[55]周恒勇、梁福庆、郑根保:《三峡农村移民安置中的社会风险因果树分析》,《移民与社会发展国际研讨会论文集》,河海大学出版社2002年版。

[56]周永坤:《法理学》,法律出版社2004年版。

二、其他

[1]鲍海军、吴次芳:《论被征地农民社会保障体系建设》,《管理世界》2002年第10期。

[2]蔡频:《国外及世界银行对非自愿移民的基本做法》,《水力发电》2002年

第 4 期。

[3]曹静晖:《非自愿移民安置中的移民参与》,《内蒙古社会科学(汉文版)》2010 年第 5 期。

[4]曹钰:《移民边缘化风险及其对策研究——以失地农民为例》,《经济论坛》2008 年第 20 期。

[5]陈阿江:《非自愿移民的自愿安置——市场经济条件下农村水库移民安置策略研究》,《学海》2006 年第 1 期。

[6]陈华东、施国庆、陈广华:《水库移民社会保障制度研究》,《农业经济》2008 年第 7 期。

[7]陈善:《农村征地移民权益保障研究》,河海大学硕士学位论文,2007 年。

[8]陈绍军、施国庆:《中国非自愿移民的贫困分析》,《甘肃社会科学》2003 年第 5 期。

[9]陈绍军、荀厚平:《中国非自愿移民收入来源与风险分析》,《河海大学学报(哲学社会科学版)》2002 年第 6 期。

[10]陈绍军、陈阿江、周魁:《移民社会保障体系探讨》,《水利经济》2002 年第 3 期。

[11]陈绍军、叶彩霞:《工程移民社会保障问题探讨》,《水电能源科学》2003 年第 4 期。

[12]陈锡文:《当前的农村经济发展形势与任务》,《新华文摘》2006 年第 7 期。

[13]陈祥健:《非自愿移民:世界银行移民安置政策及其启示》,《理论月刊》2001 年第 12 期。

[14]陈祥健:《我国非自愿移民政策实践:历史回顾、工作检讨与政策改进》,《软科学》2001 年第 3 期。

[15]程志远:《对水利工程征地与移民安置几个问题的认识》,《改革与探索》2006 年第 1 期。

[16]党国英:《当前中国农村土地制度改革的现状与问题》,《华中师范大学学报》2005 年第 4 期。

[17]董力毅:《非自愿移民人力资本开发研究》,河海大学硕士学位论文,2007 年。

[18]杜伟、王波、沈烜:《征地过程中农民合法权益被侵害情况的实证考察》,《西南民族大学学报(人文社科版)》2005 年第 5 期。

[19]段跃芳:《IRR 模型及其对我国非志愿移民安置的现实意义》,《三峡大学学报(人文社会科学版)》2002 年第 6 期。

［20］段跃芳：《日本水库移民安置经验及其启示》，《三峡大学学报》2006 年第 28 期。

［21］范仲文：《东平湖库区移民贫困问题与低保制度建设探讨》，《人民黄河》2009 年第 7 期。

［22］风笑天：《"落地生根?"：三峡农村移民的社会适应》，《社会学研究》2004 年第 5 期。

［23］傅志华、刘德雄：《国外水库移民与开发的经验和启示》，《经济研究参考》2001 年第 36 期。

［24］高强：《世界银行强化工程移民安置的背景和措施》，《软科学》1998 年第 1 期。

［25］高忠文：《水电工程农村移民基本社会保障模式研究》，《水利发电》2007 年第 7 期。

［26］韩俊：《被征地农民的就业和社会保障》，《中国经济时报》2005 年第 6 期。

［27］韩振燕：《城市非自愿移民人力资本开发探析》，《科技管理研究》2007 年第 7 期。

［28］何楚良：《世界银行非自愿移民政策移民安置规划准备》，《湖南水利水电》2004 年第 5 期。

［29］贺雪峰、何包钢：《民主化村级治理的两种类型》，《中国农村观察》2002 年第 6 期。

［30］贺雪峰、仝志辉：《论村庄社会关联》，《中国社会科学》2002 年第 3 期。

［31］侯敬泽：《工程征地移民监测评价在万家寨引黄工程中的应用》，《水利水电技术》2001 年第 4 期。

［32］胡继明：《关于三峡库区产业发展的几点思考》，《三峡发展》2005 年第 5 期。

［33］胡静、杨云彦：《大型工程非自愿移民与人力资本失灵——基于南水北调中线工程的实证分析》，《经济评论》2009 年第 4 期。

［34］胡苏翔等：《大庄水库移民安置规划方案探析》，《中国农村水利水电》2010 年第 1 期。

［35］黄东东：《工程性非自愿性移民与中国法律传统》，《重庆三峡学院学报》2006 年第 6 期。

［36］黄东东：《三峡移民法规政策与世界银行非自愿移民政策之比较》，《法学杂志》2005 年第 5 期。

［37］黄莉、余文学：《珊溪水库移民贫困影响因素的模型分析与应用》，《安徽

农业科学》2007 年第 10 期。

[38]贾晔、唐继锦:《建立水库移民经济学的构想》,《广西大学学报哲学社会科学版》1995 年第 4 期。

[39]焦爱萍:《水利工程移民生产生活水平监评指标体系研究》,《黄河水利职业技术学院学报》2006 年第 3 期。

[40]金慧华:《世界银行非自愿移民政策探析——以环境保护为视角》,《社会科学家》2009 年第 6 期。

[41]金慧华:《世界银行环境政策及其对中国环境法制的启示》,《华东政法大学学报》2009 年第 3 期。

[42]黎爱华、江小青、李萍:《建立三峡移民社会保障机制的探讨》,《人民长江》2007 年第 12 期。

[43]李丹、白月竹:《水库移民安置的社会风险识别与评价——以凉山州水库移民为例》,《中国农村水利水电》2007 年第 6 期。

[44]李光禄、侣连涛:《土地征用补偿制度的完善》,《山东科技大学学报(社会科学版)》2002 年第 1 期。

[45]李炯光:《三峡库区产业结构发展现状分析》,《特区经济》2006 年第 10 期。

[46]李临杰:《移民生产生活水平监评指标体系构成研究》,《人民黄河》2003 年第 1 期。

[47]廖蔚:《建立水库移民专项社会保障制度的设想》,《中国财政》2005 年第 2 期。

[48]刘慧芳:《论我国农地地价的构成与量化》,《中国土地科学》2000 年第 3 期。

[49]刘筱红、陈琼:《公共政策视角下三峡库区农村移民妇女的贫困与反贫困研究——以湖北宜昌农村外迁移民村 W 村为例》,《湖北行政学院学报》2008 年第 1 期。

[50]刘新芳:《亚行社会保障政策评估与中国自身政策异同之探析》,第三届黄河国际论坛,2007 年。

[51]刘新芳:《中国移民政策与亚洲银行移民政策的比较研究》,《华北水利水电学院学报(社科版)》2002 年第 5 期。

[52]陆远权:《浅析三峡库区移民过渡期的贫困问题》,《人口与经济》2002 年第 1 期。

[53]罗怀良、朱波、陈国阶:《重庆市三峡库区生态经济发展研究》,《国土与自然资源研究》2004 年第 1 期。

[54]罗兴佐:《第三种力量》,《浙江学刊》2002 年第 1 期。

[55]马德峰:《构建水库外迁农村移民社会保障机制研究——以江苏省大丰市三峡移民安置点为例》,《水利发展研究》2008 年第 7 期。

[56]马越:《广西中小型水库移民贫困现状与脱贫致富的思路》,《广西水利水电》1998 年第 2 期。

[57]孟健、徐启龙:《小浪底移民项目利用世界银行贷款的实践》,《人民黄河》2006 年第 8 期。

[58]纳列什·辛格、乔纳森·吉尔曼:《让生计可持续》,《国际社会科学杂志》2000 年第 17 期。

[59]庞凌:《立法公平及其保障机制》,《南京社会科学》2007 年第 9 期。

[60]钱磊:《我国水库移民非营利组织研究》,河海大学学位论文,2008 年。

[61]邱正光、伍黎芝、杜金平:《三峡库区农村移民安置模式探讨》,《人民长江》2001 年第 5 期。

[62]任彩萍:《亚行贷款黄河防洪项目审计浅析》,《人民黄河》2009 年第 8 期。

[63]瑟尔·奥尔森:《集体行动的智慧》,陈郁等译,格致出版社、上海三联书社、上海人民出版社 2009 年版。

[64]盛济川、施国庆:《水库移民贫困原因的经济分析》,《农业经济问题》2008 年第 12 期。

[65]施国庆、陈绍军:《中国非自愿移民组织机构能力建设》,《水利水电科技进展》2003 年第 10 期。

[66]施国庆、苏青、袁松岭:《小浪底水库移民风险及其规避》,《学海》2001 年第 2 期。

[67]施国庆、袁汝华:《水库移民生产生活水平分析与评价方法》,《水利学报》1996 年第 2 期。

[68]施国庆:《水库移民遗留问题成因分析与对策》,《水利经济》2000 年第 1 期。

[69]史志平、宋育红、董戈英:《世界银行移民导则与我国移民法规的分析对比》,《人民黄河》2000 年第 10 期。

[70]世界银行后评价局:《非自愿移民—大型水坝经验》,王虹、施国庆译,陈阿江校,《河海大学学报》2002 年第 4 期。

[71]世界银行后评价局:《非自愿移民:大型水坝经验》,《河海大学学报(哲社版)》2002 年第 4 期。

[72]世界银行驻中国代表处:《世界银行中国贷款项目移民监测评估业务指

南》,2000 年。

[73]孙爱芬、李丹:《我国水电工程农村移民弱势地位分析》,《中国农村水利水电》2007 年第 10 期。

[74]孙中艮、余芳梅:《贫困理论视角下水库移民反贫困路径的转变》,《贵州社会科学》2009 年第 2 期。

[75]孙中艮:《农村工程移民土地权益侵害成因探讨——一种基于内生交易费用的分析》,《消费导刊》2007 年第 1 期。

[76]孙作林:《水库移民风险评估—以珊溪水库移民工程为例》,《水利科技与经济》2006 年第 1 期。

[77]田艳平、薛福根:《移民地区边缘化贫困研究——以丹江口库区为例》,《学习与实践》2009 年第 10 期。

[78]王世傅:《三峡库区产业发展与移民后期扶持研究》,《重庆大学学报:社会科学版》2006 年第 3 期。

[79]魏珊:《非自愿性移民可持续安置与发展研究》,武汉大学学位论文,2004 年。

[80]魏珊:《建立与完善中国非自愿性移民安置监测制度的思考》,《中国人口科学》2001 年第 5 期。

[81]吴宗法:《工程移民的理论与实践》,河海大学学位论文,2000 年。

[82]谢伟光、陈绍军:《水库移民社会保障基金筹集模式探讨》,《水利经济》2005 年第 4 期。

[83]徐启龙、徐运汉:《小浪底移民项目利用世界银行贷款的实践与体会》,《水利经济》2002 年第 3 期。

[84]许玉明:《三峡库区农业产业化发展战略与对策研究》,《重庆三峡学院学报》2007 年第 6 期。

[85]薛刚凌:《土地征收补偿制度研究》,《政法论坛》2005 年第 3 期。

[86]严登才、施国庆、周建:《范式视角下水库移民贫困成因研究综述》,《水利发展研究》2011 年第 12 期。

[87]阳义南、刘玉思、杨甜:《移民社会保障制度初探》,《人口与经济》2003 年第 5 期。

[88]杨帆:《水库移民安置监测与评估方法研究》,天津大学博士学位论文,2006 年。

[89]杨涛:《中国水库移民反贫困的思考》,《前沿》2005 年第 8 期。

[90]杨文健、赵海涵、刘虹:《中国水库农村移民社会保障体系的构建》,《云南社会科学》2004 年第 6 期。

［91］杨文健：《中国水库农村移民安置模式的研究》，河海大学论文，2004 年。

［92］杨云彦、徐映梅、胡静、黄瑞琴：《社会变迁、介入型贫困与能力再造》，《管理世界》2008 年第 11 期。

［93］姚松岭：《基于 GIS 的工程移民决策支持研究》，中国人民解放军测绘学院学位论文，1999 年。

［94］游滨、刘敢新、彭建国：《三峡库区移民风险研究》，《重庆大学学报（社会科学版）》2001 年第 3 期。

［95］余文学、高渭文、张云：《水库移民问题的社会经济分析》，《河海大学学报》2000 年第 4 期。

［96］俞可平：《经济全球化与治理的变迁》，《哲学研究》2000 年第 10 期。

［97］俞丽萍：《世界银行移民安置政策初探》，《软科学》1998 年第 1 期。

［98］袁纯山：《土耳其埃及的水利工程征地移民概况》，《东北水利水电》2003 年第 21 期。

［99］袁松龄、常献立：《小浪底水库移民权益保护》，《河海大学学报（哲学社会科学版）》2002 年第 6 期。

［100］曾德国：《充分利用三峡地理标志，大力发展库区特色经济》，《集团经济研究》2007 年第 2 期。

［101］张朝峰、曾建生：《水库移民安置与补偿分析》，《广西水利水电》2001 年第 1 期。

［102］张弛：《中国库区移民研究述评》，《理论月刊》2006 年第 8 期。

［103］张春美、邵慧敏等：《万安水库农村移民收入影响因素分析及对策》，《人民长江》2007 年第 12 期。

［104］张纯成：《黄河三门峡大坝工程现实风险规避刍议》，《工程研究—跨学科视野中的工程》2010 年第 2 期。

［105］张绍山：《我国水工程移民补偿机制发展与改革》，《水利水电科技进展》2006 年第 6 期。

［106］张绍山：《水库移民的"次生贫困"及其对策初探》，《水利经济》1992 年第 4 期。

［107］张庭凯、王冬利、张智慧：《水库移民的贫困问题及脱贫对策研究》，《黄河水利职业技术学院学报》2008 年第 4 期。

［108］张阳、曾建生：《工程移民管理中的贫困风险控制》，《统计与决策》2007 年第 8 期。

［109］赵华：《参与式监测评估在甘肃黄土高原水土保持二期世行项目中的实践》，《中国水土保持》2007 年第 3 期。

［110］郑立勇、高明云：《水利工程移民风险及对策》，《治淮》2003 年第 12 期。

［111］郑瑞强、施国庆：《西部水电移民动态协同风险管理模式设计》，《重庆大学学报（社会科学版）》2010 年第 4 期。

［112］郑毅：《浅析世行移民监测评估机制及其对天津城市房屋拆迁移民工作的借鉴意义》，《城市管理》2007 年第 1 期。

［113］钟水映：《关于重大工程编制移民安置规划并建立监测制度的思考》，《科技进步与对策》2005 年第 11 期。

［114］钟水映：《西部大开发中工程性移民的风险与对策》，《中国软科学》2000 年第 1 期。

［115］重庆市万州区党工委研究室：《当前库区城镇移民工作的调查与思考》，《中国三峡建设》2000 年第 10 期。

［116］周福初、龚正国、左月娥：《桃源县库区移民贫困问题的调查与思考》，《中国科技信息》2005 年第 22 期。

［117］周少林、李立：《关于水库移民的补偿方式的思考》，《人民长江》1999 年第 11 期。

［118］周晓春、风笑天：《三峡农村移民的潜在贫困风险》，《统计分析》2002 年第 2 期。

［119］周怡：《贫困研究：结构解释与文化解释的对垒》，《社会学研究》2002 年第 3 期。

［120］周银珍、耿涛、梁福庆：《水库移民经济风险及其防范和规避对策研究》，《人民长江》2007 年第 2 期。

［121］周永坤：《市场经济呼唤立法平等》，《中国法学》1993 年第 4 期。

［122］朱东恺、施国庆、潘玉巧：《我国水利水电工程移民利益补偿机制改革思路与建议》，《中国软科学》2006 年第 1 期。

［123］朱延福：《发展中国家非自愿移民政策比较研究》，《中南财经政法大学学报》2008 年第 6 期。

［124］庄安尘：《小浪底移民项目评价的实践与思考》，《水利经济》2005 年第 11 期。

［125］邹成毅：《外迁移民安置区适宜性评价——以雅安市天全县为例》，四川农业大学学位论文，2007 年。

［126］邹薇、张芬：《农村地区收入差异与人力资本积累》，《中国社会科学》2006 年第 2 期。

［127］左萍、陈连军、何冰：《工程移民监理与社会经济监测评估浅议》，《人民黄河》2000 年第 6 期。

三、英文文献

[1]AFRIAT,S.(1967):"The Construction of a Utility Function from Expenditure Data." International Economic Review,8,67-77.

[2]Amartya Sen,Development as Freedom [M],New York:Knope,1999.

[3]ARROW,K.(1971):Essays in the Theory of Risk Bearing.Chicago:Markham Publishing C o.

[4]ARROW,K.J.(1971):Essays in the Theory of Risk Bearing.Chicago:Markham.

[5]BARON,D.P.(1970):"Price Uncertainty,Utility and Industry Equilibrium in Pure Competition."

[6] Binswanger, H., Khandker, S., and Rosenzweig, M. How infrastructure and nancial instinutions affect agricultural output and investment in India.Journal of Development Economics,1993,41(2):337-366.

[7]BROCKETT,P.L.,AND L.L.GOLDEN(1985):"A Class of Utility Functions Containing all the Common Utility Functions," University of Texas at Austin,ihimeo.

[8] Burgos, A., Grant, S., Kajii, A.:Bargaining and boldness.Games Econ Behav 38,28-51(2002).

[9]C.P.Wolf, Michel J.etc.Social Impact Assessment Method World Bank:World Development Report 2000/2001:Attacking Poverty,World Bank:Washington DC,2000.

[10]Cernea M M.The Risks and Reconstruction Model for Resettling Displaced Populations.World Development,1997,25(10):1569-1587.

[11]Cernea M M:The Risks and Reconstruction Model for Resettling Displaced Populations,World Development,1997,25(10).

[12]Cernea,M M,C Mcdowell.Risks and Reconstruction,Experiences of Resettlers and Refugees.The World Bank,2000:20358.

[13] Cernea, M M, C Mcdowell:Risks and Reconstruction, Experiences of Resettlers and Refugees,The World Bank,2000.

[14]DIEWERT,E.(1973):"Afriat and Revealed Preference Theory," Review of Economic Studies,40,419-426.

[15]DIONNE,G.,AND L.EECKHOUDT(1985):" Self-insurance Self-protection and Increased Risk Aversion."Economic Letters,17,39-42.

[16]Downing,Theodore E.Mitigating Social Impoverishment When People Are Involuntarily Displaced. In C. McDowell, ed., Understanding Impoverishment. Oxford and Providence:Berghahn,1996.

[17]EECKHOUDT,L.,AND M.S.KIMBALL(1992):"Background Risk,Prudence and the Demand for Insurance." in Contribution to Insurance Economics,e d. by G. Dionne.Boston:K luwer,2 39-254.

[18]EECKHOUDT,L.,C.GOLLIER,AND H.SCHLESINGER(1996):Changes in Background.

[19] ELMENDORF, D. W., AND M. S. KIMBALL (1991): "Taxation of Labor Income and the Demand for Risky Assets." NBER Working Paper 3904.

[20]EPSTEIN,L.G.(1985):"Decreasing Risk Aversion and Mean-Variance A-nalysis." Econometric,53,945-961.

[21] Fan, S., Hazell, P. and Thorat, S. (1999) Government spending, agricultural growth and poverty;An analysis of interlinkages in rural India.IFPPI Research Report No. 110.Washington Dc:International Food Policy Research Institute.

[22] Fernandes, W. 2000. From Marginilization to Sharing the Project Benefits. Risks and Reconstruction:Experiences of Resettlers and Refugees.in:Michael,C.,Mc-Dowell,C.eds.Washington D.C.:World Bank:203-225.

[23] Foster, J., Greer, J. and Thorbecke, E. (1984). "A class of decomposable poverty measures."Econometric,vol. 52(3),pp. 761-6.

[24]Fu,J.(1993):" Increased Risk Aversion and Risky Investment."Journal of Risk and Insurance,60,494-501.

[25]Glewwe,P.and Hall,G.(1998)."Are some groups more vulnerable to macro-economic shocks than others? Hypothesis tests based on panel data from Peru."Journal of Development Economics vol. 56(1),pp. 181-206.

[26]GOLLIER,C.,AND P.SCARMURE(1994):" The Spillover Effect of Com-pulsory In surance."The Geneva Paper so n Risk and Insurance Theory,19,23-34.

[27] GREEN, R., AND S.SRIVASTAV(1A9 83):"Preference Restrictions,Asset Returns,and Consumption."Mimeo,Carnegie-Mellon University.

[28]International Economic Review,11,463-480.

[29]Jacoby,H.G Access to marks and the benefits of rural roads,The Economic Journal,2000,110,713-737.

[30]Jalan,J.,and Ravallion,M.(2002)Geographic poverty traps? A micro econo-metric model of consumption growth in rural China,Journal of Applied Econometrics.

[31]KIHLSTROM,R.E.,D.ROMER,AND S.WILLIAMS(1981):"Risk Aversion with Random Initial Wealth." Econometric,49,911-920.

[32]KIHLSTROM, R., D. ROMER, AND S. WILLIAMS (1981):" Risk Aversion with Random Initial Wealth.,"Econometrica,49,911-920.

[33] KIMBALML, S. (1990): "Precautionary Saving in the Small and in the Large." Econometrica, 58, 53-73.

[34] Lanjouw, J. O. and Lanjouw, P. (2001). "Welfare in villages and towns: micro-level estimation of poverty and inequality", manuscript(March).

[35] Levi, Margaret, "Social and Unsocial Capital: A Review Essay of Robert Putnam's Making Democracy Work." in Politics &Society, Vol, 24, No. 1, March 1996, Sage Publication, Inc, p.47.

[36] Ligon, E. and Schechter, L. (2002). "Measuring vulnerability: the director's cut." Paper UN/WIDER Discussion DP 2002/86.

[37] Limao, N. and Venables, A. J. (1999) Infrastruture, geographical disadvantage and transport costs, World Bank Policy Research Working Paper 2257.

[38] LUCAS, R. E. (1978): " Asset Prices in an Exchange Economy." Econometrica, 46, 1429-1446.

[39] MEHRA, R., ANDE. PRESCOTT (1985): "The Equity Premium: A Puzzle." Joual of Monetary Economics, 10, 335-339.

[40] Michael M. Cernea: "Involuntary Resettlement and Development: Some Projects have Adverse Social Effects. Can these be Prevent?" Finance and Development 33(3): 44-46 1988.

[41] Michael M. Cernea: "Involuntary Resettlement and Development: Some Projects have Adverse Social Effects. Can these be Prevent?" Finance and Development 33(3): 44-46 1988.

[42] Michael M. Cernea: "Involuntary Resettlement and Development: Some Projects have Adverse Social Effects. Can these be Prevent?" Finance and Development 33(3), 1988

[43] Michael M. Cernea, Risk, Safegudars, and Reconstruction: A Model for Population Displacement and Resettlement. The World Bank, 2000: 14-43

[44] Michael M. Cernea: Studies on world Bank Resettlement Pllicies and Experiences[M]. New York. 1988.

[45] Micheal M. Cernea. Putting People First: Sociological Variables in Rural Development, 2ned. New York, Oxford University Press, 1991.

[46] MOSSIN, J. (1968): "Aspects of Rational Insurance Purchasing." Journal of Political Economy, 32, 122-136.

[47] Osker Gans. The economics of social security in developing country: postive and normative considerations. Econolmics. Vol 54. 1996.

[48] Parasuraman, S. The Development Dilemma. London, MacMillan Press, 1999.

[49] Pearce, D.W., and R.K. Turner. Economics of Natuiral Resources and the Environment. Hemel Hempstead, U. K.: Harvester Wheatsheaf; Baltimore, Maryland: The Johns Hopkins University Press, 1990, 103−107.

[50] Pretty, J. (1995) Regenerating Agriculture: Policies and Practice for Sustainbility and Self-Reliance. Earthscan, London; National Academy Press, Washington. Hjorth, P. Knowledge development and mangement for urban poverty alleviation, Habitat International 2003, (27): 381−392.

[51] Pritchett, L., Suryahadi, A. and Sumarto, S. (2000). "Quantifying vulnerability to poverty: a proposed measure, with application to Indonesia." SMERU Working paper.

[52] Ravallion, M. (1988). "Expected poverty under risk-induced welfare variability." ECONOMIJCO URNAL, vol. 98(393), pp. 1171−82.

[53] Risk, Temperance and Risk Taking Behaviour, Econometrica, 64, 683−689.

[54] Robert A. Dahl, Dilemmas of Pluralist Democracy: Autonomy vs. Control New Haven: Yale University Press, 1982, 1.

[55] Rothschild, M. and Stiglitz, J. E. (1970). "Increasing risk: I. A definition." Journal of Economic Theory vol. 2, pp. 225−43.

[56] Sen, A.K Commodities and Capactities. Amsterdam: North Holland, 1985.

[57] The World Bank, "China, Strategies for Reducing Poverty in the 1990s." Washington, D.C, 1992.

[58] The Leading Group for Poverty Reduetion. UND Pand the World Bank, China: over eoming Rural Poverty, World Bank, 2000(10).

[59] UNESC Decentralization for poverty reduction, Policy dialogue of UNESC for Asia and the Pacific Committee on poverty reduction, Second session November 2005, Bangkok.

[60] Van De Walle, D. Choosing Rural Road Investments to Help Reduce Poverty, world Development, 2002, 20(4): 575−589.

[61] WEIL, P. (1992): "Equilibrium Asset Prices with Undiversifiable Labor Income Risk." Journal of Economic Dynamics and Control, 16, 769−790.

后　记

说是后记，实为感恩。

首先要把这本书献给我的家人。如果有来世，我愿意继续做你们的儿子、丈夫、父亲，我要比今生做得更好。

要感谢我的恩师——中南财经政法大学赵曼教授，您教我的不仅是学术，更是学问，而且更多的是做人的学问。

要感谢我的老师和学友，王长城、蒋天文、吕国营、李波、邓汉慧、薛新东、杨运忠、刘进、顾永红、余为恒、李梅香、李波平、张乃仁、张行、于长永……很多很多，几多交情，历历在目，铭记于心。

感谢人民出版社的吴继平校友，费心费神，不取回报。

感谢我的同事们，以后的日子我们一起快乐地度过。

感谢所有关心我的人们，放心，我会珍惜。

2015年初冬，是为记。

吕雪枫

于汉口万松园

责任编辑:吴继平
封面设计:徐　晖
版式设计:周方亚
责任校对:吕　飞

图书在版编目(CIP)数据

非自愿移民贫困风险规避研究/吕雪枫 著.
　-北京:人民出版社,2015.12
ISBN 978－7－01－015472－5

Ⅰ.①非…　Ⅱ.①吕…　Ⅲ.①移民-贫困-风险管理-研究-中国
Ⅳ.①D632.4

中国版本图书馆 CIP 数据核字(2015)第 278956 号

非自愿移民贫困风险规避研究

FEIZIYUAN YIMIN PINKUN FENGXIAN GUIBI YANJIU

吕雪枫　著

人民出版社 出版发行
(100706　北京市东城区隆福寺街 99 号)

北京龙之冉印务有限公司印刷　新华书店经销

2015 年 12 月第 1 版　2015 年 12 月北京第 1 次印刷
开本:710 毫米×1000 毫米 1/16　印张:15.5
字数:230 千字　印数:0,001-3,000 册

ISBN 978－7－01－015472－5　定价:39.00 元

邮购地址 100706　北京市东城区隆福寺街 99 号
人民东方图书销售中心　电话 (010)65250042　65289539